全国高校出版社主题出版

教育部人文社会科学研究青年基金项目
"中国对中亚的对外传播研究"资助（项目编号：10YJC860029）

罗兵 著

新传播与中国形象研究丛书

他者镜像

"一带一路"与中国形象传播

—— 以俄语地区为例

上海交通大学出版社
SHANGHAI JIAO TONG UNIVERSITY PRESS

内容摘要

　　俄国视域下的中国始终是作为"他者"而存在的。俄国的中国形象是一面镜子,有助于深入研究与努力改善我们对俄语国家的传播问题。本书共分 6 章,主要内容包括:国家形象与对外传播,中国形象的历史与现状,俄语地区受众分析,中国的俄语媒体,中国对外传媒内容分析,提高中国对外传播能力。

　　本书可供新媒体传播专业师生参考,也可供广大传媒工作者尤其是涉外传媒工作者阅读。

图书在版编目(CIP)数据

他者镜像:"一带一路"与中国形象传播:以俄语
地区为例/罗兵著. —上海:上海交通大学出版社,
2017
(新传播与中国形象研究丛书)
ISBN 978 - 7 - 313 - 17123 - 8

Ⅰ.①他… Ⅱ.①罗… Ⅲ.①"一带一路"—国际合
作—研究②国家—形象—传播学—研究—中国　Ⅳ.
①F125②D6③G206

中国版本图书馆 CIP 数据核字(2017)第 103073 号

他者镜像:"一带一路"与中国形象传播
　　——以俄语地区为例

著　　者:罗　兵
出版发行:上海交通大学出版社　　　　　　　　地　　址:上海市番禺路 951 号
邮政编码:200030　　　　　　　　　　　　　　电　　话:021 - 64071208
出 版 人:郑益慧
印　　制:上海天地海设计印刷有限公司　　　　经　　销:全国新华书店
开　　本:710 mm×1000 mm　1/16　　　　　　印　　张:12.75
字　　数:205 千字
版　　次:2017 年 6 月第 1 版　　　　　　　　印　　次:2017 年 6 月第 1 次印刷
书　　号:ISBN 978 - 7 - 313 - 17123 - 8/ F
定　　价:58.00 元

序

　　国家形象传播研究是近年来新闻学和传播学的重要研究领域和议题。当前,在新媒体变革和全球传播环境下,国家形象的建构与传播在各个国家都被上升到国家战略层面,得到前所未有的重视。随着国家综合国力的不断提升,中国正以发展中东方大国的良好形象日渐呈现在世人面前,但同时我们看到,由于东西方文化的差异、意识形态的偏见以及中国对外传播力不足等原因,中国形象在传播过程中呈现出不稳定的复杂图景,存在被误读误判和"他者化"等诸多问题。为此,如何通过多个层面、多维角度、多种策略对中国国家形象进行塑造和传播,探寻自我与他者的认同之道,成为了一个需要深入研究的课题。

　　新传播与中国形象研究丛书是浙江传媒学院新闻与传播学院省级一流学科新闻传播学和"浙江形象构建与传播协同创新中心"核心团队的研究成果。该团队以问题为导向服务国家特需、浙江"文化大省"建设和新闻传播人才培养,从广播电视理论与业务、传播效果与舆情分析、媒介话语与媒介形象、网络与新媒体四个方向着重探索和研究新闻传播理论前沿问题和发展趋势,从理论和经验两个层次分别探讨学界和业界普遍关注的热点、难点和潜在的理论突破点,力求在理论研究上有所贡献,并对政策制定提供科学指导。本丛书以新传播语境为视角,分别以"一带一路"背景下中国与俄语国家的新关系、危机传播视阈中的政府与媒体关系、政务传播、企业文化传播、消费逻辑下的影视文化传播等为切入口,通过追寻中国在政治、经济、文化、外交诸方面的发展之路,探讨中国形象的建构与传播,使国家形象研究的深度和广度得到延伸和拓展。

　　新闻学和传播学本质上是社会科学,对于从事新闻传播学学科建设和教育工作的学者们来说,以问题为导向,关注和致力于解决中国发展所出现的重大问题,既是出发点又是努力的方向。从宏观的国际关系、国际政治、权力博弈研究到微观的认知心理、传播过程、舆论导向研究,近年来国内学者有关中国国家形象研究的成果斐然,本丛书在理论建树和解释框架上不敢说对前人研究有很大超越,在内容和形式上也不一定尽善尽美,但它融入了团队学者的心血,并体现了两个鲜明的特征:一是学者们至始至终对传媒变革、社会发展与国家命运的历史使命感;二是学者们时刻保持的对学术探究的规范与严谨、勇气与创新。这也是我们希望丛书能给同行们带来的最大的借鉴和裨益。借此向共同策划本套丛书的刘茂华副教授、方建移教授致以深深的谢意! 向付出辛勤劳作的丛书的作者们致以深深的敬意和谢意! 并真诚地感谢上海交通大学出版社的大力支持!

本丛书主编、浙江传媒学院新闻与传播学院院长　李文冰

前　言

　　公元前 1000 年之前，中国与欧亚各国就开始有了经济和文化联系。公元 2 世纪汉武帝派遣张骞出使西域，使过去自发的、民间的、无组织的中西经济文化联系，变为自觉的、政府组织的常态化的联系。司马迁在《史记·大宛列传》中说："大宛之迹，见自张骞"，自张骞之后，"西北国始通于汉"。是故后人认为，张骞出使西域，开辟了古代丝绸之路。古代丝绸之路始于古都长安（今天的西安），经过河西走廊，穿越塔里木盆地，跨越帕米尔高原，西去西亚、南亚、中亚广大地区，是沿线国家和民族进行政治、经济、技术、思想、文化交流的桥梁。①

　　2013 年 9 月 7 日，中国国家主席习近平在哈萨克斯坦纳扎尔巴耶夫大学发表演讲，提出加强政策沟通、道路联通、贸易畅通、货币流通、民心相通，共同建设"丝绸之路经济带"（又称"新丝绸之路"）的战略倡议。此后习近平多次提出和推动"新丝绸之路"的建设，"新丝绸之路"成为重要的国家战略。"新丝绸之路"是在"古丝绸之路"概念的基础上提出的一个新的经济发展区域，该区域地跨欧亚，覆盖 30 亿人口，覆盖的国家和人群、市场规模和潜力都是全球独一无二的。"新丝绸之路"不仅关系到中国与亚欧国家之间经贸合作，同时事关国防、能源等国家安全问题。通过共建"新丝绸之路"，中国不仅可以推动国内经济升级，而且与周边国家进一步加强合作、密切国家关系、促进共同发展和繁荣，影响欧亚大陆地缘政治格局，构建国际经济新秩序，并可能因此重建国际政治和文化新秩序，提升中国的国际地位，所以，"新丝绸之路"对于中国和世界都具有划时代的重大意义。2016 年 9 月 2 日，G20 开幕的前两天，习近平在杭州先后会见 6 位外国领

---

　　①　王炳华：《丝绸之路考古研究》，新疆人民出版社，2010 年版，第 1—6 页。

导人,"一带一路"是会晤中出现频率最高的词汇,会晤的头两位客人分别是哈萨克斯坦总统和印度尼西亚总统,3 年前的 9 月和 10 月,习近平正是在这两个国家分别提出共建丝绸之路经济带和 21 世纪海上丝绸之路经济带的倡议。①

　　"丝绸之路经济带"从中国开始,从地理区域划分,可以分为几个次区域。胡鞍钢等学者认为,"丝绸之路经济带"根据区域可以划分为三个层段。一是中亚经济带,包括中亚五国,即哈萨克斯坦、吉尔吉斯斯坦、塔吉克斯坦、乌兹别克斯坦、土库曼斯坦,中亚五国扼守亚欧的陆路通道,是"丝绸之路经济带"的核心区。二是环中亚经济带,涵盖俄罗斯、中亚、南亚、西亚,包括俄罗斯、阿富汗、印度、巴基斯坦、伊朗、阿塞拜疆、亚美尼亚、格鲁吉亚、土耳其、沙特、伊拉克等,该地区地处亚欧大陆的中心区域,是"丝绸之路经济带"的重要区。三是亚欧经济带,涵盖环中亚地区、欧洲和北非,包括欧洲的德国、法国、英国、意大利、乌克兰等,北非的埃及、利比亚、阿尔及利亚等,以及上述环中亚地区,该地区覆盖了亚欧大陆主要国家和地区,是"丝绸之路经济带"的拓展区。② 也有学者将"新丝绸之路"分为五个次区域:首先是中亚五国,即哈萨克斯坦、吉尔吉斯斯坦、塔吉克斯坦、乌兹别克斯坦和土库曼斯坦。其次是伊朗、伊拉克、约旦、叙利亚、沙特、土耳其等国。第三是高加索的阿塞拜疆、格鲁吉亚、亚美尼亚以及东欧的乌克兰、白俄罗斯和摩尔多瓦等国。第四是俄罗斯。俄罗斯是"新丝绸之路"的局部路经国家,本身就是这一经济带的组成部分,而且俄罗斯与中亚、高加索和西亚关系密切,对经济带影响很大。建设"新丝绸之路"经济带必须考虑到俄罗斯因素。第五是阿富汗、巴基斯坦和印度。③ 不论如何划分,俄语国家和地区都是"新丝绸之路"经济带最核心、最重要和覆盖范围最广的区域。中亚五国是经济带最核心的区域,俄罗斯对沿途各国影响深远,高加索的阿塞拜疆、格鲁吉亚、亚美尼亚以及东欧的乌克兰、白俄罗斯和摩尔多瓦等国是该经济带的重要组成部分。"新丝绸之路"在一定程度上就是将中国、俄语国家以及相邻国家连接起来的新经济带。在"丝绸之路经济带"这个洲际经济合作一体化的框架下,中亚、俄罗斯等俄语国家

---

①　杨依军、潘洁、荣启涵:《杭州时间开启,习近平见了哪些新老朋友》,新华网,2016 - 09 - 02, http://news.xinhuanet.com/world/2016 - 09/02/c_1119503915.htm。

②　胡鞍钢、马伟、鄢一龙:《"丝绸之路经济带":战略内涵、定位和实现路径》,《新疆师范大学学报》(哲学社会科学版),2014 年第 2 期。

③　赵东波、李英武:《中俄及中亚各国"新丝绸之路"构建的战略研究》,《东北亚论坛》,2014 年第 1 期。

与中国的关系更为密切了。

中亚是一个地理名词。广义的中亚包括东到蒙古国、内蒙古西部，南始伊朗、阿富汗北部、印度和巴基斯坦西部，中国的新疆、青海、甘肃、河西走廊，西至里海（包括当今中亚五国），北达西伯利亚南部一带。狭义的中亚则指中亚五国，即指乌兹别克斯坦、吉尔吉斯斯坦、塔吉克斯坦、土库曼斯坦和哈萨克斯坦五个国家①。本书所言的是狭义的中亚，即中亚五国。

中亚地区位于连接亚欧大陆东西两端的必经之地，而且是大国势力东进西出，南下北上的必经之地，被称为"历史上的地理枢纽"，在国际上具有极其重要的战略意义。英国著名地缘政治学家麦金德曾经预言："谁统治东欧及中亚，谁就控制大陆心脏；谁统治大陆心脏，谁就能控制世界岛；谁控制世界岛，谁就能控制全世界。"②独特的地缘政治和经济特点，巨大的能源储藏和重要的矿产资源，加上复杂的民族和宗教因素，使得中亚历来为大国争夺的热点，美国、俄罗斯、中国等世界大国都对中亚极为关注，纷纷在中亚进行战略部署和合作。20世纪90年代初，伴随着苏联解体，中亚各国相继独立，国际政治关系发生重大变化，美国、俄罗斯和中国等国都希望在中亚获得决定性的影响力。为了打击恐怖主义、控制能源和宣扬民主，美国积极介入中亚事务。"9.11"事件后，美国借反恐之机开始在中亚驻军。2011年7月美国国务卿希拉里提出"新丝绸之路战略"，其目标是以阿富汗为中心，把中亚和南亚连接起来。③ 而另一大国俄罗斯，一直将中亚视为"后院"。④ 2011年普京提出"欧亚经济联盟"计划，提出由白俄罗斯、哈萨克斯坦、俄罗斯、亚美尼亚、塔吉克斯坦、吉尔吉斯斯坦6国组建一个超国家联盟，以加深经济、政治合作与融入。中亚五国与中国西北毗邻，边界线绵延3 000多公里，有9个民族同根同源、跨界而居，不少人有着相同的宗教信仰，中亚地区的三股势力（暴力恐怖势力、民族分裂势力、宗教极端势力）威胁着中亚各国和中国西北部的安全与稳定，同时外部势力企图通过中亚向中国西北方向进行渗透和干涉，中亚关系到中国西北边疆安全。中亚有着丰富的能源资源，是中国重要

---

① 许尔才：《略论中国与中亚的文化交流》，《新疆大学学报》（哲学人文社会科学版），2012年第1期。

② ［英］麦金德：《历史的地理枢纽》，《商务印书馆》，1985年版。转引自王婷婷：《浅论中国的中亚地缘战略》，《佳木斯大学社会科学学报》，2010年第3期。

③ 赵华胜：《美国新丝绸之路战略探析》，《新疆师范大学学报》（哲学社会科学版），2012年第6期。

④ 王婷婷：《浅论中国的中亚地缘战略》，《佳木斯大学社会科学学报》，2010年第3期。

的能源输入国,双方有着广泛的石油、天然气资源开采合作项目。中亚在地缘、政治、经济、民族、宗教、历史、文化等方面与中国都有着密切的关系。

在国际舞台上,俄罗斯是一个举足轻重的国家。冷战时期,苏联领导的东欧集团与美国领导的西方集团对峙,苏联和美国成为雄霸世界的超级大国。苏联解体之后,在经济上,俄罗斯继承了苏联 60% 以上的综合经济能力,如今是世界上最重要的经济体之一。俄罗斯拥有全球最大储量的矿产和能源资源,已探明的资源储量约占世界资源总量的 21%。在政治上,俄罗斯继承了苏联的政治大国地位,继承了苏联在联合国安理会常任理事国席位。在军事上,俄罗斯的实力位居世界第二。苏联解体之后,俄罗斯经济曾陷入困境,经历了一段时期的经济衰退和政治动荡。普京当政之后提出"强国富民"思想,实施"新经济政策",使政府工作中心向实现经济快速增长转变,将市场经济和民主的普遍原则与俄罗斯现实相结合,渐进地、逐步地、审慎地进行改革。如今俄罗斯的经济逐渐走出困境,政局稳定,经济持续稳定增长,逐步恢复了其在世界的大国影响力。在政治、军事、经济、文化、科技等方面,俄罗斯都对世界产生巨大的影响。

俄罗斯是"丝绸之路经济带"的重要组成部分,俄罗斯局部地区隶属于该经济带,而且俄罗斯与中亚、高加索和西亚关系密切,对整个经济带影响很大。中俄两国关系源远流长,在新中国成立之后,中俄关系经历了同盟、破裂、对抗、恢复和伙伴几个时期。在新生的中国共产党成立、壮大、发展的道路上,苏俄共产党既是中国共产党学习的典范,也是共产国际指导与帮助的主要来源。新中国成立后,中国与苏联发展为"同志加兄弟"的亲密盟友。由于历史、文化、军事等种种原因,这种友好关系一度破裂,陷入对抗。改革开放后,中国逐渐修复与苏联的友好关系。1991 年苏联解体,12 月 29 日中俄外交部副部长在莫斯科举行会谈,双方签署《中俄两国会谈纪要》,中国承认俄罗斯作为原苏联的继承国,中苏关系实现了向中俄关系的平稳过渡,中俄结成战略协作伙伴关系。20 多年以来,两国关系一直朝着平稳、合作的方向发展。近年来,中俄关系不断升温,俄罗斯普京总统多次发表声明称,发展同中国的睦邻友好战略伙伴关系、加强与中国合作是俄罗斯优先发展的方向。

在中国对外发展战略中,俄罗斯始终处于非常重要的位置。俄罗斯是国际格局中非常重要的一极,中国和苏联曾经有过密切的往来与交流,中俄两国毗邻而居,有着绵延 4 000 多公里的边界线,加强与俄罗斯的战略合作是中国对外关系中的重点。跨入 21 世纪以来,中俄两国举办了一系列的文化活动,两国官方和民间交往进一步加强。自 2006 年开始中俄两国互办主题年,至今已持续 10年。2006 年中国举办了"俄罗斯年"活动,2007 年俄罗斯举办了"中国年",2009年中国举办了"俄语年",2010 年俄罗斯举办了"汉语年",2012—2013 年中俄互办"旅游年",2014—2015 年中俄互办"青年友好交流年",2016—2017 年为"俄中媒体交流年"。这一系列活动的开展,显示出中俄两国在政治、经济、军事、科技和文化等领域展开全方位的合作与交流,中俄关系进入历史上最友好、最成熟的时期。[①] 2013 年 3 月,习近平当选为中国国家主席,几天后习主席出国访问,首访的国家就是俄罗斯,彰显了中国对俄罗斯战略伙伴关系的高度重视。时隔不到一年,2014 年 2 月习近平再次赴俄,应邀出席索契冬奥会的开幕式。在接受俄罗斯电视台的专访中,习近平将中俄关系定位为"邻居和朋友"。他说:"亲戚越走越亲,朋友越走越近。举办冬奥会是俄罗斯的喜事,也是国际奥林匹克运动的盛事。中俄是好邻居、好朋友、好伙伴,我和普京总统是老朋友了。按照中国人的传统,邻居和朋友家里办喜事,当然要来贺喜,同俄罗斯人民共襄盛举。"[②]目前中俄关系处于良性发展时期。

中亚五国、俄罗斯等俄语国家是"丝绸之路经济带"核心国家和重点国家,也是上海合作组织主要成员国。2001 年 6 月 15 日,中国、俄罗斯、哈萨克斯坦、吉尔吉斯斯坦、塔吉克斯坦和乌兹别克斯坦 6 国元首签署了《上海合作组织成立宣言》,成立上海合作组织,并签署了《打击恐怖主义、分裂主义和极端主义上海公约》。上海合作组织的宗旨是:加强成员国之间的互相信任与睦邻友好;鼓励成员国在政治、经济、科技、文化、教育、能源、交通、环保和其他领域的有效合作;联合致力于维护和保障地区的和平、安全与稳定;建立民主、公正、合理的国际政治经济新秩序。该组织的主要使命在于打击恐怖、分裂和宗教极端活动,维护地区和平,加强边境地区的军事领域互信。

除俄罗斯和中亚之外,白俄罗斯、乌克兰、波罗的海三国(立陶宛、爱沙尼亚、拉脱维亚)、外高加索三国(阿塞拜疆、格鲁吉亚、亚美尼亚)等俄语国家,都是"丝

---

① 曾慕雪:《专家称中俄关系进入最佳阶段但面临严峻考验》,环球网,2013 - 07 - 10,http://world.huanqiu.com/exclusive/2013 - 07/4113990.html。

② 《习近平接受俄罗斯电视台专访》,新华网,2014 - 02 - 09,http://news.xinhuanet.com/world/2014 - 02/09/c_119248735.htm。

绸之路经济带”的重要区或拓展区,隶属于环中亚经济带和亚欧经济带。

　　当前中国与俄语国家的关系总体来说是良性的,中国在俄语国家的国家形象总体偏于正面,但“中国威胁论”“中国扩张论”言论在这些国家不时流露,他们既想与中国加强联系,又惧怕中国“扩张”侵占自己的利益,这种心理像暗流般地蛰伏着,伺机爆发。面对中国商品和中国移民的快速扩张,不少俄罗斯人对中国充满敌意,近10多年来,“中国威胁论”“中国扩张论”的论调不时出现在一些国家的媒体和报道中。加强“新丝绸之路”沿线的对外传播,促进各国对中国政策、文化等全面了解、理解和认同,不仅是沿线各国民心相通的直接要求,也是政策沟通、道路联通、贸易畅通和货币流通的有力保障。加强中国对俄语国家和地区的传播,优化中国在俄语国家和地区的国家形象,提升中国的文化软实力,是中国当前以及今后要长期努力的一项重要工作。

目　录

第一章　国家形象与对外传播

　　20 世纪 80 年代中后期,国际政治格局发生了翻天覆地的变化。两极格局终结,多极格局逐渐形成,国家实力的竞争发生明显变化,除了军事、经济、科技等硬实力之外,各国越来越重视文化和价值观等软实力的竞争。

　　软实力的基本要素包括文化影响力、意识形态影响力、制度安排上的影响力和外交影响力。文化是一个非常宽泛的范畴,语言、宗教、价值观、习俗、绘画、雕刻、建筑、音乐、文学、服饰等均属于文化的范畴。"文化既是多样的,同时又具有普适性。一个国家的文化能够对其他国家产生吸引力,得到普遍认同,甚至被吸纳或融合到其他国家的文化中去,这个国家与他国之间就会少几分敌意,多几分理解。"网络、电视、广播、报纸、书籍、文化交流活动等是文化传播的主要媒介。"意识形态影响力指的是一个国家的政治理念、发展模式、体制特征等对他国或国际社会的影响力。"欧美的民主法治理念和政治体制在资本主义世界具有普遍的影响,这些影响波及社会主义国家阵营,导致苏联解体、东欧剧变、中亚颜色革命以及利比亚、叙利亚、埃及政变。中国改革开放后的经济发展模式在国际上产生重大的影响,尤其是经济欠发达的国家和地区学习和借鉴中国发展模式。"制度安排上的影响力,是指对制定国际规则、建立国际秩序具有主导作用的软实力。"长期以来,欧美等发达国家是国际规则和国际秩序的制定者。他们凭借经济、军事方面的硬实力,或者经济诱导,或者武力威胁、经济制裁,运用胡萝卜加大棒的策略,利用联合国、区域性组织、国际会议等平台,制定有利于本国利益或全球利益的国际规则。"外交影响力具体表现为外交上的斡旋能力、协调能力、维护国家和地区利益的能力、对国际社会的号召力等等。"外交影响力首先源于国家综合国力,国家综合国力薄弱,外交影响力就是无源之水,同时,国家形象和外交工作也是外交影响力的重要因素。①

硬实力具有震慑、施压的效力,软实力(或称文化软实力)"主要是一种吸引力,是借助于非强制性手段而'赢得对方心灵'的一种能力,大致包括文化吸引力、价值观和政治制度的吸引力、创设国际议程的能力"②。硬实力是一种刚性的、强硬的力量,软实力则是一种柔性的、润物无声的力量。"在实际的竞争过程中,两种实力缺一不可:一方面,硬实力是软实力背后的支撑力量,有了强大的硬实力作为物质后盾,软实力才有可能得到迅速提升,这样,硬实力就可以转化为软实力。另一方面,软实力也会对硬实力产生直接的影响。"③国家硬实力的强大,并不意味着软实力自然而然就会强大。事实上,软实力的强大有赖于"扩散"和"广泛传播",只有当自己的文化与价值观念在国际社会广为流行并得到普遍认同的时候,软实力才算是真正提升了。④ 软实力和硬实力两者既相互独立,又相互依存。

国家形象属于软实力的范畴,近年来各国纷纷加强对外传播力度,提升国家形象,增强软实力。"9.11"事件之后,美国加强国家形象建设,2003 年初,当时的美国总统布什签署了一份文件,成立全球传播办公室。俄罗斯也很重视国家形象建设,特别是中亚颜色革命频发之后,俄罗斯更加大对外传播力度,2005 年,俄罗斯总统办公厅增设一个新的机构——对外地区及文化合作局,主要就是为了向独联体国家和波罗的海近邻国家传播俄罗斯思想文化。中国加强对外传媒建设,精心打造国家形象宣传片,在全球建立约 500 家孔子学院。澳大利亚、韩国等国家均有提升国家形象建设的强力举措。

大众传媒对外传播本国文化、解释本国意识形态、争取别国的支持、塑造良好的国家形象,是提高文化影响力、价值观影响力、政治制度影响力和外交影响力的利器。软实力取决于传媒实力,各国的传媒实力差距甚远,有专家指出,美国的传媒实力远远高于世界其他国家,"在反映传媒实力的四个方面(传播基础、国内传播、国际传播、传媒经济)中,中国的国内传播实力是美国的 89%,传播基

---

① 程曼丽:《国际传播学教程》,北京大学出版社,2006 年版,第 214—215 页。
② 韦宗友:《权力、软权力与国家形象》,《国际观察》,2005 年第 5 期。
③ 黄牧怡:《关于"软实力"的哲学思考》,《唯实》,2004 年第 12 期。
④ 程曼丽:《国际传播学教程》,北京:北京大学出版社,2006 年版,第 214 页。

础实力是美国的 56％,而国际传播和传播经济实力则分别相对于美国的 14％ 和
6.5％。"①冷战结束以后,各国纷纷发展国际传媒,加大对外传播的力度。

第一节　国家形象

近年来国家形象与对外传播成为研究热点,实际上,二者是密切相关的两个
问题,或者说是一个问题的两面。研究对外传播,不能不谈国家形象。要提出切
实有效的对外传播策略,首先应该深入研究国外受众和国外媒体对本国的形象
建构,同时塑造和优化国家形象又是对外传播的目的所在。国家形象既是对外
传播的起点,也是对外传播的终点,是对外传播研究的关键所在。

一、国家形象的含义

国家形象包含"国家"和"形象"两个要素。广义的"国家"指一切治权独立
的政治共同体,它可以笼统地包括希腊"城邦"、罗马"帝国"、近代"民族国家"、
东方的"专制王朝"以及非洲的"部落"等等。每一个统治权大致完整,对内足
以号令成员、对外足以抵御侵犯的政治实体,即为国家。② 这个定义中的国家
是一个非常宽泛的概念,它不仅包括近代开始兴起的"民族国家",也包括近代
之前出现的古希腊"城邦"和古罗马"帝国"以及其他氏族组织。对此,许多学
者并不认同,他们认为,欧洲古典时代并不存在现代意义上的国家,古希腊"城
邦"、故罗马"帝国"等只能是某种政治共同体的形式,不能算作现代意义上的
国家,近代开始出现的"民族国家"才是现代意义上的国家。马克思主义对国
家的经典定义是,国家是阶级统治的暴力工具,这一定义揭示了国家的本
质。恩格斯在《家庭、私有制和国家的起源》中指出,国家与旧的氏族组织有
两点根本不同的地方,第一点就是"按地区来划分它的国民",而不是按"血
缘关系"来划分,第二点就是"公共权力的设立",构成这种权力的,不仅有取
代"居民的自动的武装组织"的职业化"军队",而且还有"监狱和各种强制设

---

① 胡鞍钢、张晓群:《中国:一个迅速崛起的传媒大国——传媒实力实证分析与国际比较》,中华传
媒网 2004 - 06 - 28,http://academic.mediachina.net/article.php? id=1717。
② 江宜桦:《自由主义、民族主义与国家认同》,台北:杨智文化事业股份有限公司,1998
年版,第 6 页。

施"等附属物。① 马克斯·韦伯基本沿用了马克思主义的定义,他认为,"国家是要求在一定领土内独占、合法地使用暴力的人类群体。"②民族国家就是以民族对国家的认同为基础的主权国家。③ 温特将国家的一些附带成分剥离出来,从而发现国家有着某种"共核"(common core),他认为国家有着五个基本特征:"制度—法律秩序;唯一可以合法使用有组织暴力的组织;具有主权的组织;社会;领土"。④ 笔者倾向于将国家界定为近代以来兴起的民族国家,国家应该具备几个基本的要素:独立的主权、唯一的政府、有组织的暴力组织(军队、警察等)、既定的国界、固定的人口。

"形象"一词最早可追溯到《周易》,《周易本义·系辞上传》说:"在天成象,在地成形,变化见矣""象者,日月星辰之属。形者,山川动植之属。变化者,易中蓍策卦爻阴变为阳、阳化为阴者也。"⑤《周易》所言的"形象"指的是天上的日月星辰、地上的山川动植客观存在的形状和样貌,天地万物及其形象都在不断发生变化。

中国古代书画界多认为客观存在的事物形状和样貌是形象的本源,而形象则是指在本源的基础上经过自己的观察、思考、选择和加工之后创作出来作品。如清代书画家沈宗骞认为:"六书之有形象,即画之源也。且画之为言画也,以笔直取万物之形,洒然脱于腕而落于素,不假扭捏,无事修饰,自然形神俱得,意致流动,是谓得画源。"沈宗骞明确指出"形象"源自"万物之形",事物的形状和样貌谓之"画源"。清代画家布颜图认为:"峰峦林麓,必当熟读于胸中。盖山川之存于外者形也,熟于心者神也。神熟于心,此心练之也。"布颜图强调画者将事物的形状和样貌"熟读于胸中",于是"形"转化为"神",即事物的形状和样貌映入意念之中。⑥ 书画家创作出来的"形象",其实是"形象"的符号化,作者对客观事物进行观察、思考、选择和艺术加工,通过作品将形象记录下来,这个过程经过了作者"意念"的作用,具有明显的主观性。大众传媒塑造国家形象的过程,与书画作品

---

① 恩格斯著,中共中央马恩列斯著作编译局译:《家庭、私有制和国家的起源》,北京:人民出版社,1999 年版,第 177 页。
② 孙关宏、胡春雨、任军锋主编:《政治学概论》,上海:复旦大学出版社,2008 年版,第 58 页。
③ 转引自周平:《对民族国家的再认识》,《政治学研究》,2009 年第 4 期。
④ [美] 亚历山大·温特著,秦亚青译:《国际政治的社会理论》,上海:上海人民出版社,2001 年版,第 257 页。
⑤ 朱熹撰,苏勇校注:《周易本义》,北京:北京大学出版社,1992 年版,第 137 页。
⑥ 张昆、徐琼:《国家形象刍议》,《国际新闻界》,2007 年第 3 期。

呈现事物形象在一定程度上相同。不论是书画家,还是媒体的记者编辑,都通过各自的表现方式,塑造着事物的形象,然后经过媒介(书画作品、大众传媒等)传达给受众,受众选择性地接受和理解,在头脑中生成形象。

"形象"的本源是客观存在的、不断运动的物质世界,物质是第一性的,物质的运动也是客观存在的。任何"形象",都不可能脱离客观事物而存在,客观事物本身的优劣美丑,对于形象的建构起着决定性作用。当然,所谓的美丑又取决于建构者审美的价值判断。这个问题属于美学领域,超出了我们的讨论范围,在此不再延展。本书所讨论的"形象"概念包含三个层面的意思,第一个层面,指的是事物及事物的运动变化表现出来一定的形状样貌,即"源像","源像"是客观存在的,具有可观性;第二个层面的形象,指的是经过文字和图片等符号表述出来形象,大众传播媒介所呈现或表述的正是这一形象。媒介不会将形象原原本本地呈现出来,而是经过了媒体人的主观思考、选择和加工,所以,媒介呈现的形象具有主观性;第三个层面,指的是公众头脑中的事物形象,形象被媒介符号化之后进入信息流通环节,投影到受众的头脑,受众对进行选择性接受和理解,在头脑中生成事物的形象。

国内外有不少学者对"国家形象"的概念进行了界定,表 1.1 中列举几个有代表性的定义。

表 1.1　国家形象的定义

作　者	国　家　形　象　的　定　义
管文虎[①]	国家形象是一个综合体,它是国家外部公众和内部公众对国家本身、国家行为、国家各项活动及其成果给予的总的评价和认定
汤光鸿[②]	国家形象是外部公众和内部公众对某国的总体判断和社会评价
孙有中[③]	国家形象是一国内部公众和外部公众对该国政治、经济、社会、文化与地理等方面状况的认识和评价,可分为国内形象和国际形象,两者之间往往存在很大的差异
杨伟芬[④]	国家形象是国际社会公众对一国相对稳定的总体评价

---

　　① 管文虎:《国家形象论》,成都:电子科技大学出版社,2000 年版,第 23 页。
　　② 汤光鸿:《论国家形象》,《国际问题研究》,2004 年第 4 期。
　　③ 孙有中:《国际政治国家形象的内涵及其功能》,《国际论坛》,2002 年第 3 期。
　　④ 杨伟芬主编:《渗透与互动——广播电视与国际关系》,北京:北京广播学院出版社,2000 年版,第 25 页。

续 表

作 者	国 家 形 象 的 定 义
李寿源①	国家形象是一个主权国家和民族在世界上所展示的形状相貌及国际环境中的舆论反映
张 昆②	国家形象是指国家的各种客观状况在国际社会公众舆论中的投影,即国家行为表现、性状特征、精神面貌等要素特征在国际社会公众心目中的抽象反映和公众对相应国家的总体评价
李 智③	国家形象是国家在国际社会中通过交往互动而被对象国赋予的一种身份表达、折射
吴友富④	国家形象指特定国家的外部公众通过复杂的心理过滤机制,对该国的客观现实(政治、经济、文化、地理以及所作所为)形成的具有较强概括性、相对稳定的主观印象
徐小鸽⑤	国家形象是一个国家在国际新闻流动中所形成的形象,或者说是一国在他国新闻媒介的新闻和言论报道中所呈现的形象
刘继南⑥	在物质本源基础之上,人们经由各种媒介,对某一国家产生的兼具客观性和主观性的总体感知
刘小燕⑦	国家形象是指国家的客观状态在公众舆论中的投影,也就是社会公众对国家的印象、看法、态度、评价的综合反映,是公众对国家所具有的情感和意志的总和
张毓强⑧	国家形象是一个主权国家在系统运动过程中发出的信息被公众映像后在特定条件下通过特定媒介的输出。在国家关系与大众传播层面上,我们主要分析一国的国家形象在外部公众中形成的映像的输出
李彦冰⑨	国家形象是指一个国家(政府)及其由国家所统领的社会经由国家、社会组织和个人等多种渠道传播后,在国内受众和国际受众中所引起的舆论反应,它是受众以国家的客观实在为基础对该国的一种主观认知,它是民众的主观或直接或经由媒介传递见之于客观的结果

① 李寿源主编:《国际关系与中国外交——大众传播的独特风景线》,北京:北京广播学院出版社,1999 年版,第 305 页。

② 张昆:《国家形象传播》,上海:复旦大学出版社,2005 年版,第 180 页。

③ 李智:《国家形象:全球传播时代建构主义的解读》,北京:新华出版社,2011 年版,第 25 页。

④ 吴友富:《中国国家形象的塑造与传播》,上海:复旦大学出版社,2009 年版,第 4 页。

⑤ 徐小鸽:《国际新闻传播中的国家形象问题》,载于刘继南主编:《国际传播——现代传播文集》,北京:北京广播学院出版社,2000 年版,第 27 页。

⑥ 刘继南、何辉:《中国形象——中国国家形象的国际传播现状与对策》,北京:中国传媒大学出版社,2006 年版,第 5 页。

⑦ 刘小燕:《关于传媒塑造国家形象的思考》,《国际新闻界》,2002 年第 2 期。

⑧ 张毓强:《国家形象刍议》,《现代传播》,2002 年第 2 期。

⑨ 李彦冰:《政治传播视野中的中国国家形象研究》,中国传媒大学 2012 年博士论文,第 22 页。

作　者	国家形象的定义
［法］达尼埃尔-亨利·巴柔①	国家形象是他国公众对一个国家的一种文化印象,这种印象有可能不是这个国家的真正现实
［美］本纳特(W. Lance Bennett)②	国家形象只是大众媒体所制作的一个被高度政治化了的"新闻幻觉",往往并不能体现不同发展阶段的国家实力的内涵。一个虚幻的"影像"往往成为国家传播行为所追求的实际目标

从表 1.1 可以发现,现有国家形象的定义大同小异,在表述上各有侧重,我们可以从中提取关于"国家形象"的几个基本要素。

其一,国家形象的主体。国家形象建立在国家的客观现实的基础之上,国家形象的主体是"国家本身、国家行为、国家各项活动及其成果",或者具体来说是国家的"政治、经济、社会、文化、地理以及所作所为",在这一点上不存在争议。只不过有些学者在定义中明确地指出了国家形象的主体,有些则忽略了主体或者表述得比较隐晦。

其二,国家形象的受众,有的学者认为国家形象的受众是国外公众,有的学者认为应包括国内公众和国外公众。

其三,国家形象的中介是大众媒介,且媒介是国家形象生成过程中不可或缺的重要环节。

由是观之,媒介在国家形象的建构过程中极为重要,它选择性地呈现国家的状况样貌,将其塑造的国家形象传递给受众,从而左右着受众头脑中的国家形象。

二、国家形象的内容

国家形象"包括国家的社会制度、民族文化、综合国力、政治局势、国际关系、领袖风范、公民素质、社会文明等"。③ 我们可以从三个层面来理解国家形象,第一层面为客观国家形象,即一个国家的客观存在的本源状貌;第二层面为媒体国家形象,指的各种媒体通过新闻报道、言论等各种信息流动所塑造的国家形象;第三层

---

① 转引自李正国:《国家形象构建》,北京:中国传媒大学出版社,2006 年版,第 26 页。
② 转引自吴友富:《中国国家形象的塑造与传播》,上海:复旦大学出版社,2009 年版,第 3 页。
③ 刘小燕:《关于传媒塑造国家形象的思考》,《国际新闻界》,2002 年第 2 期。

面为公众国家形象,是公众头脑中塑造的国家形象,公众往往根据各种媒体的综合信息塑造国家形象。所以,塑造良好的国家形象需要以下几个方面努力:首先,需要加强国内政治、经济、文化等全面建设,此乃国家形象的本源;其次,加强国际传播,提升媒体国家形象,媒体塑造的"拟态环境"是人们认识世界最主要的途径;第三,公众国家形象取决于接受者,是接受者头脑中对国家形象的建构,公众国家形象取决于客观国家形象、媒体国家形象以及受众的文化背景。

国家形象是一个笼统的概念,它由国家的政治形象、经济形象、军事形象、文化形象、国民形象等构成。

政治形象包括政治制度、意识形态、价值观念等内容。当前大多数国家与中国实行完全不同的政治制度,对中国的政治制度不了解、不认同,甚至有着天然的抵触。中国对外传播的一个重要任务,就是优化政治形象,增强国际社会对中国政治的认同度。

经济形象取决于经济总量、经济增长速度、贫富差距、人民生活水平等综合指标。美国、日本、德国以世界经济强国的形象雄踞国际舞台,中国改革开放以来经济稳定快速发展,在国际舞台上发挥着越来越重要的作用,在国际上也有着良好的经济形象。在经济总量快速增长的同时,中国经济发展中贫富差距扩大等不良经济形象也日渐凸显出来。

军事形象不仅包括一个国家的军事实力的呈现,更包括国家的安全理念。国家需要树立较强军事实力的形象,同时更要向外传递维护和平的理念,否则容易陷入诸如"××威胁论"之类的攻击,"危险的国家"形象是与现代国际社会格格不入的。

文化形象是国家形象的重要方面,文学、影视、戏剧、歌舞等文化符号可以跨越种族、宗教信仰和价值观念,比较容易引起国外受众的共鸣。比如,国外对中国的一些影视、歌舞、杂技等有着浓厚的兴趣。不过中国还没有产生诸如美国好莱坞电影、韩国电视剧、日本动画片等这样的文化品牌,也缺乏世界知名品牌产品,中国的文化形象有待进一步发展和提高。

国民形象由国民素质、公民道德、价值观念等构成,也是国家形象的重要组成部分。优秀的国民素质、良好的国民形象,不但构成了国家竞争力的基础,成为国家形象的重要参考指数,更是一国提升"软实力"的重要保障。① 国家形象

---

① 吴友富:《中国国家形象的塑造和传播》,上海:复旦大学出版社,2009年版,第13页。

建设中，人是最为关键的因素，尤其是社会精英，如政府官员、商界精英和文化精英，这些人在社会中掌握社会资源、影响社会进程，具有示范作用。2011年11月15日，在"2011察哈尔公共外交年会"上，云南省政协常委武克刚指出："尽管普通中国人出去旅游也有不太注意的，随地吐痰、大声喧哗的都有，但对中国形象破坏最大的，还是有些政府出访代表团成员。中国国际问题研究所欧盟研究部主任崔洪建则指出，贪官是对中国人形象减分最大的。"①在《环球时报》关于"您认为哪种行为最损害中国国际形象"的网络调查中，"部分官员的贪污腐败"连续三年（2007年、2008年、2009年）位居榜首，2009年这一比例更是高达59.2%。②北京外国语大学展江教授认为，"如果不能以包括舆论监督在内的严格的制度监管住官员，尤其是高官，慢说是提升中国的国际形象，就是在国内，所引起的社会后果——官民矛盾也日益突出。"③国民的言行举止，反映一个国家的文明程度，从而在一定程度上映射着国家形象，提高国民素质是一项长期、艰巨而必要的任务。

国家形象是综合国力中最大的无形资产，正如约瑟夫·奈所言："如果你能让其他人被你吸引，想你所想，你花费的会比'胡萝卜'和'大棒'少得多。"吴征在《中国的大国地位与国际传播战略》一书中指出，国家形象至少具有六个方面的作用：① 在国际舞台上的发言权。一个国家在国际上的声誉（形象）将直接决定其在国际交往中发挥的作用大小。一个没有声誉的国家在国际上肯定是孤立的。② 融资能力。一个国家在国家资本市场上的融资能力是和一个国家的形象（政治稳定性和经济发展潜力等）密不可分的。③ 吸引外资的能力。外商投资首先考虑投资环境。一个稳定的社会环境对外资总具有强大的吸引力。④ 吸引旅游的能力。一个国家在旅游者心目中的形象对吸引旅游者具有决定性作用。⑤ 拓展外贸的能力。⑥ 影响到不同国籍的人际交往。一个国家在国际上的形象影响着国民的心理，并决定着不同国籍的人在相互交流中的行为方式和方法。总之，国家形象渗透到了国际交往的方方面面，决定着一个国家所处

①　游星宇、葛倩、钟锐君：《"中国人形象贪官减分最大"》，《南方都市报》2011年11月16日AA11版。
②　翁立伟：《官员素质如何影响国家形象》，《对外传播》，2011年第4期。
③　展江：《谁在自损国人形象?》，中国网络电视台"复兴论坛"，http://opinion.news.cntv.cn/20111117/105771.shtml。

的国际舆论环境,进而影响着一个国家在国际上的生存和空间的拓展。① 可见,国家形象虽然是无形的,却是客观存在的。良好的国家形象不只是可以抵得上"三千毛瑟枪",而且可能抵得上飞机、大炮、航空母舰,抵得上亿万美元的作用。

三、国家形象的建设

近年来各国纷纷加强对外传播力度,提升国家形象。为了扭转美国人眼中蒙古人的形象,蒙古花费重金从好莱坞邀请"大嘴美人"朱丽娅·罗伯茨来到蒙古,在蒙古草原生活了一个月,并精心制作了多集介绍蒙古的纪录片。该纪录片在美国的多家电视台热播,相当数量的美国人看了片子后改变了对蒙古的"刻板印象",不再认为蒙古是一个不毛之地。一些老牌的发达国家也尝试通过主动的国家形象构建活动为自己国家的传统形象注入新的内容。法国聘请苏菲·玛索担任国家形象代言人,推出"不只是浪漫"的"法国格调"(French Style)计划。英国启动"创意英国"的文化营销,打造新一代活力、动感的国家形象。②

国家行为是国家形象建构的关键因素,而国家领导人的行为往往是国家行为的具体体现。二战期间德国的法西斯行为让德国形象一落千丈,二战后,德国正视历史,通过积极正面的国家行为,对国家形象进行了成功的修复。二战后德国对外政治传播话语中一以贯之的基调是道歉、忏悔、请求受害国宽恕,体现出一个正视历史、勇担罪责的大国形象。战后的德国政府诚恳地承认法西斯犯下的罪行,历届总统和总理多次对被德国侵犯的国家公开道歉。为防止新法西斯悲剧的重演,联邦德国政府对公民进行多种形式的历史教育,"将防止历史悲剧重演的责任视为己任",使没有经历过炮火硝烟的下一代了解到"希特勒发动的这场战争的可怕后果以及法西斯的残暴统治"。1970年,联邦德国总理勃兰特在犹太人纪念碑前双膝跪地,表达对德国法西斯杀害的犹太人的哀悼和悔罪之意,这一跪,被誉为"欧洲约一千年来最强烈的谢罪表现"。③ 德国勇于承认战争责任和罪行的行为,勇敢面对历史和真诚道歉,不仅赢得了宽容与尊重,也使战

---

① 郭可:《当代对外传播》,上海:复旦大学出版社,2004年版,第87页。
② 何辉、梁婧等:《中国国家形象塑造:形式和手段》,载于周明伟主编:《国家形象传播研究论丛》,北京:外文出版社,2008年版,第71页。
③ 清华大学国际传播研究中心课题组:《国家形象修复案例研究》,载于周明伟主编,《国家形象传播研究论丛》,北京:外文出版社,2008年版,第238—240页。

后欧洲建立起新的信任关系,为欧洲真正的合作打下基础。伴随着德法两国的和解与接近,以法德为中心的欧洲共同体逐渐发展壮大,并在此基础上于1991年成立了"欧洲联盟",成为当今多极化世界格局的一支极其重要的力量。领导人的行为往往是国家行为的具体体现。德国人在对待法西斯发动二战的历史认识是清醒的,态度是诚恳的,这是一个负责任的大国形象。案例中,德国领导人一以贯之地忏悔,多次公开诚恳地道歉,不论是其总理、总统,还是国内民众,都没有发出歪曲历史、逃脱罪责的杂音。这样的态度很快修复了国家形象,赢得在二战期间被德国伤害过的国家的原谅和尊重。

　　与德国形成鲜明对比的是日本,二战中日本侵略者也犯下了滔天罪行,仅在南京大屠杀中日军就残酷杀害了30万中国人,日军731部队抓来许多身体健康的中国人,进行活体解剖、冻伤实验、鼠疫实验、病菌对胎儿影响实验、人体四肢互换实验等各种惨无人道的实验……但是日本政府以回避、推诿、暧昧、翻案的态度对待这一段历史。日本首相几度参拜靖国神社,日本国内一部分人不敢或者不愿忏悔。[①] 直到今天,日本右翼媒体否认歪曲历史的论调时而甚嚣尘上。2005年6月,美国皮尤研究中心在16个国家中进行民意测验,测量民众对德国和日本的好感度,这16个国家是:美国、加拿大、英国、法国、德国、西班牙、荷兰、俄罗斯、波兰、土耳其、巴基斯坦、黎巴嫩、约旦、印度尼西亚、印度、中国。为了尽量客观,我们不考虑德国、日本的数据(本次调查没有在日本进行调查,为了客观公正,将德国的数据也排除在外),结果显示,15个国家中,9个国家对德国的好感度高于日本。[②] 德国和日本在二战中同为侵略国,都给周边邻国和世界造成巨大伤害,但各国对德日的态度却不同。2005年,德日两个都积极谋求成为联合国常任理事国,在欧洲,邻国对德国纷纷表示支持,而亚洲国家对日本"入常"要求则强烈反对,一些民意调查数据也显示,各国民众对德国有着较高的满意度,而对日本则不然。德日的不同遭遇,原因可能是多方面的,对待战争的认识、对待历史的态度和言行,在一定程度上影响德日的国家形象,可能是一个重要的原因。

----

　　① 日本人歪曲侵略历史的几种论调参考了清华大学国际传播研究中心课题组:《国家形象修复案例研究》,载于周明伟主编,《国家形象传播研究论丛》,北京:外文出版社,2008年版,第242页。

　　② 于涛:《二战后德国、日本国家形象塑造对比分析》,载于周明伟主编,《国家形象传播研究论丛》,北京:外文出版社,2008年版,第298页。

第二节　对外传播与跨文化传播

为了提升国家形象,中国不断加强对外传播媒介建设,同时在世界各国推广孔子学院,以汉语教学带动中国文化对外传播。半个多世纪以来,中国的对外传播观念和策略发生了重大变化,从"对外宣传"(或简称"外宣")向"对外传播、国际传播、全球传播"转变。从宣传到传播,这不仅仅是一个词汇的变化,更重要的是观念的改变。对外宣传强调传者中心,忽视受众感受,为达目的不惜强硬灌输,而对外传播开始关注受众的反馈信息,有了受众意识,开始重视受众特点和需求。在全球化背景下,信息流通方便快捷,国家有界限,信息无界限,信息在全球范围自由快速流通,各国的对外传播,实际上都已经纳入全球传播的范畴之中。

对外传播,顾名思义是指一个国家或文化体系针对另一个国家或文化体系所开展的信息交流活动,其目标是要信息接受国了解信息输出国,培养其友善态度和合作愿望,并创造一个有利于信息输出国的国际舆论环境,取得最高程度的国际支持和合作。[①] 从广义角度讲,国际间的信息流动都可以视为对外传播,既包括大众传媒的对外信息传播,也包括"经济、商务等交流活动,如邮件、电报、电传、电话交流;人际交流如旅游、移民;教育级文化交流,如留学、召开国际会议、体育比赛;以及外交和政治交流,如国家首脑会晤、军事会议等。"[②]从狭义的角度讲,对外传播仅指通过大众传媒向国外传播信息的活动。对外传播是中国提出的一个词,具有中国特色,在这个概念之前,我们通常使用"对外宣传"的表述,"宣传"强调传播者的立场、观点和倾向性。现在我们常常用"国际传播"来指代"对外传播"。"宣传"强调改变他人的思想、信仰和行为,"传播"是指客观地传递信息,侧重以传者为主导,向外传递、散播信息,主体意识强烈,而"国际传播"淡化传者的角色,强调国与国之间信息的双向流动。

1927 年拉斯韦尔研究一战时期宣传技巧、敌方受众心理和行为,首次系统研究了对外传播问题。1993 年利贝斯、卡茨研究了电视剧《达拉斯》在美国、以色列和日本受众中不同的传播效果。美国之音、BBC、日本广播电台等都曾进行

---

① 张长明:《让世界了解中国——电视对外传播 40 年》,北京:海洋出版社,1999 年版。
② 郭可:《当代对外传播》,上海:复旦大学出版社,2004 年版,第 2 页。

境外受众调查。1922 年克里尔研究如何利用信息和媒介来宣传美国的"福音";哈钦斯委员会(1946)主张通过国际信息自由传播扩大美国对外宣传。

1988 年段连城的《对外传播学初探》,是我国对外传播研究最早的成果之一,近年来我国日益重视对外传播研究,涌现了一批研究成果,以"对外传播"为题的学术论文有 1 000 多篇,出版著作约 30 部。现有研究成果中,关世杰、郭可、程曼丽从宏观视角对国际传播和对外传播的基本理论问题进行研究,此后一些学者从具体角度进行中观层面的研究,例如,何国平的对外传播思想研究,王海、吴瑛、王庚年、胡正荣的国际传播策略和战略研究,刘燕南的国外受众研究,程曼丽的国际传播效果研究,周明伟的对外传播与国家形象建构以及田智辉的新媒体环境下的国际传播研究。

由于传者与受众之间存在显著的文化差异,对外传播往往更为复杂和难以掌控。在对外传播实践中,传播者应该考虑文化差异和文化认同的问题,传播内容、传播形式尽可能符合受众的文化特征,这样才可能减少受众的抵制,增强受众的认同。

一、文化的普适性和多样性

何谓文化?回答这个问题既简单又复杂,对于我们来说,文化都如同空气一样司空见惯,我们可以感知各种文化载体(文化符号),这些载体是文化的表层,但是我们无法感知文化符号背后隐藏着深层意义,这种复杂性决定了文化定义的多样性。早在 20 世纪 50 年代,有学者收集到一百多个"文化"的定义,[①]到如今,更多新定义仍在不断出现。不过,我们还是可以对文化进行一些普适性的描述。文化包括外在的形式和内在的核心,外在的形式指的是承载文化的各种载体,如绘画、雕刻、建筑、音乐、文学、服饰等各种文化符号,文化的核心指的是这些符号背后隐含的意义,包括信仰、态度、感情方式、思维模式、认识论、价值观等,如亨廷顿所言"文化的核心包括语言、宗教、价值观、传统以及习俗。"[②]

人类多样性的文化具有很多共通的特性,比如对于爱、善良、尊严、自由、真善美等的向往和尊崇,对于凶残、专制、假丑恶等的抵制。具体来说,以宗教教义

---

① 1952 年克鲁勃和克拉克洪收集到 164 个对"文化"的定义。
② 〔美〕拉里·A·萨默瓦,理查德·E·波特著,闵惠泉等译:《跨文化传播》,北京:中国人民大学出版社,2010 年版,第 27 页。

的共通为例,佛教:"如果你自己觉得会受到伤害,就不要那样去伤害别人。"基督教:"你们愿意怎样待你们,你们也要怎样待人。"印度教:"全部的责任是:那些会令你痛苦的事不要对别人去做。"耆那教:"无论是快乐还是苦难,欢笑还是悲叹,我们在对待他人时都要和对待自己一样。"犹太教:"你不喜欢的不要对别人去做,这才是法则,其他的都是评注。"①这些思想与我们儒家宣称的"己所不欲,勿施于人"的思想是异曲同工的。

文化既具有普适性,同时文化又是丰富多样的。"我们是相似的,但我们又是不同的。"②蒙泰纳说:"这个世界上没有两种同样的观点,更没有两根相同的头发或两颗相同的谷粒:世界最普遍的特征是多样性。"③中国古语云:"性相近,习相远"也是同样的道理。法国人视烧鹅为圣诞大餐不可或缺的传统美食,但约占西班牙人口 1/10 的加泰罗尼亚人不仅不吃鹅,还认为羽毛洁白、身姿优雅的鹅是极其美丽和纯洁的动物,对鹅充满怜爱,甚至还很崇敬。④ 在美国,狗被认为是人类的好朋友,它可以躺在主人的床上或沙发上睡觉,吃狗肉简直是一件不可思议的事情;有些人信仰基督教,有些人信仰伊斯兰教,还有一些人信仰佛教、犹太教或其他宗教;西方文化中白色表示圣洁,而中国传统文化中白色有时与死亡相关,而在秘鲁人、伊朗人和墨西哥人的文化中,黄色才是代表死亡的颜色;"熊"在俄罗斯文化中代表勇猛强壮,而在中国表示很孬,比如"熊市""瞧你那熊样",这样的例子可以举出很多。文化相互连接,同时又存在差异,多种文化共存共荣。沃勒斯坦把文明定义为"世界观、习俗、结构和文化(物质文化和高层文化)的特殊连结。它形成了某种历史总和,并与这一现象的其他变种(即使不总是同时)共存"。⑤

一些文化日渐衰退甚至消亡,这可以从语言的消亡速度急剧加快得到印证。每一种语言背后都蕴含着独特的文化,在全球化的趋势下受强势语言及文化的冲击,一些土著和少数民族使用本土语言者越来越少,年轻人更多开始使用主流

---

① [美]拉里·A·萨默瓦,理查德·E·波特著,闵惠泉等译:《跨文化传播》,北京:中国人民大学出版社,2010 年版,第 260 页。
② [美]拉里·A·萨默瓦,理查德·E·波特著,闵惠泉等译:《跨文化传播》,北京:中国人民大学出版社,2010 年版,第 34 页。
③ [美]拉里·A·萨默瓦,理查德·E·波特著,闵惠泉等译:《跨文化传播》,北京:中国人民大学出版社,2010 年版,第 43 页。
④ 王方:《西班牙人不吃鹅与拿破仑有关》,《环球时报》,2011 年 12 月 30 日,第 9 版。
⑤ [美]塞缪尔·亨廷顿著,周琪等译:《文明的冲突与世界秩序的重建》,北京:新华出版社,1998 年版,第 24 页。

的语言,许多语言濒临灭绝。"在人类社会几千年历史中,语种减少的速度相对缓慢,但最近几个世纪以来,语种减少的速度明显加快了。"每一种语言的背后都有着丰富的文化资源,一种语言的消亡往往带来一种文化的消亡,带来人类精神的损失。比如在很多偏远的地区,在少数民族或土著居民那里有着一些民间药方,掌握着一些草药的神奇疗效,这些草药的治疗效果甚至超过现代医学,如治疗蛇毒、烫伤、跌打损伤等,在偏远闭塞的原生态地区,人们常常遇见这些伤病,人们依靠一些世代相传、行之有效的偏方和草药对抗伤病,这些偏方和草药通过人们的方言土语口耳相传,随着语言和文化消失,这些草药的名称和疗效也渐渐消失。"比如南美洲人在与欧洲人接触以前,早已知晓了箭毒和奎宁的药效。在澳大利亚西北部地区,曾经流行过一种严重的皮肤病,一般的治疗方法不起作用,但在患者皮肤上涂抹由某种植物提炼的液剂后,症状马上就会消失。但是,这种植物的名字和药效只有土著人才知道。"①语言消亡、文化逝去是人类的巨大损失。

二、跨文化传播与文化误读

"对外宣传"早已不能适应当今的对外传播环境,当前谈对外传播,应该充分考虑国内外的文化差异,对外传播在很大程度上实际上就是跨文化传播,"由对外宣传向跨文化传播范式转移,不是简单的概念转换,而是传播观念的深刻变革。"至少表现在两个方面,一是消除对立,要学会对他者文化的尊重;二是要学会协商,在与他者的"协商"中寻求他者认同,构建自身形象。②

文化具有向外传播和扩散的特点,不同的文化群体间的文化传播都可以称为跨文化传播。"跨文化是指参与者不只依赖自己的代码、习惯、观念和行为方式,而同时也是经历和了解对方的代码、习惯、观念和行为方式的所有关系。而后者被认为是陌生新异的。因此,跨文化包括所有的自我特征和陌生新异性、认同感和奇特感、亲密随和性和危险性、正常事物和新事物一起对人的中心行为、观念、感情和理解力起作用的关系。跨文化是指通过越过体系界限来经历文化

---

① 联合国教科文组织、世界文化与发展委员会著,张玉国译:《文化多样性与人类全面发展——世界文化与发展委员会报告》,广州:广东人民出版社,2006 年版,第 114 页。
② 郭光华:《"内外有别":从对外宣传到跨文化传播》,《现代传播》(中国传媒大学学报),2013 年第 1 期。

归属性的所有的人与人之间的关系。"①

　　跨文化传播包括国内领域的跨文化传播和国际领域的跨文化传播。国内不同民族、不同宗教、不同地域常常有着自己独特的文化或习俗,比如云南摩梭人的走婚习俗,彝族的毕摩文化(毕摩就是指专门替人礼赞、祈祷、祭祀的人,学界大多称他们为祭司),伊斯兰教的斋戒,佤族的木鼓,西双版纳的傣族斗鸡,台湾的妈祖文化,茶马古道上的东巴文化……国内各种文化争奇斗艳,相互传播,此乃国内的跨文化传播。

　　国际领域的跨文化传播是指不同国家间的文化传播。自哥伦布发现新大陆以来,国际跨文化传播就开始出现,哥伦布等欧洲人开辟新航道、发现新大陆,旨在探险和殖民,并非为文化传播而去。600年前郑和曾经七次下西洋,可以视为国际跨文化传播的典范。与殖民者的烧杀掠夺不同,与传教士刻意传教也不同,郑和下西洋是真正意义上的跨文化交流。"郑和更像一位和平的使者,而不是探险家",郑和既不杀戮也不征服,也不刻意传播思想。他的船队所到之处,留下的是中国的石碑、雕刻、瓷器、古籍和年历,而不是殖民地。② 我们从"郑和布施碑"的故事看出郑和下西洋的文化交流态度。这块碑是郑和到达斯里兰卡所立。碑高约145厘米,宽约76厘米,厚约13厘米,顶部雕刻有栩栩如生的龙形图案。这块石碑引人瞩目之处,在于碑文分别用中文、泰米尔文、波斯文三种文字写成。中文的碑文说的是,郑和等受明代皇帝派遣,下西洋时来到斯里兰卡巡礼圣迹,布施香礼,以竖碑记之的情况,后面列有清单,碑文的落款是永乐七年二月,即1409年2月。泰米尔文的碑文表示的是对南印度泰米尔人信奉的婆罗门教保护神毗瑟奴的敬献;波斯文的碑文则表示对伊斯兰教信奉的真主给予敬仰之情,两种文字也都记载了大致相同的郑和一行向两种宗教神灵敬献祭品的情况。③由此可见,郑和对待异文化的态度是非常尊重和包容的。

　　20世纪最后10年以来,由于互联网的普及,全球化趋势日益明朗,麦克卢汉预言的"地球村"成为现实,国际间交流日渐增多,跨文化交流的主体越来越宽泛,包括政府、公司、非政府组织、个人等,跨文化交流活动越频繁。由于不同国

---

　　① 〔德〕马勒茨克(Gerhard Maletzke)著,潘亚玲译:《跨文化交流——不同文化的人与人之间的交往》,北京:北京大学出版社,2001年版,第31页。
　　② 刘芳:《郑和更像和平使者》,新华社,2005年7月6日。
　　③ 刘咏秋、陈占杰:《解开郑和在斯里兰卡的历史谜团》,新华网,2005年07月7日,http://news.xinhuanet.com/overseas/2005-07/07/content_3187475.htm。

家间文化差异很大,跨文化的特点尤为显著,所以跨文化传播常常与国际传播、对外传播联系在一起,理解不同国家的文化差异,有利于提高国际跨文化传播的传播效果。

许多跨文化传播是和谐的、有效的,但是由于文化间的巨大差异,传播者要传递的信息编码之后,信息接受者无法将传者原来的意义解码出来,传播出现信息失真的现象,常常出现跨文化传播困难重重、无果而终甚至适得其反的效果,这就是文化误读现象。

文化误读可分两类:无意识的文化误读与有意识的文化误读。

无意识的文化误读源于不同文化间的差异,对事物理解上的偏差。"熊"在俄罗斯代表勇猛强壮,在中国却是贬义;在大多数国家,点头表示肯定、同意,摇头表示否定、反对,但也有一些国家如斯里兰卡、印度、尼泊尔等国则刚好相反,摇头表示同意,点头表示反对;苍蝇是令人厌恶的家伙,这几乎是全球的共识,但在澳大利亚,人们却将苍蝇视为宠物,这里的苍蝇多以森林为家,以植物汁液为食,不带病毒及病菌,形态柔美,澳洲人对它的评价是:美丽、干净、可爱;西方人用刀叉进食,中国人用筷子吃饭……与异文化接触时,人们往往从自己文化的角度来理解,这样就出现了无意识的文化误读。

有意识的文化误读往往源于人们价值观和感知世界的方式的差异,常常带有某种政治、意识形态方面的意图,或出于某种实际需要。在 2008 年西藏"3·14"事件中西方有的媒体采用移花接木的方法编造假新闻,选用尼泊尔暴乱中军警镇压的图片和镜头,作为西藏"3.14"事件的现场镜头进行报道。CNN 等媒体采用截图的手段歪曲事实真相,误导受众。这些做法是别有用心地、有意识地误读。

文化误读带来跨文化传播障碍,为了更有效地进行跨文化传播,有必要加强沟通,设法消减文化误读。

2000 年底,巴黎上演话剧《华人与狗不得入内》,此事掀起轩然大波,法国华人强烈抗议,认为这是对华人的侮辱。话剧原作者佛·齐博赶紧向华人致歉,并连连叫屈,声称这个名称并无恶意,只是出于幽默。他说:"我了解中国人的这段历史,这是一段痛苦的历史,但是,这不是中国人的耻辱,而是法国、英国、德国的耻辱,是它们侵略了中国。我丝毫没有羞辱中国的意思,如果说羞辱,我羞辱的是法国。'华人与狗不得入内'这句话涵盖了一段历史,是一个历史现象。我用这句话做标题，完全是出于一种亲中国的情绪……"①

原小说的中文翻译沈志明说，"这句短语对齐博的刺激是很大的，这种用人狗对比、通过语言所表达的国家之间的不平等使他深受震撼。他要找一些词语，一个突破点来发泄，用反面词汇来表达情感或许是一种方式。说他是文字游戏也好，说是反其道用之也好，总之，他把自己的愤懑、自己的不满都发泄了"。

但是华人终究还是不能接受"华人与狗不得入内"这样的表述方式，在强烈的抗议下，作者将小说中文版题目改为《去他的戒律》。这是一个典型的文化误读的案例。

在跨文化交流中，不同文化之间存在很大差异，如果不了解这些文化差异，交流中难免误读。在西方文化中，狗是人们忠诚的朋友，并无贬低人格的意思，而在中国，狗可能是辱骂别人的词汇。案例中，原作者以"华人与狗不得入内"为话剧标题，并非侮辱华人，而是想还原一段历史，作者对华人是友好的，但是中华文化与西方文化存在巨大的差异，以至于即使作者努力解释，依然无法让华人释怀，作者不得不更改话剧标题。又比如，"龙"是中国的吉祥物，是中国的象征符，我们翻译成对应的"dragon"，然而在西方话语体系中，dragon 是传说中的恶兽，如此文化交流就会带来误读。我们称自己是"龙的传人"，西方人会觉得不可思议。所以，在跨文化交流中，一定要掌握文化之间的差异，减少文化误读。

三、多元文化主义与对外传播

互联网将原本生活在世界各个角落的人们连接起来，全球信息非常便捷地迅速流动，网络、卫星电视、卫星广播以及报纸、电影等传统媒体将令人瞩目的信息快速扩散。一种新的社会形态越来越明晰地呈现在我们面前，网络社会已然崛起，全球化浪潮呼啸而来。

在一些学者眼中，全球化势必带来政治、经济、文化互联互通、渐趋融合。从一些表象来看，这种判断似乎具有事实依据。政治方面，苏联解体、东欧剧变、中亚的颜色革命、利比亚突尼斯埃及的政权颠覆，以及俄罗斯 5 万人上街游行反对选举舞弊等等，这些都与西方式的"自由民主法治""普世价值"融为一炉。经济方面，金融市场早已国际化了，只要爆发经济危机，必然波及世界市场；国际资本

---

① 张威：《文化误读与比较新闻学》，《国际新闻界》，2001 年第 2 期。

自然而然地向生产成本比较低的地方流动，劳动力国际化了，跨国企业是国际经济中的重要力量，劳动力结构也将发生变化，传统的劳动力将减少，生产和加工"信息"的技术人员越来越多，这些数量庞大的新兴劳工可能只是坐在家里，面对电脑，却为远在大洋彼岸的跨国企业工作。文化方面，消费文化全球盛行，可口可乐、麦当劳、世界名牌产品风行世界，哪怕在偏僻的村落，也能通过卫星电视或网络观赏美国好莱坞影片、韩国的影视剧或日本的动漫，人们享用着全球共同的文化产品。

然而，全球化并不能将一切融为一炉，尤其是原本具有多元特性的文化，文化根植于本土，文化的认同是根深蒂固的，由于处在多元与融合的艰难博弈中，文化的冲突成为当今世界最主要的冲突，正如亨廷顿所言："在后冷战的世界中，人民之间最重要的区别不是意识形态的、政治的或经济的，而是文化的区别。人们用祖先、宗教、语言、历史、价值、习俗和体制来界定自己。他们认同于部落、种族集团、宗教社团、民族，以及在最广泛的层面上认同文明。"[1]

（一）一个世界、多种文化

从远古至今，人类文化世代传承、不断发展，迄今大致形成几个有代表性的文化圈。"人们用祖先、宗教、语言、历史、价值、习俗和体制来界定自己。他们认同于部落、种族集团、宗教社团、民族，以及在最广泛的层面上认同文明。"[2]亨廷顿认为，当前世界主要存在中华文明、日本文明、印度文明、伊斯兰文明、西方文明、拉丁美洲文明六大文化圈，这些文化的差异是明显的。[3]季羡林把世界文化分为四个体系：中国文化体系、印度文化体系、阿拉伯伊斯兰文化体系、欧美的文化体系。或者分为两大文化体系：前三者共同组成东方文化体系，后者为西方文化体系。[4]当前世界文化总体而言呈现两极趋向，一极是以欧美为代表的西方文化体系，另一极是中华文化、印度文化、伊斯兰文化构成的东方文化体系。对文化进行追本溯源，根据文化的血缘关系，中国以外的东南亚以及其他地方华

---

① ［美］塞缪尔·亨廷顿著，周琪等译：《文明的冲突与世界秩序的重建》，北京：新华出版社，1998年版，第6页。

② 同上。

③ ［美］塞缪尔·亨廷顿著，周琪等译：《文明的冲突与世界秩序的重建》，北京：新华出版社，1998年版，第200页。

④ 季羡林：《东西文化议论集》，北京：经济日报出版社，1997年版，第5—6页。

人群体的共同文化、越南和朝鲜的相关文化、日本文化都被归入中华文化的范畴。拉丁美洲文化一般被划归西方文化体系,不过也有观点认为拉美有自己的文化,将拉美文化从西方文化中区分开来。亨廷顿、季羡林对文化的划分虽然方法不同,结果迥异,其实大体还是吻合的。西方提倡普适价值观,包括西方的民主、自由市场、权力有限的政府、人权、个人主义和法制的价值观念,而其他文化圈对于这种普适文化或是普遍怀疑,或是强烈反对。①

多元文化主义认为世界上的文化是多元的,是丰富多样共存共荣的,"没有任何一种文化比其他文化更为优秀,也不存在一种超然的标准可以证明这样一种正当性:可以把自己的标准强加于其他文化。"②

联合国开发计划署(UNDP)曾给"人的发展"作出如下定义:"人的发展是扩大人的选择的过程。"这个定义揭示,人类文化的发展应该是多样文化的自主选择,世界上各种文化,只要不是狭隘的、专制的,只要不对其他文化的存在构成威胁,我们不仅应该包容,而且应该尊重和欣赏。"人类要和平共处,就必须尊重他人的文化,至少,要尊重那些包含容忍的文化。有些文化不值得尊重,因为它们代表着狭隘、排外、剥削、残忍和压迫。"③

少数的文化是神秘的,不愿广为流传,而是选择性地传承。比如湖南的"女书"只传给同族的女性,一些民间文化也只是由长辈传给自己的继承人,有的规定传男不传女,这些文化具有保守的性质,影响范围狭小,而且很脆弱,一旦世代相传链条中某个环节出现问题就可能导致失传。

不过大多数文化都具有开放和扩张的特点,这些文化希望得到更多人的了解、认同和传扬。比如上述的几大文化体系、各种宗教都是如此,唯有具备这样的特性,文化才能被广为弘扬,影响深远,生命力强大。不过文化的扩张性也可能带来另外一个问题,当一种文化扩张到一定程度的时候,希望成为世界普适的文化。西方文化体系已经在全球产生巨大的影响,伊斯兰文化也具有很强的影响力,中国文化也在极力对外扩展,当一种文化足够强大的时候就有同化其他文化的野心,全球化推动了世界的文化认同。比如西方的自由民主法治的政治理

---

① [美]塞缪尔·亨廷顿著,周琪等译:《文明的冲突与世界秩序的重建》,北京:新华出版社,1998年版,第200页。
② [英]C.W.沃特森著,叶兴艺译:《多元文化主义》,吉林人民出版社,2005年版,第16页。
③ 联合国教科文组织,世界文化与发展委员会著,张玉国译:《文化多样性与人类全面发展——世界文化与发展委员会报告》,广东人民出版社,2006年版,第16页。

念和消费主义文化在世界上产生强大的辐射力。

"作为全球化的一个结果,文化也正在迅速地消逝。基于多样性和差异性的多元文化主义似乎正受到全球趋同性的威胁。"①最典型的文化趋同表现在消费文化方面,好莱坞影片、韩剧、日本动漫、麦当劳、LV 包等等带给全球共同的消费文化,全球强势文化(目前主要为西方文化)对多元文化造成压力,导致多元文化的衰落,有的文化甚至濒临消亡。如中国的剪纸、皮影戏以及众多地方戏曲日渐萧条,我们从大众传媒上很少见到这些文化符号的身影。不仅发展中国家和贫穷地区的文化衰落令人忧心,经济发达的国家也面临同样的问题。比如北欧,由于经济的重大结构性变革,导致一些特殊的产业如捕鱼业和煤矿业的亏损,带来社会文化的失落,机械化带来某些特殊手艺和技能的衰落,对电视的依赖则导致了社会性娱乐的衰落。② 于是一些人认为:"人类在文化上正在趋同,全世界各民族正日益接受共同的价值、信仰、方向、实践和体制……西方消费模式和大众文化在全世界的传播正在创造一个普世文明。"③

正如我们每日所见,全球化的确导致一些文化的衰落,西方文化体系影响日盛。然而,这种趋势真的会进一步发展并出现一种令全球认同的"普世文明"吗?事实并非如此。我们看到的情形是:"在中东的某个地方,几名年轻人满可以穿着牛仔裤,喝着可乐,听着摇滚乐,但他们却可能在向麦加顶礼膜拜的间隙,造好一枚炸弹去炸毁一架美国飞机。20 世纪 70 年代和 80 年代期间,美国人消费了成百万的日本轿车、电视机、照相机和小电器,却没有变得"日本化",相反却变得与日本更加敌对。只有幼稚的妄自尊大才会导致西方人假设非西方人会通过获得西方商品而变得'西方化'。美国对全球电影、电视和录像业的控制甚至超过了它对飞机制造业的控制。1993 年全世界最受关注的 100 部影片中有 88 部是美国片,两家美国组织和两家欧洲组织控制了全球范围的新闻收集和新闻传播。然而,几乎没有或完全没有证据证明下述假设:普遍的全球通讯的出现正在导致观点和信仰的趋同。"④文化之间可能交流、沟通、相互影响,但是文化之间存

① 　[英]C.W.沃特森著,叶兴艺译:《多元文化主义》,吉林人民出版社,2005 年版,第 68 页。

② 　[英]C.W.沃特森著,叶兴艺译:《多元文化主义》,吉林人民出版社,2005 年版,第 71 页。

③ 　[美]塞缪尔·亨廷顿著,周琪等译:《文明的冲突与世界秩序的重建》,新华出版社,1998 年版,第 43—45 页。

④ 　[美]塞缪尔·亨廷顿著,周琪等译:《文明的冲突与世界秩序的重建》,新华出版社,1998 年版,第 45—46 页。

在的根深蒂固的差异是很难彻底消除的,人们可能接受异文化中的某些影响,却难以完全抛弃自己的文化。

马里总统阿尔法·奥玛·克奈尔说:"只要某个文明利用自然和历史的馈赠,对其他文明进行政治、精神和道德上的压迫,人类就没有和平可言:否定人类文化差异就是否定人类的尊严。"①希望以一个普适的文化取代世界丰富多元的文化显然是不现实的,如果违背文化发展的规律进行强制的压迫、灌输、传播,必然激发"压迫—反弹"机制,效果适得其反。

文化多元主义并不意味着狭隘和守旧,我们面临着各种文化的辐射,对待外来文化的态度,还是鲁迅先生说的"拿来主义",取其精华、去其糟粕的"拿来",衡量是精华还是糟粕的标准是公民权利的保障、对真善美的追求、社会制度的规范和可持续发展。2011 年 6 月 27 日温家宝总理在英国皇家学会演讲中指出:"目前中国社会还存在着贪污腐败、分配不公以及损害人民群众权益的种种弊端。解决这些问题的根本途径,是坚定不移地推进政治体制改革,建设社会主义民主法治国家……未来的中国,将是一个充分实现民主法治、公平正义的国家。"②西方文化中的民主和法治建设值得我们借鉴,这有利于国家建设和社会良性发展,而对于西方的消费文化,我们应该警惕,消费文化带来唯利主义、道德滑坡等社会问题。改革开放以来,我国受到消费文化的影响很深,目前我国社会发展中出现的诸多问题与此有一定关系。

（二）对外传播的多元文化思路

文化往往具有传播和涵化属性,润物无声向四周辐射,潜移默化施加影响。中国的孔子学院,德国的歌德学院,美国的好莱坞电影,韩国的电视剧等都承载着本国主流文化在全球范围内广泛传播。国际传播、对外传播实质是跨文化传播,各国都希望本土文化在国际舞台占一席之地或起主导作用。对外传播中,传播的意义大于交流的意义。从一国的角度来看,对外传播能力反映国家文化软实力,注重文化扩张无可非议,然而,从全球的视野来看,各国都强调对外传播,

---

① 联合国教科文组织,世界文化与发展委员会著,张玉国译:《文化多样性与人类全面发展——世界文化与发展委员会报告》,广东人民出版社,2006 年版,第 16 页。
② 温家宝:《未来中国的走向——在英国皇家学会的演讲》,http://news.xinhuanet.com/world/2011－06/28/c_121592031.htm,2011－6－27。

注重对外文化输出,而忽视他国的信息输入,传播效果常常不如人意。在国际传播中,面对外来的异文化,尤其对与本土文化相左的外来文化,受众常常持抵制的态度,出现意想不到的,甚至适得其反的效果。越是极力灌输、极力塑造良好形象,对方越是反抗,不论你说真话还是假话,对方一概捂耳不听,不论你说得多有道理,对方一概反对,呈现出"强压—反弹"的效果。

对外传播中表现出强烈的人文中心主义思想,人文中心主义"从本群体的角度看待其他民族、将自己的习俗和规范作为所有评判的标准的,将自己、将自己的种族、民族或社会群体置于宇宙的中心,并将其他的群体分别置于相应的位置。人文中心主义有两个不同的组成部分:一方面自己的文化被看作是'理所当然的',另一方面,人文中心主义常常是与在其他民族、国家和文化面前的那种'优越感'联系在一起的。"[①]

从全球视野出发考虑对外传播,也从传播效果角度出发,对外传播应该具有多元文化主义的思想,摒弃人文中心主义。对外传播的多元文化思想是以交流的心态对待文化,不只是向世界介绍中国,向世界解释中国,还要让中国了解世界,这个观点并不新颖,但在对外传播实践中,这句话似乎停留在表面,我们关于国外的报道往往数量相对较少,而且有时候为政治服务,"妖魔化"外国的情况屡有发生。这导致国人对国外的了解也是偏激的甚至错误的。

从宣传到传播,从传播到交流,不仅是概念的转换,更重要的是角色转换,从传者立场的对外传播,移形换位到站在较为中间的立场,着眼于不同文化间的交流。

---

① ［德］马勒茨克著,潘亚玲译:《跨文化交流——不同文化的人与人之间的交往》,北京大学出版社,2001 年版。

第二章　中国形象的历史与现状

　　国家形象包括媒体呈现的国家形象和受众头脑中的国家形象,但两者关系密切。人们对于他国的认识,大多数情况下并不是自己所见所闻和亲身体验,通常来源于媒介以他国为模型塑造的"拟态环境"。受众通过媒体接受关于他国的信息,并在头脑中"拼接"出他国的图景,受众头脑中的国家形象,往往来源于媒体对他国的报道。

　　这里所说的外国媒体,是指广义上的媒体,它不仅指大众传媒,也指近代以来外国学者、文人、传教士、使节、商人等所撰写的关于中国形象题材的著作、游记或其他文本,这些传统的媒介曾经一度是外国民众了解中国,同时也是近代西方社会建构中国形象的主要媒介。

第一节　国外著作建构的中国形象

　　自汉武帝打通西域以来,中西文化交流源源不断,唐朝璀璨的文化吸引世界各国前来觐见、朝贡,古代丝绸之路商贾云集、文化荟萃。然而,作为一国形象的传播却是在蒙元成吉思汗西征时期,蒙古铁骑横扫欧亚大陆,加之元朝时意大利旅行家马可·波罗的游记《东方闻见录》在国外出版热销,一个政治安定、文化先进、经济发达的神秘的东方强国陡然出现在西人脑海之中。随着中西交流领域的不断扩展,以及世界交通技术的不断发展,一些传教士、商人纷纷来华,以他们亲历的所见所闻,向其国人传播着他们眼中的中国国家形象。概括起来,从器物、制度、思想三个角度建构了三种不同中国形象,即"大汗的大陆""大中华帝国""孔夫子的中国"。① 从丰饶物产到政治制度,然后到中华文化,在不同的历史阶段,西方注视中国的角度有明显变化。

繁荣昌盛的强国形象持续了几个世纪后,18 世纪中期,由于工业革命所驱动的工业化进程,西方主要国家社会变迁进入了现代化的历史时期。与此同时,中国封建制度的僵化与轻商重义的文化传统,尤其是明末闭关锁国的自我设限,中国逐渐与世界强国的地位渐行渐远。反映在西方人的游记、报道和其他文本中的中国形象逐渐开始逆转,中国被建构为一个停滞的、专制的和野蛮的古老帝国。

蒙元时期(13 世纪)中俄同被蒙古铁骑蹂躏,开始有间接的接触,17 世纪俄国使节来华,中俄逐渐建立外交和贸易关系,两国开始有直接的交往,俄国眼中的中国形象初显轮廓。近代俄国的中国形象主要来源于欧洲的"中国风"、中国商品以及两国商队和使团的互访。18 世纪俄罗斯的中国形象主要来源于欧洲的中国题材作品,主要有三个渠道:欧洲耶稣会士的汉学著作、来华使节与商人的游记、启蒙思想家的论著。② 18 世纪,欧洲的"中国风"吹到俄国,欧洲的中国题材作品成为这一时期俄国的畅销书,其影响甚至远远超过俄国汉学家的作品,这些作品内容庞杂、观点不一,传教士和启蒙思想家的作品主要赞美中国,而航海家们在其游记中大肆描绘中国的阴暗面,抨击中国的闭关锁国政策。这些作品塑造出的中国形象呈现出多种面貌,"真理与谬误并存,假象与现实相依,褒贬参半,莫衷一是。"欧洲"中国风"是俄罗斯想象中国的一个源头,另一个重要的源头则是中俄贸易,中国向俄国出口的棉布、丝绸、茶叶、瓷器和糖等商品,都向俄罗斯传递着中国的形象。然而,无论是来自西方的中国题材作品,还是来自中国的商品,对于俄国民众来说,中国形象始终是"书本上的中国"和"商品上的中国"的虚幻景象,直到两国商队和使团的互访,两国人民实现了面对面的直接交流,这一形象才变得清晰起来。③ 刘亚丁将俄罗斯的中国形象归纳为三种套话:18世纪下半叶的"哲人之邦"、19 世纪至 20 世纪中叶的"衰朽之邦"、20 世纪 50 年代的"兄弟之邦"。这些刻板固化的中国形象,都是俄罗斯对中国的想象,是俄罗斯自我意识的外化形式。由于俄罗斯地缘政治传统基本未变,尽管从沙皇帝国

---

① 周宁:《天朝遥远:西方的中国形象研究》(上),北京大学出版社,2006 年版,第 7 页。

② 阎国栋:《18 世纪俄国中国知识的欧洲来源》,《国外社会科学》,2011 年第 4 期。

③ 阎国栋:《俄罗斯的中国形象:历史的回顾》,载于孙芳,陈金鹏等:《俄罗斯的中国形象》,人民日报出版社,2010 年版,第 22—35 页。

到苏联时代社会制度和意识形态发生了根本变化,但想象中国的三种套话实际上是同一深层结构的转喻形式。由于俄罗斯的弥赛亚意识和建立庞大斯拉夫大帝国的自我认知和对世界的想象,它总是以自我为中心来想象中国,在这想象中中国总处于受式、消极和被动的地位。① 从历史纵向地来看,俄罗斯的中国形象的建构先后呈现出"哲人之邦""衰朽之邦""兄弟之邦"三种套话,国家形象建构中存在着"刻板印象",这些印象往往长期存在于某个阶段,但也并不是完全凝固不变的,当国内政治和国际关系等发生重大变化时,旧的刻板印象也可能被新的刻板印象所代替。

世界史学者施罗德和韦伯在著作中详细描述了中国的独裁、贫穷、愚昧、野蛮、停滞的形象,当时西方人对中国大抵都持这样的形象。俄罗斯的汉学家格奥尔吉耶夫斯基(С. М. Георгиевский,1851—1893)也承认当时的中国比欧洲落后,但中国文化具有强劲的潜力,"儒学中蕴藏着进一步发展的空间,它所确定的知识原则——启蒙教育、对科学的求知欲和实证主义精神……保证了中国在将来达到很高的智力水平。"格氏眼中的中国是"宗教宽容、勤劳好学、友好和睦的人间乐园"。当时大多数俄罗斯人接受负面的中国形象,对汉学家正视中国的观点视而不见。格氏则采取了"矫枉过正"的方式,极力肯定中国人的勤劳精神、儒学教育、国家制度等,屏蔽了中国的负面形象,走向了另外一个极端。相比之下,俄罗斯汉学家王西里(Василий Павлович Васильев,1818—1900)的中国观更为理性,他看到了中国在思想上、工业上和政治上取得进步的实力,也看到了中国发展面临的阻碍:首先是中国的专制政体,"一方面政府欺骗人民,另一方面人民不信任政府";其次,"作为异族的满清王朝将蒙古、突厥、西藏、中原看作自己的战利品,为了维护自己的统治,不惜实行闭关锁国政策,杜绝他们与外部世界接触的机会",王西里认为政府的闭关锁国政策禁锢了中国人的思想,将西方先进的科技成果隔绝于中国大门之外;再次,"中国的落后主要体现在教育方面",礼节过多,儒教伪善,被置于道德之下的科学成了骗人的勾当或者空谈,高高在上的道德贬低知识,排斥新生事物。② 陈金鹏对几个个案进行文本分析,对三种

---

① 刘亚丁:《俄罗斯的中国想象:深层结构与阶段转喻》,《厦门大学学报》(哲学社会科学版),2006年第6期。

② 陈金鹏:《格奥尔吉耶夫斯基:一位汉学家的中国观》,载孙芳、陈金鹏等:《俄罗斯的中国形象》,人民日报出版社,2010年版,第238、228、171、239页。

类型的中国形象作了比较：史学者施罗德和韦伯的极其负面的中国形象，格奥尔吉耶夫斯基的极其正面的中国形象，王西里比较理性的中国观形象。这几个典型人物的中国观，呈现出 19 世纪中国在俄罗斯的形象是复杂和多面的。陈金鹏还从文化他者的理论视角分析了 19 世纪俄罗斯的中国形象，俄国视域下的中国始终是作为"他者"而存在的。作为"他者"的中国，其象征意义在俄国的语境中经历了历史的变迁。在一部分俄国人眼中，"彬彬有礼的中国人"不仅在历史上长期停滞不前、毫无建树，与基督教文明史形成了鲜明的对立，更是对俄国乃至欧洲的生存构成了威胁。俄国的中国形象是一面镜子，但它折射出的不是中国的真实影像，而是俄国的内心欲望，推动俄国关注中国的深层结构是植根于东正教的弥赛亚意识。对于西欧国家来说，中国是一个完全不同于自身的"他者"，在历史生活和地缘关系上没有交集；而对于"欧亚文明"典型代表的俄国，中国在其地缘政治版图中扮演了特殊的角色，国家实力、现实利益和民族意识共同支配着对异邦的想象，中国形象的复杂性、争议性在俄国表现得尤为明显。[①] 1888 年格奥尔吉耶夫斯基出版了《中国的生活原则》，对中国人的儒家孝道的思想及其生活方式给予肯定，认为古老的中国正焕发生机，向文明不断迈进。格氏的书出版后在俄罗斯引起激烈的论战。读者纷纷发表批评文章，抨击格氏向俄国人不真实地描绘了中国形象，欺骗了俄国人。伊万·托尔斯泰伯爵就是批评格氏和披露中国负面形象的代表性人物之一。虽然格氏极力反驳，但终究势单力薄，难以抵抗众多的笔墨攻击。19 世纪俄国的中国形象比较复杂，正面形象和负面形象的观点常常交锋，停滞、腐朽、羸弱是当时最主要的中国形象。陈金鹏用文化"他者"理论解读了这一时期的中国形象，其思想与周宁同出一辙。19 世纪 80年代末，在丹尼列夫斯基（Н. Я. Данилевский，1822—1885）的重要著作《俄国与欧洲》问世 10 多年后，俄罗斯思想史上掀起了一场意义深远的论战。由于两人都是俄罗斯思想界和文化学界的代表性人物，论战在俄罗斯引起极大的反响。丹尼列夫斯基这时已经去世，高举他的旗帜进行论战的其实是他的挚友——哲学家、文学评论家斯特拉霍夫（Н. Н. Страхов，1828—1896），论战焦点是"俄国与欧洲"问题，争论涉及东方文明观，确切地说，就是中国观。所以，这场论战实质上又是俄罗斯思想界关于东西方文明、中国文明的价值和先进性的一次深层

---

① 陈金鹏：《19 世纪俄国视域下的中国形象——从格奥尔吉耶夫斯基与伊万·托尔斯泰伯爵的论争谈起》，《国外社会科学》，2010 年第 4 期。

较量,是俄罗斯两种对立的中国观的清晰呈现。"在丹尼列夫斯基看来,要想自己的民族和国家明确未来的发展方向和发展道路,就要思考和借鉴其他民族的历史,吸取他们的经验和教训。比较有参考价值的首先是欧洲,其次就是中国。"在全世界几乎都把中国视为"停滞和落后"的时代,丹尼列夫斯基对中国给予了很高的评价:商业发达,工业水平先进,农业可居世界首位,有庞大的文献资料和独到的哲学,科学和知识受到高度尊重并影响深远,中国文明的停滞只是暂时的,它拥有巨大的发展潜力,"这个创造了许多伟大发明的民族,不可能是静止不前的"。这种观点反对当时俄罗斯及欧洲流行的"欧洲中心主义",秉持自己的"文化历史类型"理论,认为"各种文化历史类型都是平等的,它们之间只有特色不同之分,而没有地位高低之差。"索洛维约夫(В. С. Соловьев,1853—1900)沿袭了西方派先驱的中国观,"把中国归入封闭、落后、暴力和停滞的行列……把中国当成了一部失败的活教材。"①丹尼列夫斯基与索洛维约夫论战体现了俄罗斯两种中国形象观的对立。俄罗斯思想史中关于中国的重大论战为个案,呈现俄罗斯思想界存在针锋相对的中国形象观,实际上是俄罗斯思想界对东西方文明的认识上的对立,有其深刻的思想文化根源。

19世纪上半期,俄罗斯的一些文学家笔下不时出现关于中国的文学作品,有的是亲历中国者的事实记录,有的是对他人的文本或讲述的想象。普希金虽然"从未接触过中国人,从未习读过中文,从未到过中国,他对于中国的知识与认识都是间接的",但是他笔下的中国形象都是正面的,是"理想国"。果戈理同样没有直接接触中国和中国人,他笔下的中国形象则正好相反,其"笔触所及之处语气是不以为然的轻视。"冈察洛夫是19世纪第一位到过中国腹地的俄国作家,他参加了1852—1854年俄国舰队的环球航行,曾在中国的香港、上海停留。在其航海旅行记《战舰"巴拉达"号》中详细记述了作者在中国的亲历亲感,其中既有"光明面",又有"黑暗面"。之后车尔尼雪夫斯基、列夫·托尔斯泰、契诃夫等笔下的中国既美好又丑陋,中国人既勤劳、聪慧、善良又自闭、卑琐、不洁,他们对中国或仰视,或俯视,或平视,映照出俄罗斯自身"从飞扬的青春一步步走向成熟的壮年",他们在言说他者的同时也在言说自我。② 查晓燕认为,这些俄罗斯文

---

① 孙芳:《丹尼列夫斯基与索洛维约夫:一次关于中国的论争》,载于孙芳、陈金鹏等:《俄罗斯的中国形象》,人民日报出版社,2010年版,第113—114、118、129、142页。
② 查晓燕:《"异"之诠释19世纪上半期俄国文学中的中国形象》,《俄罗斯文艺》,2000年S1期。

人笔下的中国,或者美好、光明,或者丑陋、阴暗,莫衷一是,他们言说中国的目的,实际上是为了观照俄国的现实。巴柔将对异国形象的描绘归纳为狂热、憎恶、亲善三种基本态度或象征模式,俄罗斯汉学家阿列克谢耶夫描绘中国的态度是"亲善"的,在他眼里,中国人"爱好和平、讲究孝道、彬彬有礼、尊师重道、热情好客、朴素善良、知足常乐、敏感爱美、诗情画意、文化深邃",阿列克谢耶夫"对中国民族性与现代化的观察和思考,将本民族文化中的一些现实转换到隐喻的层面,传递出他对俄罗斯传统形象、民族性与现代化问题的深刻反思。"①普希金、果戈理都没有直接到过中国,其中国形象基本来自俄国、欧洲的文本或传说。冈察洛夫、阿列克谢耶夫则记录了在中国的亲身经历,这样的形象更为客观、真实和直观。从上可见,即便是同一时代,俄罗斯人对于中国的想象也存在巨大的差异,俄罗斯的中国形象正反对峙、激烈交锋、错综复杂。

俄罗斯学者亚·弗·卢金是代表性人物,他第一个系统地研究了三百年来(17—20世纪)"中国在俄罗斯的形象的演变以及这一形象在制定俄罗斯对中国的政策中的作用。"沙俄时期的中国形象从神秘的邻居到弱小的盟友演变,苏联时期的中国经历了无产阶级兄弟到修正主义敌人的转变,苏联解体之后的中国亦友亦敌。"在几个世纪内,俄国和中国双方关系的性质从友好关系变为敌对关系有过多次反转。在俄国不同历史时期,甚至同一个时期的不同社会族群、政治族群和不同的意识形态流派的观念中,存在各种各样的、往往是对立的中国形象。"影响俄罗斯的中国形象有诸多因素,如"欧洲的思潮、俄国自身的历史、国内政治和思想界的争论,以及俄国人同中国人的接触"。沙俄时期,东方(其中包括中国)文化无用、落后、僵化、限制中国移民的"黄种人威胁"的思想都源自当时欧洲的思潮。20世纪末俄罗斯出现一些对华观点,譬如"中国是同西方对抗的特殊朋友";"俄罗斯一方面是同东方有着特殊联系,但另一方面也受到中国'人口扩张'和'黄种人'迁徙到俄罗斯远东的威胁";"中国既是敌视西方的力量,也是威胁俄罗斯的西方文明及其价值的东方前哨。"这些观点源自沙皇俄国时期的旧观念和恐惧心理。同中国结盟就是同"社会主义"国家结盟,就是反对西方的思想,中国具有军事威胁,这些都来自苏联时期的思想。"所有这些直接借用的观念都过于表面化",在新形势下这些观念发生了变化。比如,19世纪时"中国是

---

① 刘燕:《他者之镜:〈1907年中国纪行〉中的中国形象》,《外国文学》,2008年第6期。

特殊的朋友、俄罗斯在东方发挥独一无二作用"的观念,如今演变成俄中建立"战略伙伴关系"的思想。① 中国和俄罗斯 17 世纪才开始正式建立国家关系,卢金的研究可谓贯穿整个中俄关系史,是迄今俄罗斯的中国形象研究中最为系统的。他梳理了各个历史时期俄罗斯的中国形象,分析和批驳了俄罗斯对中国的误读,在此基础上指明中俄两国关系健康发展的方向,其观点较为客观和理性。

中国在俄罗斯的形象,是影响俄罗斯制定对华政策重要的隐性因素,而俄罗斯的中国形象其实取决于国际关系定位,国家形象和国际关系是一种相互影响的关系。林精华从俄罗斯自身的欧洲定位的角度分析俄罗斯的中国形象,俄罗斯素来强调其欧洲属性,"除了地理意义,更有文化价值的认同——其内心深处认可欧洲文明'先进'、亚洲文明'落后'",这一深刻的认同同时映照到俄罗斯对中国的认知上来,所建构的中国和中国人形象就是"落后、停滞僵化、虚情假意、狡诈、撒谎、装疯卖傻、奴颜婢膝、软弱、胆小等"。俄罗斯的中国形象取决于俄罗斯自身的定位,在东方和西方二分法的表述中,俄罗斯将自己定位为西方,自然站在对面审视和言说着中国,"落后"中国作为"先进"西方的映衬而出现。"中国形象再造并不取决于中国本身的改革开放及其成就和中俄双边关系的发展。"改善俄罗斯的中国形象及俄中关系,关键在于"俄中关系符合俄罗斯的欧洲定位及其所谓以现代文明标准建构的世界图景"。② 俄罗斯的中国形象,取决于俄罗斯自身的定位,由于它总是将自己定位于西方,所以难免以"他者"眼光来看待中国,改善俄罗斯眼中的中国形象的关键在于俄中关系符合俄罗斯的欧洲定位,其研究的落脚点在于中俄双边关系。

第二节　国外媒体建构的中国形象

在研究媒介建构近代中国国家形象的文献中,绝大多数学者选择外国人撰写的以中国为主要内容的文学作品为研究对象,也有个别研究者以大众传媒中对中国国家形象建构的内容为研究对象。关于国外大众传媒建构中国形象的研究,是随着大众传媒的发展而同步进行的。

---

① ［俄］亚·弗·卢金著,刘卓星等译:《俄国熊看中国龙——17—20 世纪中国在俄罗斯的形象》,第 8、2、138—140、351—352 期,重庆出版社,2007 年版。
② 林精华:《俄罗斯对中国形象的再造及其自身的欧洲定位》,《国外社会科学》,2010 年第 2 期。

一、国外媒体建构的中国形象概述

　　早期主要以报刊的形式出现,并且一直延续至今,成为中国学者研究国外媒体建构中国国家形象的丰富的介质。由于本书主要研究 20 世纪以来的俄罗斯媒体的中国国家形象建构问题,因此主要关注近二三十年以来的相关研究成果。通过这些研究发现,当前国外媒体对中国国家形象的建构多以负面为主。例如,何英(2005)研究了美国媒体建构的当代中国形象,认为冷战后美国媒体主要建构了负面的中国形象,在美国媒体眼中,"中国是对美国和亚洲周边邻国的严重威胁、中国是盗窃美国核技术的窃贼、中国制造业的迅速发展对美国经济构成严重挑战"。[①] 孙有中(2009)研究 1993—2002 年《纽约时报》和《泰晤士报》的中国报道后发现,两报对中国政治有较多负面的报道,如中国政府侵犯人权、犯罪率高、官员腐败、贫富差距大等。这些媒体呈现了"一幅变化、混乱、危机四伏、令人忧虑的中国形象"。[②] 刘林利(2007)研究了日本 6 家报纸、7 家周刊后认为,日本媒体建构的中国形象以负面为主,如中国政治不够民主,具有军事威胁,犯罪率高等。[③] 张玉(2012)研究了日本两份代表性的报刊《朝日新闻》和《读卖新闻》的涉华报道,得出类似的结论,作者指出两报塑造了"丑陋"的中国国家形象,即政治不民主,社会保障和公共卫生状态较差,人权状况不如人意,贫富差别大,腐败严重,能源消耗大,环境污染非常严重,军事力量强大,威胁亚太地区安全,产品质量低劣。[④] 刘继南、何辉(2006 年)对美国《纽约时报》、英国《泰晤士报》、法国《费加罗报》、日本《读卖新闻》等 8 份报纸的研究发现,外国媒体塑造的中国形象是:经济蓬勃发展但存在不少问题,文化博大精深、富有魅力,和平发展大国外交,军事力量强大且"令人担忧",人权问题、腐败、恶性犯罪、性交易、偷渡、走私、知识产权等各种社会问题严重。[⑤] 学者张长明认为,当今西方媒体建构的中国形象是"神秘、复杂、动荡、不稳定和带有强烈扩张意识的大国;有强大威胁的国

---

　　① 何英:《美国媒体与中国形象(1995—2005)》,南方日报出版社,2005 年版。
　　② 孙有中:《解码中国形象:〈纽约时报〉和〈泰晤士报〉中国报道比较(1993—2002)》,世界知识出版社,2009 年版,第 276 页。
　　③ 刘林利:《日本大众媒体中的中国形象》,中国传媒大学出版社,2007 年版。
　　④ 张玉:《日本报纸中的中国形象:以〈朝日新闻〉和〈读卖新闻〉为例》,中国传媒大学出版社,2012 年版,第 83、125 页。
　　⑤ 刘继南、何辉:《中国形象:中国国家形象的国际传播现状与对策》,中国传媒大学出版社,2006 年版,第 64—90 页。

家;有许多不稳定的因素,而且每一点都是致命的;中国的发展只是暂时的,必然会走向崩溃等。"①

综合上述研究可以发现,20世纪90年代以来,西方媒体建构的中国形象主要是负面形象,人权缺乏、腐败丛生、贫富悬殊、污染严重、犯罪率高、中国威胁等,这种形象与20世纪30年代《纽约时报》记者阿班的涉华报道所建构的"危机中国"的形象如出一辙。是18世纪中期以来西方文本所建构的停滞、专制、野蛮和贫弱的"衰朽之邦"形象,再次在当今延续与重现。尽管历史的进程已进入21世纪,中国在社会、文化、经济以及政治等诸多方面发生了翻天覆地的变化,世界格局也经历了重大的重组,国际关系相应地出现各种转变。然而,外国媒体所塑造的中国形象不但没有向良性方向发展,甚至更加负面与悲观。

20世纪50年代是中苏关系中非常特殊而重要的10年,此时的中国被苏联视为"兄弟",孔朝晖对50年代《真理报》涉华报道作了内容分析和文本分析,发现这一时期的该报一直在"兄弟""盟友"和"美好新事物"的套话模式中报道中国,其呈现中国形象是单面的,是完全正面的、美好的,然而中国是苏联政治上的"兄弟",却是其文化上的"他者",文化上的差异导致中苏存在天然的隔阂。"苏联树立自身的国际权威和强调社会主义思想的政治需要决定了它塑造中国形象的唯政治性,而东西方文化差异却造成了它对中国文化的疏离感。""第三罗马"和"弥赛亚说"是俄罗斯思想的精髓,随着历史的发展和社会制度的变化,逐渐演变成了大国沙文主义和霸权思想,俄罗斯媒体的中国形象便是这一思想的现实体现。② 俄罗斯媒体将中国塑造成如此形象,源自俄罗斯自身的思想和文化根源,孔朝晖博士虽然选择了大众传媒为研究对象,但作为比较文学和世界文学的博士,依然沿袭了思想史和文化批判的传统,对国际关系和传播学的观照较少。

一些学者对当今俄罗斯媒体的涉华报道进行研究,探究俄罗斯媒体对当今中国形象的建构。2008年是中国不平凡的一年,这一年先后发生拉萨暴乱、汶川地震、北京奥运等重大事件,这些事件不同程度影响着国外媒体对中国形象的建构。北京奥运是提升中国国家形象的一个良机,提升国家形象也是中国举办奥运的重要目的之一。莫斯科大学巴库林研究了2008年8月俄罗斯6份主流报纸关于北

---

① 张长明:《让世界了解中国——电视对外传播40年》,海洋出版社,1999年版,第15页。
② 孔朝晖:《"兄弟"的隐喻:从〈真理报〉(1950—1959)的中国形象谈起》,中国社会科学出版社,2012年版,第80—82、230、236页。

京奥运的报道后指出,现代中国呈现出一个"快速发展的、年轻的、有活力的"形象,举办奥运的巨额花费以及无与伦比的组织水平是中国经济增长的体现之一。受奥运会开幕式前夕新疆恐怖分子袭击警察事件的影响,所研究的 6 份报纸都不同程度地关注安全问题和奥运会可能遭受恐怖的袭击。① 程曼丽曾对外媒眼中的中国进行了研究,2002 年她从美、俄、日、德四个国家各选择一份代表性的报纸,对其一个月的涉华报道进行分析,其中俄罗斯选择了《消息报》作为样本。程曼丽的研究认为,《消息报》中关于中国的报道较少,进城打工者成为中国人的代表形象。同时,美、俄、日、德四国对中国及与中国关系的报道与评价,都是从各自的国家利益出发,不同国家的涉华报道具有各自的特点或倾向性,"美国的冷战思维,日本的防范心理,俄罗斯民族骨子里的大国沙文主义的傲慢态度"。② 外媒对中国的报道和评价,取决于各国自身的国家利益以及它们与中国的关系。

二、国外媒体涉华报道研究——以环球网为例

环球网是具备新闻采编权的大型中英文双语新闻门户网站的中央级综合性网络新闻媒体。在全球化不断推进的今天,中国与世界的碰撞和融合已成为这个时代最耀眼的一道风景。作为环球时报的网络平台,环球网继承了《环球时报》的一贯风格,继续专注于中国人视角下的国际新闻报道,不断向世界传达中国人的声音,立志成为世界与中国互相了解的桥梁。而环球网"海外看中国"频道以海外媒体视角解读中国国际国内的热点与焦点,帮助网友透过"第三只眼"看中国,了解世界媒体眼中的中国。"拟态环境",也就是我们所说的信息环境,并不是现实环境的镜子式的再现,而是传播媒介通过对象征性事件或信息进行选择和加工、重新加以结构化以后向人们提示的环境③。所以以"海外看中国"栏目中"中国影像"专栏就像是一面镜子,不仅主动向国际展示中国的国际形象,也折射出中国在国际舞台上的形象。

刘兢撰写的《1990 年代以来 SSCI 和 A&HCI 中国研究期刊里的中国传媒镜像》中通过对 1990 年代以来 SSCI 和 A&HCI 这两大国际期刊数据库收录的中国

① ［俄］O.A.巴库林著,沈昕编译:《俄罗斯大众传媒上的中国形象——以北京奥运会报道为例》,《国际新闻界》,2008 年第 11 期。
② 程曼丽:《美、俄、日、德主要报纸涉华报道分析》,《国际新闻界》,2002 年第 4 期。
③ 姜筱舟:《李普曼"拟态环境"理论的分析与批判》,《当代经理人》,2006 年第 3 期。

研究期刊涉及传媒论文的整理,归纳出这些论文主要分为"从传媒看中国"和"从海外看中国传媒"两类。前者关注社会各阶层通过传媒的公共参与、传媒里讲述的中国故事、政治运作中的传媒角色等话题,提醒我们向外拓展研究"作为问题的中国传媒"的提问空间。后者借鉴海外讨论近现代中国的两大主流范式,启示我们向内反思"中国传媒研究存在的问题"。本节以环球网"海外看中国"栏目中的"中国影像"专栏(2013—2014)为研究对象,属于"从传媒看中国"的研究范畴。

（一）研究设计

研究传播内容的一个常用方法是内容分析法,这是一种实证主义范式,注重量化分析,强调科学性和客观性。内容分析法具有诸多优势,如节约经费、容易弥补、可靠性较大、可重复编录、可作长时期的研究、不打扰研究对象等。[①] 本节采用内容分析法,对各国媒体涉华报道进行实证分析,探讨外媒建构的中国国家形象。

环球网作为中国官方新闻网站,有着明确的政治立场,对海外媒体涉华报道是有选择性的,其选取的新闻报道既有正面报道,也有负面报道,虽不全面,却也有一定的代表性。以环球网"海外看中国"栏目中"中国影像"专栏的新闻报道为样本,可以管窥海外媒体建构的中国国家形象。2013—2014 年"中国影像"专栏涉华报道共 260 篇,全部作为研究样本。

本节的分析类目主要为形式特征、内容特征和报道倾向,把研究样本按照如下类目进行编码。一是形式特征,形式特征包括报道数量、报道篇幅、报道类型、消息源,报道类型分为消息、通讯、评论、漫画、特写及其他 6 种,消息源主要有自采新闻、国内媒体及国外媒体 3 种;二是内容特征,内容特征层面,主要研究社报道的报道主题,报道主题分为 10 种类型:政治、经济、文化/艺术、社会、外交、国防/军事、体育、科技、医疗、教育及其他;三是报道倾向,报道倾向分为正面、中立和负面 3 种类型。

（二）内容分析

1. 各国媒体涉华报道的分布情况

从表 2.1 可以发现,2013 年下半年海外媒体涉华报道数量高于上半年。

---

① 柯惠新、王锡苓、王宁:《传播研究方法》,中国传媒大学出版社,2010 年版,第 180 页。

2012年11月中共十八大完成换届选举后,新一届国家领导人登上政治舞台,中国在政治、经济、外交、军事、科技、两岸、民生等方面开启新的局面,2013年下半年中国国家领导人外出访问活动频繁。6月,韩国总统朴槿惠率庞大经贸代表团首次到访中国,双方共同发力自贸区建设,期望韩中关系"更上一层楼"。7月,中国与俄罗斯联合进行军事演习。9月,习近平主席访问中亚四国。10月,习近平和李克强分别访问东南亚五国,并分别出席印尼APEC峰会和文莱东亚系列峰会。中国领导人频繁外出进行国事访问,在国际上产生强烈的影响。中俄联合军演给美国带来的"威胁",中美之间的"大国之争"让中美关系受到了冲击。在安倍晋三上台以前,中日关系因钓鱼岛问题出现了恶化,安倍上台后更强硬表示日本对钓鱼岛的所有权,并采取了军事举措,中日关系陷入僵局。在此期间中美、中日关系引起了国际媒体广泛关注,从7月份开始,各国媒体对涉华事件的报道数量明显多于上半年。

表 2.1　样本月份分布情况

月　　份	样本数量
一　月	17
二　月	4
三　月	14
四　月	15
五　月	9
六　月	15
七　月	31
八　月	26
九　月	35
十　月	30
十一月	37
十二月	27

2. 报道篇幅

报道篇幅分为短篇报道(0—300字)、中篇报道(301—1 000字)和长篇报道

(1 001字以上)三种。在260份样本中,中篇报道最多,为143篇,占55%,300字以下的短篇报道仅15篇,占5.8%。

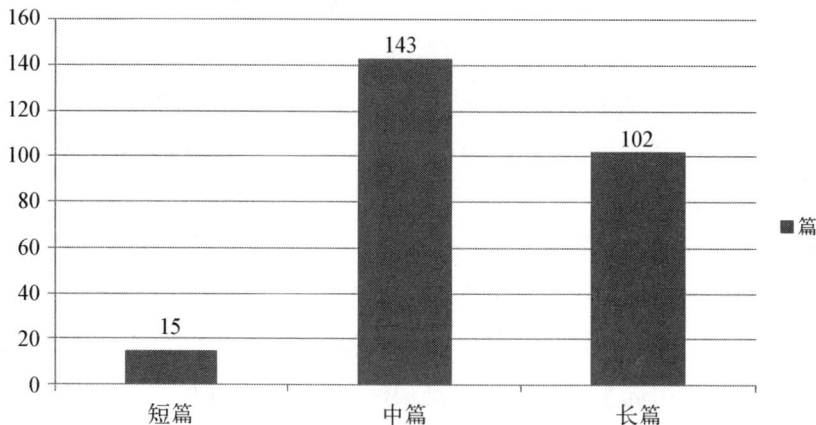

图2.1   报道篇幅分布情况

通常报纸对所报道内容越重视,报道的篇幅就越大,文章篇幅从一个方面反映了报纸对所报道主题的重视程度[①]。网站新闻同样如此,篇幅越大,意味着报道内容越重要。短篇报道言简意赅,但在报道的深度和广度上不及中篇报道和长篇报道。各国媒体涉华报道以中篇和长篇居多,一方面是因为环球网并不以速度取胜,而是更追求新闻的深度,另一方面是因为中国在国际舞台的重要性与影响力越来越大,各国媒体对中国问题都非常关注和重视。

3. 报道类型

从报道类型来看,各国媒体涉华报道以通讯(36.15%,含深度报道、专访)和消息(33.46%)为主,其次是评论,特写和漫画等非常规的报道方式极为少见。

通讯、评论、深度报道比消息等体裁反映事实更全面、更立体和更深入,外媒涉华报道通常关注中国重大事件,故在体裁上倾向于使用通讯和评论。研究发现,几乎每一篇样本都配有图片或漫画。网络时代信息超载,读者受繁杂信息所累,需要简洁的信息,"一图胜千言",简洁生动的图片或漫画备受读者青睐。

---

①　李随安:《半个世纪以来俄罗斯形象在中国的变化》,《湖南工业大学学报》(社会科学版),2008年第5期。

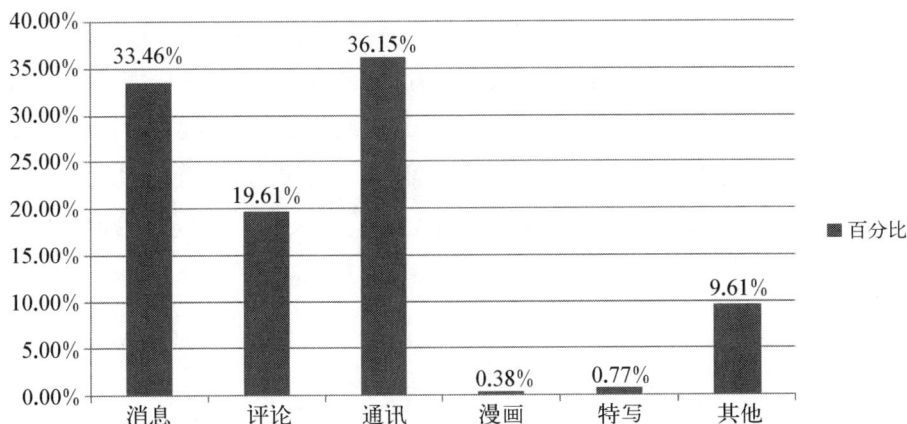

图2.2 报道类型分布情况

4. 新闻来源

新闻来源分为自采新闻、国内媒体和国际媒体三种。自采新闻是指由该网站记者或者驻外记者所采写的新闻稿件，国内媒体主要是来自内地、香港和台湾的媒体，其中以香港中评社、《南华早报》、中新社的报道为主。国际媒体则是指其他国家的新闻媒体。在抽取的样本中，"中国影像"使用的外来媒体的稿件大部分来源于美国《纽约时报》《侨报》、英国《卫报》、法新社、俄罗斯之声、日本《朝日新闻》等外媒，而韩国、朝鲜等其他国家媒体关于中国的报道则只占很少一部分。

在全部新闻来源中，虽然国际新闻媒体有59.6%，占据报道总数的一多半，但是国内新闻媒体也有36.5%。这表明不仅仅是国外媒体在关注中国，中国也在积极地融入国际舞台中去。

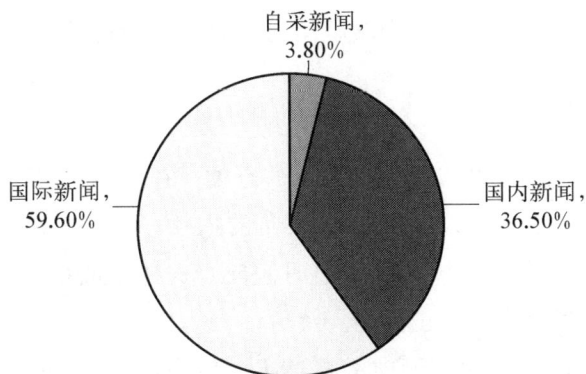

图2.3 新闻来源饼状图

5. 报道主题

报道主题分为政治、经济、文化/艺术、社会、外交、国防/军事、体育、科技、医疗、教育及其他。研究发现,以外交、军事/国防、政治、经济及其他为主题的报道居多,报道量分别为 33、37、77、22 和 32 篇,分别占据了报道总量的 12.7%、14.2%、29.6%、8.5%和 12.3%。而关于社会、体育、文化、教育及医疗等主题的报道较少。

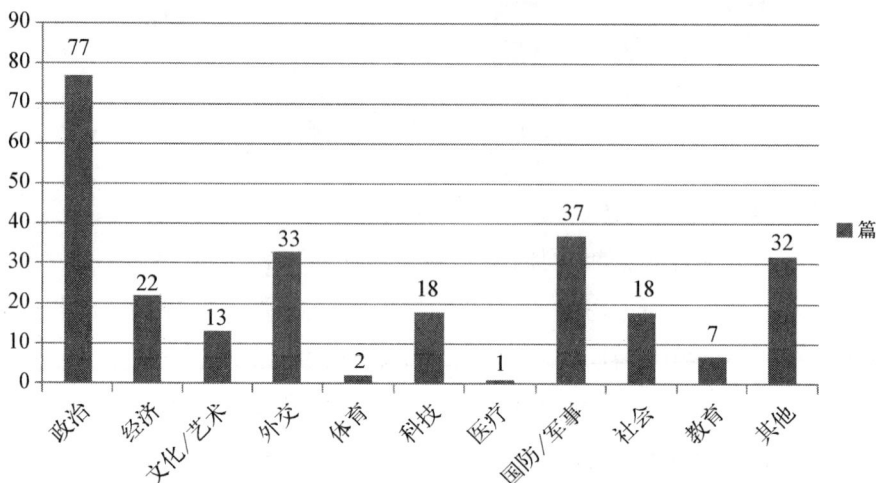

图 2.4 报道主题分布情况

政治、经济、外交和国防军事是 2013 年各国媒体涉华报道的热点。作为发展中国家代表之一,近年来中国在政治、经济、外交、军事、科技等方面都取得了瞩目的成就,在国际上的地位越来越高,与他国高端合作增加,往来越来越密切。在这几个报道主题中,热点议题有中俄联合军事演习、中日关系、中日钓鱼岛之争、中美关系、G20 峰会等。这些议题均为国家层面的高端议题,自然也受到了各国媒体的关注。

6. 报道倾向

报道倾向直接反映媒体对报道对象的态度。在 260 份研究样本中,对中国持正面态度的报道占 40.4%,持中立倾向的占 45.4%,持负面态度的报道占14.2%。一方面,环球网选择外媒报道时倾向于选择正面报道,另一方面,各国媒体不少涉华报道是中立或正面的。

对中国持正面或者中立倾向的报道主要体现在政治、外交合作、领导人会晤、经济发展等方面,而持负面态度的报道则多是关于环境卫生及其他一些不好的社会生活习惯。例如,2013 年 3 月 25 日转载的英国《卫报》的《中国人太爱吃猪肉吃素很少见》,这篇报道以黄浦江的死猪为引子,报道中国人对猪肉的巨大需求量,以及畜牧业中出现的问题。2013 年 10 月 10 日报道《日媒:中国过劳死殃及在华日本

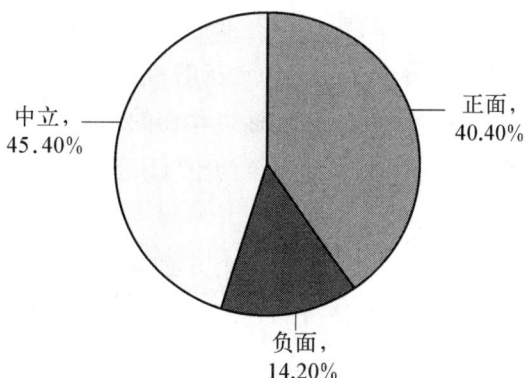

中立,
45.40%

正面,
40.40%

负面,
14.20%

图 2.5　报道倾向饼状图

人》,反映中国社会竞争激烈,不仅让中国人承受巨大压力,身体状况变差,甚至不少人走上自杀之路,成为世界过劳死大国。

(三)"中国影像"中外媒眼中的中国形象

1. 美国媒体眼中的中国形象

两极格局终结之后,美国成为世界上唯一一个超级大国,在国际上具有强大的影响力,而中国目前经济发展潜力巨大,被认为是世界上第二大经济体,政治、军事、科技等在世界上影响也越来越大,美国对中国素来极为关注,全球化背景下,中国的发展势头很好,成为世界各国重点关注的国家。所以美国媒体对中国的报道量是比较大的,美国与中国在政治制度、文化等方面存在显著的差异,美国媒体在选题和倾向上体现了他们的立场。

在 260 篇研究样本中,来自美国媒体的报道有 45 篇,约占总体的 17.3%。这些报道主要来自《侨报》、《纽约时报》、美联社等美国主流媒体,《侨报》关于中国事件的报道最多,约占总数的 40%,其中政治方面的报道很少,只有两篇报道,钓鱼岛、台湾、人权等敏感话题在环球网中很少被选择。《美媒:习近平呼吁反腐要老虎、苍蝇一起打》以第三方的身份讲述习近平呼吁反腐,《美媒:奥巴马缺席 APEC 但围堵中国计划不会变》肯定美国在亚太地区的霸主地位,但是也认可了中国的强大削弱了美国的力量。

美国媒体关注更多的是中国的经济和社会民生,尤其是环境、食品安全、房地产等热门话题。《中国移民西班牙强势生存》《中国经济增长但出现通胀》《美

国全国广播公司：SUV正统治中国的道路》《侨报：底特律破产对中国城市带来的警示》等一系列有关经济的新闻报道肯定了中国经济的迅速发展，但是也披露出中国经济在发展过程中存在的问题。《外媒关注北京大雾天气》《美媒：中国改善民生须从食品安全与空气入手》《美媒：社会竞争加剧让中国人难以常回家看看》《美媒：房价高工资不够 一线城市围城难解》等报道分别从环境、食品安全、社会竞争、房价等4个方面报道了中国的发展给人们生活带来的变化和遭遇的困难。在经济方面，美国媒体肯定了中国经济的发展，认为中国经济潜力巨大，承认了中国经济大国的地位，但是更多的是报道了中国在发展的过程中所存在的问题。

中美都是当今世界的大国，在经济全球化的今天，无论是在政治、经济还是文化科技等方面，中美关系越来越紧密。虽然美国曾经在中日问题、台湾问题上与中国有矛盾摩擦，但是随着中国经济、军事、科技力量的加强，美国在很多地方也不得不给中国几分"薄面"。美国媒体对中国经济的报道基本上做到了正负面持平，但是在政治、外交、社会法律、环境、医疗卫生、文化等方面的负面报道远远多于正面报道。美国媒体在报道中虽然肯定了中国政治经济的发展，以及在科技、军事等方面的取得的成就，但也对中国的文化、社会生活等方面进行批评报道。美国媒体涉华报道展现了中国的大国形象，认可了中国经济大国的地位，但是中国在社会民生等方面依旧有所欠缺，存在很多弊病。

2. 俄罗斯媒体眼中的中国形象

样本中俄罗斯媒体涉华报道并不多，只有14篇，主要是有关政治、军事和外交方面的报道。

在这些报道中，涉及的政治主题主要有中俄的战略协作关系、中俄两国领导人会晤、中俄联合军事演习、中美关系、非洲殖民问题及"中国威胁论"等。在介绍中俄两国关系及中俄两国领导人的政治性会晤时，报道中频繁出现"战略协作伙伴关系""最重要的战略伙伴""中俄互信程度很高"等具有正面倾向的表达，可见俄罗斯媒体对中国是相当重视的，中国对俄罗斯而言具有重要的政治地位。例如，在报道《俄专家：西方指责中国对非洲殖民毫无依据》中，俄罗斯非洲研究所专家塔季扬娜·杰伊奇认为，中国正在努力地为非洲国家作出许多有益的事情，为非洲提供了巨大帮助，"中国在非洲实施新殖民主义"的论调是彻底错误的，这代表了一部分俄罗斯人的观点。

《俄专家：中国防空系统 SD－10A 或执行特殊任务》《俄专家：中国东风15C 导弹将威慑爱国者 3》《俄媒：中国航母重大进展可同时起飞 3 架歼 15》《俄媒：辽宁舰向美挑战 2020 年将建核动力航母》《俄媒：中国东风 21D 导弹对美航母是死刑判决》等一系列关于中国军事和科技的客观报道，以中立的态度展示了中国的军事实力。中国和俄罗斯是战略合作伙伴关系，在一系列重大国际问题上有着相同或相似的立场，俄罗斯媒体眼中的中国，是一个爱好和平、热情友好、与人为善、以邻为伴、友好相处的军事强国。

3. 日本媒体眼中的中国形象

作为一衣带水的邻邦，中日两国自 1 000 多年起，就开始了频繁的交流，其间有经济交流，有高层互访，有民间学潮，亦不乏兵戎相见。受"历史问题"的长期影响，中日双方对于地区主导权的竞争，以及海上领土和海洋权益的争端从不曾间断过。

据统计，在 260 篇研究样本中，日本媒体的报道并不多，只有 21 篇，其中政治、军事和外交的报道就约占总体的 76.2%，而关于钓鱼岛以及中日双方领土争端的报道就有 12 篇。例如，《中国在领土问题上显示出强硬姿态》《日功勋巡视船首赴钓鱼岛令中国不安》《日拟派无人机监视钓鱼岛遭中国反对》《日中岛争升级 离武装冲突仅一步之遥》等均是关于钓鱼岛的报道，日本采取的一系列军事措施，让中日矛盾进一步升级。钓鱼岛"买卖"争端后，日本领导人曾经先后出访美国，东盟国家，希望国际社会能够给中国政府施加压力，可惜没有成功。在报道《日媒：东盟不想成日本对华包围圈中的一环》中，东盟的外交消息人士表示，东盟"欢迎与日本进行经济合作，但不想卷入日中对立"。日本是一个传媒大国，其媒介的国际影响力较大。日本媒体立足自己的国家利益，极力渲染"中国威胁论"，向世界展示了一个强硬的、不爱好和平的、不合作的中国形象。

4. 英法媒体眼中的中国形象

研究样本中，英国媒体与法国媒体涉华报道很少，分别为 14 篇和 5 篇，主要是中国文化和社会方面的报道，很少涉及中国政治、经济、军事、科技等。例如，报道《法媒："土豪"一词被牛津英语词典编著关注》肯定了中国文化，表现了目前中国在国际上的影响力。《英媒：〈爸爸去哪儿〉在英走红掀亲子教育热》《英国〈卫报〉：好莱坞为市场向中国"磕头"》《英媒：中国蛇年春节体现节约新风》也表现了中国文化在国际上的影响力。在报道《英媒：中国控烟惰性或将带来严重的疾病海啸》《英媒:空气污染让北京面临人才流失尴尬》中,对中国人吸烟而引起的健康问题,以及空气质量差而引起的人才流失情况进行了分析,体现了中国在健康和环境卫生方面的不足。总体而言,英国与法国的媒体关于中国的报道是中立偏正面的。

5. 其他国家媒体眼中的中国形象

在环球网"海外看中国"栏目"中国影像"专栏中,此外还有韩国、新加坡等国家媒体的涉华报道。在这些国家眼中,中国的国家形象主要是进步的、友好的。

新加坡与中国有着特殊的渊源,两国人民有着血缘、历史和文化的深厚关系。《联合早报》作为在中国开设记者站最多的外国媒体,既关注中国大陆最发达的都市,也关注相对落后的中国西部地区,能够以理解、客观的态度观察中国的进步与不足,力求客观报道、冷静分析,向新加坡读者,以及通过早报网向数百万的海外华人读者描绘比较真实的中国图景。在报道《全球主力谋再平衡 西进成中国突破口》中,不仅对中国"西进"战略进行了很好的分析,而且还对国外学者关于中国"西进"的评论进行了辩驳。文章认为:中国的"西进",并不像有些国外学者所言,是针对美国"重返亚太"而被动实施的"敌进我退、敌退我追",它是以我为主、自主能动的战略谋划。中国的"西进"不以应对美国为根本出发点,也不以抗衡美国为最终落脚点。

和西方媒体相比,因为历史、文化、语言的因素,新加坡媒体对中国更多一些认同和理解,能帮助读者正确理解中国事件,对中国的报道比较客观公正。

(四) 小结

海外各国媒体所塑造的中国国家形象不甚相同。美国媒体的涉华报道一般都是以美国国家利益为立足点,在一些重大的国际事件或者是有关中美矛盾的事件中,往往与美国政府的态度保持一致。美国媒体坚持美国人"Bad news is good news"的新闻价值观,更多关注中国的负面新闻。这些报道不知不觉地在国际上营造一个负面的中国形象。相比于美国,日本的媒体在对待中国事件的报道上更加不"隐晦",在很多报道中他们直接表明其对华人态度。在钓鱼岛争端之后,日本通过其强大的媒介影响力歪曲历史真相,将其描述成正义的一方,形成反华舆论。在很多的日本媒体报道中极力地宣扬"中国威胁论",企图孤立中国,使更多的国家站在中国的对立面。

中国要在国际民众的心中塑造一个真实的、全面的中国形象,让世界人民对中国有更深刻的认识和了解,进一步促进中国与国际的交流,中国媒体必须增强国际传播能力,扩大中国在国际社会的话语权。国内媒体应该坚持真实、客观、全面的原则,树立一个全面客观真实的国家形象。除此之外,国家应该加快信息化建设的步伐,建立一个高效的对外传播体系。当前中国不仅需要不断提升政治、经济、军事、科技与文化的实力,而且需要在国际上建构一个正面的中国形象,不断增强中国在国际上的影响力。中国作为一个负责任的社会主义大国,必须增强与世界各国进行良性沟通与理性沟通的能力,努力树立良好的国家形象。

三、俄罗斯媒体建构的中国形象——以俄罗斯中文网为例

在国际新闻传播中,媒体倾向受国际关系的影响明显。不论在所谓的"威权国家"还是"民主国家",媒体对他国的报道,在很大程度上取决于两国关系。通常我们认为,媒介建构他国形象就是两国关系的写照。那么国家关系与媒体倾向之间是否真的那么密切相关呢? 笔者以中俄关系和"俄中网"涉华报道为例,对这个问题进行考察,希望探索这一问题表面现象之下更丰富的内容。

俄罗斯中文网(www.eluosi.cn)简称俄中网,是俄罗斯综合中文门户,也是俄罗斯最大的中文网站,提供新闻,俄语学习以及俄罗斯相关信息。本节以俄中网"中国时事"栏目涉华报道为研究对象,采用内容分析法和文本分析法,研究其报道主题、报道倾向等,研究俄媒对中国形象的建构。

(一)俄中网涉华报道内容分析

由于研究对象报道量很大,笔者对报道对象进行抽样,样本框为 2012 年 1 月 1 日到 2014 年 1 月 31 日"中国时事"所有报道,采用等距抽样,从 2012 年 1 月随机确定一天作为等距抽样的起点,随机确定为 2012 年 1 月 12 日,以 15 天为间距,抽样结果为,2012 年 469 个样本,2013 年 378 个样本,2014 年 1 月 30 个样本,总计 877 个样本。剔除不符合要求的 68 篇文章(主要是其他国家的新闻、无关涉华的世界趣闻或科普信息),最终得到有效样本 809 篇。对样本进行编码和统计分析后发现,俄中网"中国时事"涉华报道以社会新闻为主,报道具有明显的负面倾向。报道主要来源为中国媒体,选择也是一种态度,俄中网对中国媒体报道进行事件选择和编辑,在转载和加工过程中体现编辑立场和观点。

1. 社会、时政、灾难报道为主

报道主题是报道内容的概括,笔者将报道主题分为经济、时政、军事、社会、科学技术、文化娱乐、灾难事故、医疗卫生和其他9项。将所有报道按照报道主题分类,可以大致了解俄中网"中国时事"主要关注哪些话题,主要向受众呈现怎样的中国。

表 2.2　报道主题篇数与百分比

报道主题	篇数	百分比
经　济	31	3.8%
时　政	180	22.2%
军　事	25	3.1%
社　会	377	46.6%
科学技术	18	2.2%
文化娱乐	24	3.0%
灾难事故	85	10.5%
医疗卫生	49	6.1%
其　他	20	2.5%

统计数据显示,"社会"是俄媒"中国时事"的报道重点,共计377篇,占比46.6%,几乎占了样本总量的一半,主要有四类:第一,社会热点事件和人物报道,如2013年1月6日集中报道河南兰考袁厉害收养孤儿事件,2012年3月份报道"贞操女神"涂世友的出位言论;第二,社会暴力虐杀事件报道,如《重庆男子不满妻子离婚 砍死岳父岳母后在现场刻字题诗》《河南一大学生大年初六为买房要钱不成 竟活剥父母》《河南漯河政协原常委借钱不还 雇凶烧死债主夫妻》,主要报道暴力犯罪,呈现中国社会凶残恐怖的负面形象;第三,社会荒诞奇闻报道,如《20岁"超级宅男"每天待卧室23小时 与父母用短信交流》《女子为取得北京户口与精神病人结婚 被判婚姻无效》《41岁男子为钱与六旬老太结婚 想离婚不知妻名》,这些报道呈现荒诞惊奇的新闻事实;第四,对彰显社会温情、关爱互助等社会正能量的宣传报道,但报道量不大,如《医生为救几欲轻生瘫痪女许下诺言 娶其为妻相濡以沫》《家境困难男子因违规超载被罚 警察在罚单内夹百元现金》,报道都是围绕着人间真情展开,医生因为真爱的承诺照亮了瘫痪女的生活,两人伉俪情深;警察用

信任和爱心展现了柔性执法的魅力,为执法者负面暴力形象除名;保姆与雇主相守相伴 58 年,彰显着社会朴实真诚的文明风尚。

除了社会新闻之外,时政报道也颇受俄中网的关注,样本中共有 180 篇报道的报道主题为时政,占比 22.2%,主要关注中国整体的国家形势,或者说是执政者的执政环境,体现中国政局的现状。在时政报道中,关于领导人出访、官方言论、法律法规等方面的报道比较正面或中性,如《中方回应日方"钓鱼岛不存在搁置争议共识"言论》《中国新出入境法减轻对外籍未成年人非法居留处罚》,领导人亲切出访,如《习近平彭丽媛情侣装出访 树中国时尚形象》,这类报道共计 60 篇。而关于中国官僚体制、贪污腐化等问题的报道具有明显的负面倾向,这类报道共计 120 篇,是前者的两倍。

灾难事故报道 85 篇,占比 10.5%,在各报道主题上排名第三,关于灾后社会救助和重建工作的报道 31 篇,多以客观中立的消息为主,报道车祸、意外、公共安全等 54 篇,如《长沙 18 层高楼整体倾斜 房屋墙体现多处裂缝》《哈尔滨首座悬索大桥整体垮塌 通行不到 1 年多人死亡》《北京私人别墅挖酒窖 墙倒塌掩埋多人 致 6 死 3 伤》《沈阳至北京动车与越野车相撞 两百乘客滞留 4 小时》《陕西延安商厦火灾持续 5 小时未扑灭 部分伤者送医》等,这些报道涉及的地区遍及全国各大城市,向人们勾画了一幅灾难频发、社会不安定的中国形象。

医疗卫生方面的报道 49 篇,占比 6.1%,包括中国医疗政策出台、最新疫情和疫苗的进展、食品卫生安全等内容,如《广州出现疑似恙虫病 4 人患病其中 2 人不治身亡》《中国大陆新增 7 粒 H7N9 流感确诊病例 疫情开始扩大》《中国研制出治疗人感染 H7N9 注射液 已获准上市》《湖南长沙查处致癌"毒辣椒"毒性堪比苏丹红》《记者卧底揭知名西餐厅黑幕:剩菜加工后卖给顾客》,从报道标题即可看出,俄中网报道中国医疗卫生多从负面角度进行报道。

此外,俄中网"中国时事"栏目对中国的经济、军事、科学技术、趣闻娱乐等方面也有报道,但数量极少。

2. 社会新闻中暴力犯罪报道突出

俄中网"中国时事"社会新闻的报道量是最大的,而社会新闻中暴力犯罪事件占了很大的比重,很多报道在标题中就有明显暴力虐杀词语,家庭暴力、官员暴力、青少年犯罪等恶性事件。猥亵、割喉、活埋、虐杀、踢死、群殴、奸杀、砍杀、电锯抛尸、绑架勒索、残杀弃尸等充满血腥、杀戮的词语在标题中屡屡出现,向读者展现着粗鄙暴力、道德素养低下的中国负面形象。

报道中所呈现的事实主要凸显社会秩序混乱、公众安全事故频发主,如《女车主在深圳公安局办证大厅停车场内遭割喉》《六旬老太故宫走错门 被保卫处人员踢肋骨受伤》。除此之外,还有家庭内部杀虐、不伦,官员涉黑、敛财害命,打假名人遇袭身亡,未成年性侵,碰瓷团队残忍施暴,这些也都是典型的丑恶行径。

有些恶性事件从抓捕和法律制裁角度进行报道,如《贵州 15 岁少年替人出头活埋四年级小学同学 逃亡四年被捕》《山西两男子专门猥亵残害男童并杀死 4 人碎尸特大案告破》《强奸猥亵 12 女童 被告人一审判 20 年》《硕士分析师怨恨女上司 电锯杀人后肢解抛尸被执行死刑》《男子用感冒药在出租屋内炼制 23 公斤毒品已被批捕》,这些报道体现中国政府对待恶性事件鲜明的态度、积极的作为和严明的法治,但俄中网设置的这些议程,仍然难免在受众头脑中建构负面的中国形象。

在这些报道中,实施暴力犯罪的主体有少年、社会无业人士、官员和大学生等,事件往往荒诞恐怖,违背社会道德伦理,如此大量的负面报道,反映中国社会不安定,公民素养低,法律意识淡薄。俄中网"中国时事"栏目的涉华报道极度放大了中国的负面,虽然具体事件可能真实,但总体而言与中国社会现实严重不符。

3. 报道倾向明显偏于负面

报道倾向指的是报道呈现的中国形象倾向。"正面"指的是报道呈现中国美好、发展、进步、文明、幸福、友善等良好形象,或以正面形象为主。"负面"指的是报道呈现中国丑恶、停滞、落后、苦难、混乱等负面形象,或以负面形象为主。"中立"指的是报道呈现的中国形象倾向不明确,或者毁誉参半。

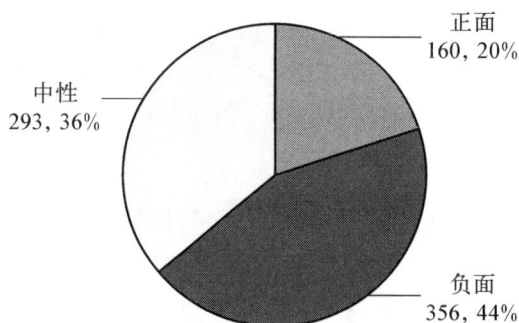

图 2.6　俄中网"中国时事"的报道倾向

报道倾向是分析中国形象建构的重要指标,样本统计数据显示,俄罗斯中文网"中国时事"涉华报道正面报道共计 160 篇,占 20%,中性报道共计 293 篇,约占 36%,而负面报道高达 356 篇,占 44%,接近文本数量的一半,可见,俄媒"中国时事"栏目在构建中国形象上是以负面报道为主,中性报道为辅。

（二）俄中网塑造的中国形象文本分析

前文量化分析对俄中网塑造的中国形象有了粗线条的勾勒，数据显示，报道选题偏向于选择中国负面事件，有刻意建构"丑陋的"中国形象之嫌。分析具体的报道文本可以发现，俄中网涉华报道建构了"暴戾的""危险的""贪腐的"中国形象。

1. "暴戾的"中国形象

"中国时事"栏目大量报道中国暴力犯罪，尤其是青少年、大学生暴力犯罪，将这些事件多倍放大。小概率的暴力犯罪被频繁报道之后，似乎成为中国社会的常态。俄中网将受众的目光聚集到中国社会"暴戾的"一面，使受众从这个角度思考中国社会，实现了其议程设置的功能。《15 岁网游少年行窃被发现 高压锅虐杀 5 岁男童》中这样写道：

"袁文很熟练模仿起游戏里的暴力情节，用铁锹、菜刀和高压锅杀害了李云。"

一句简单直白的话语，交代了 15 岁的袁文杀人的犯罪事实，紧接着报道还原了施暴现场的凶残细节：

"袁文抓住李云将其头部用力往墙上撞击，又从院里找来铁锹猛拍头部，再从厨房拿出菜刀朝脸砍去。看到李云仍有呼吸，他又找来高压锅，打满水后将李云的头浸在锅中直至溺亡，整个过程持续十几分钟。"

撞击、铁锹猛拍、菜刀砍脸、高压锅溺杀，这些文字像电影镜头一样，一格一格，历历在目，杀人步骤一气呵成，有着很强烈的现场感、镜头感。报道中，袁文这个被网游戕害的 15 岁青少年，就像一个冷血的专业杀手，穷凶极恶，完全没有普通人的情感表露。俄中网频繁报道此类新闻，对于中国青少年正能量的、美好的新闻事件较少关注。

有些报道中词语的主观性较强，倾向性比较明显。《两名大学生绑架 15 岁少女轮奸拍淫秽照 向其家人索财》写道：

"两嫌疑人丧心病狂地竟用电线和皮带将华子的手脚捆绑，并持刀对华子进行了威胁、恐吓和殴打。""令人发指的是，在受害人被绑的 22 个小时内，犯罪嫌疑人毛某、陈某竟丧心病狂地将华子捆绑在酒店房内多次轮奸且拍摄淫秽照片，还抢走华子包内现金800余元及戒指一枚,对受害人身心造成极大伤害。"

报道中犯罪嫌疑人是高校的两名大一学生,报道中在陈述犯罪嫌疑人的暴行时,使用"令人发指""丧心病狂""竟"等带有明显情感色彩的词语,倾向性很强。除青少年犯罪之外,其他暴力犯罪报道也不少见,如《宁波街头发生割喉杀人案 已造成1死1伤》《女车主在深圳公安局办证大厅停车场内遭割喉》等。

M.E.麦库姆斯和唐纳德·肖提出的议程设置理论认为,大众媒介往往不能决定人们对某一事件或意见的具体看法,但是可以通过提供信息和安排相关的议题来有效地左右人们关注某些事实和意见,以及他们被议论的先后顺序,大众传媒对事物和意见的强调程度与受众的重视程度成正比。"中国时事"栏目高频度、重细节地再现中国暴力犯罪,其设置的议程,向人们展现了一幅"暴戾的"中国社会图景。

2."危险的"中国形象

俄中网"中国时事"对中国的安全事故关注较多,诸如桥梁垮塌、楼房爆炸、电梯坠落、缆车故障、连环车祸等。如《福建连江一大桥桥面塌出大洞 村民:不是第一次》《河北居民楼爆炸场景:女子洗衣时从6楼摔下》等。这些事件接二连三地被报道,连成一幅"危险的"中国社会拼图。这些事件真实存在,对其报道本无不妥,只是俄媒对此类事件过度关注,连篇累牍地报道,而有意无意地忽略了许多传播正能量的事件。

《电梯突发事故 急速从18层坠至1层 造成12名乘客受伤》报道中写道:

"记者发现,受伤人员都是老年人。几名伤势较重的老人,因为疼痛不住地拍打着地面,并发出痛苦的呻吟声。120医护人员用护板、绷带固定好这几名老人受伤部位,救援人员则慢慢地将他们抬上担架,然后抬上救护车,送往附近的该市中医院救治。伤势较轻的几名老人,或由家人陪护,或相互搀扶,等着救护车送他们去医院检查。"

"一位受伤人员说:'后来有十四五个人在电梯里,电梯没有反应,没有一点反应。然后电梯的门关上了后,哐当就下来了'。受访的孙大妈也说,'电梯里挤得满满的。'但孙大妈肯定地告诉记者,她'没听到电梯报警声音'。"

从文本中可以看到此次电梯事故造成的伤情较为严重,而事故的一个重要原因可能是"人数超载时,电梯没反应,也没触发报警铃声",暴露出中国公共设施存在的安全隐患。"记者也试图找到有关负责人了解情况,遗憾的是并没有人愿意接受采访"。涉事单位回避问题、消极不作为的态度,在报道中一览无遗。

俄中网"中国时事"栏目热衷于选择中国安全事故进行报道,放大了中国社会的不安全因素,诸如《厦门机场贵宾室石砖突掉落　候机女头部被砸入院》《桂林尧山缆车故障致百余人被困高空　已救下20人》《惨！宁洛高速安徽蒙城段发生连环车祸致11死59伤》《惨！女护士出电梯遇急坠　当场断头身亡　血洒十余名乘客》,此类报道占了相当大的比重。中国每日发生不可计数的新闻事件,安全事故毕竟还是小概率的,不过俄中网"中国时事"将其作为日常,促使受众对此类事件给予更多关注。俄中网不仅在事件的选择上体现编辑的倾向,其报道角度也倾向明显,这些报道大多侧重展示事件本身,或就事件原因、事件处理批评中国政府或涉事相关部门,对于中国政府或涉事相关部门积极处理事件的行为较少报道。

3."贪腐的"中国形象

政府部门和官员可以视为一个国家的中枢神经系统,影响国家的运行节奏与方向,在中国,大型国企关系到国家的经济命脉,其高管往往由政府委派,因而也具有了官员的性质。官员的一言一行关系到政府形象,"中国时事"大量报道中国官员和企业高管违法乱纪、奢靡享乐的事件,展现出一幕幕贪腐奢靡的官场现形记。《人大代表陈醒光澳门豪赌输七千万　回应称是购物度假》报道官员豪赌,不仅批评其赌博本身,更主要的是暗示其存在严重经济问题。《湛江市政府副秘书长被举报包二奶超生　纪委调查》报道中国官员超生违法,且包养情人,暗示其有贪腐行为。《四川乐山承认用水枪制造领导冒雨视察工作场景》报道关于作秀,以"人工造雨"的方式制造勤政假象。报道《国家重点贫困县一村委会乔迁摆酒　轿车排长队赴宴》中,"国家重点贫困县"和"长队轿车赴宴"形成鲜明对比。《拆迁办主任涉贪2 900万元　熟人见面也要先搜身防窃听器》《广东亿万富翁实名举报广东公安干部坐拥192套房产》,被报道出来的官员贪腐金额不断攀升,令人瞠目结舌;《河南漯河政协原常委借钱不还　雇凶烧死债主夫妻》报道官员涉黑,可谓无法无天,凶残冷血。一些官员身为"人民公仆",不仅不谋其职,还动用公权保护自身利益,打压上访民众,如《安徽访民被当地政府接离北京　途中遭殴打至昏迷》。俄中网大量报道中国官员负面事件,展现贪腐、糜烂、弊病丛生的中国官场形象。

(三)小结

俄中网"中国时事"在报道主题上格外突出对社会资讯、时政要闻、灾难事故、医疗卫生这四个方面的关注,大力报道中国暴力虐杀、意外事故、媚俗低下、官员贪腐等事件,弱化了对中国的经济、科学技术、军事等方面的报道。从中国近几年的发展进程上说,国内的政治、经济、文化都有了良好的发展,经济上推行金融改革、财税改革、农村改革等,经济稳健增长;政治上改进政府作风,推行群众路线,大力反腐倡廉;在民生建设上,改革高考制度,实现独生子女二胎方案,完善农村医保体制。俄中网对这些事件似乎视而不见。在报道选题、报道角度和报道倾向上,俄中网涉华报道都偏于负面。俄中网就如同一面凹凸镜一样,极度放大了中国负面的事件,缩小中国正面的事件,映照出一个畸形的,与中国社会现实严重不符的中国形象。

"在信息传播过程中,对信息进行选择、决定传播内容的人或机关被称为'守门人',基于信息的海量化和受众阅读时长的影响,媒介已然成为了新闻选择过程中的重要'守门人',对信息进行主观判断的筛选和取舍,把控着进入公众视野的新闻。"①俄中网"中国时事"的编辑将许多正面事件拦在"门外",筛选出众多负面事件予以报道,从而建构了一幅负面的中国图景。媒体是社会的一面镜子,既可以像平面镜一样,如实映照社会现实,也可能像凹凸镜一样,放大或缩小社会中的某些局部,映照出一个畸变的社会形象。

第三节　俄语地区的"中国威胁论"

"中国人口多""中国可能对世界造成威胁"这样的论调由来已久,并成为中国在世界上的主要负面形象。"中国威胁论"的历史渊源可以往前追溯到19世纪的"黄祸论"。1798年,马尔萨斯在其《人口论》中提出,"人口是按几何级数增加的,而生活资料只能按算术级数增加。"过剩的人口将造成巨大的社会危机。"黄祸论"正是在马尔萨斯"人口论"的基础上提出的。在西方人眼中,"黄祸"带来的巨大威胁,一是"白种人国家的工人害怕中国苦力的竞争,害怕那些生活水平保持在最低限度的廉价劳动力抢去他们的饭碗",二是"远东工业化引起更加

---

① 段京肃:《大众传播学:媒介与人和社会的关系》,北京大学出版社,2011年版,第5页。

普遍的疑惧"，三是"很大部分黄种民族在政治上的完全解放，他们在现代化武器的配备之下站了起来，他们由于人口数量上的优势，能够把欧洲人和美国人赶出东亚，夺得亚洲甚至世界的霸权。与此有关的想法就是，不仅黄种工人而且黄种农民和移民也将移居到迄今为白人所控制的地区来。"[①]让人担心的是，伴随着人口的极度膨胀，廉价劳动力抢走白种人的饭碗，工业化制造的廉价产品冲击着世界商品市场，觉醒的黄种人将夺取亚洲甚至世界霸权，人口向外扩张产生的大量移民蚕食白人的领土，担心中国以此方式拓展中国新的疆域。"中国这个国家人口多得仿佛要溢出来一样，他们富有进取心，勤劳能干，渴望在所有能提供安全和保护的地方定居下来……只要有保护，就可以使他们不拘数量地进行移民，并且——也许可以大胆地说——建立第二个中国。人口完全过密的中国是几乎取之不尽的殖民人力的丰富的来源。"[②]

百余年来，俄罗斯的"中国威胁论"内容不断丰富，但本质上就是西方的"黄祸论"思维，其内容大体包含中国人口威胁、中国领土威胁、中国经济威胁以及中国军事威胁等几个方面。在沙俄时期和苏联时期，俄罗斯、中亚五国、乌克兰、白俄罗斯等俄语国家都在沙俄和苏联的版图之内，本节所论述的沙俄时期、苏联时期的"中国威胁论"包括俄罗斯、中亚五国等俄语国家。苏联解体之后，中亚等俄语国家的"中国威胁论"受到苏联和俄罗斯相关观点的影响，与俄罗斯的相关论调基本吻合。事实上，"中国威胁"纯属杞人忧天，这个话题不断被重新提起或翻新出现，只因它是西方国家对中国进行军事侵略、经济制裁以及意识形态攻击的一个极好的借口。

一、沙俄时期的"中国威胁论"

沙俄是俄罗斯历史上国力最强盛的时期，全盛时期其国土面积达到 2 280 万平方公里，几乎涵盖了所有的俄语国家和地区，包括俄罗斯、乌克兰、白俄罗斯、摩尔多瓦、芬兰、亚美尼亚、阿塞拜疆、格鲁吉亚、哈萨克斯坦、吉尔吉斯斯坦、塔吉克斯坦、土库曼斯坦和乌兹别克斯坦、立陶宛、爱沙尼亚、拉脱维亚、波兰等

---

①　[德]海因茨·哥尔维策尔：《黄祸论》，商务印书馆，1964 年版，第 17—18 页。

②　拉菲尔斯：《新加坡马来西亚学院的建立》(载 Asiatic Journal and Monthly Register for British India and its Dependencies, ⅩⅧ,1824,S.14)。转引自[德]海因茨·哥尔维策尔：《黄祸论》，商务印书馆，1964 年版，第 20 页。

国的全部或绝大部分领土。

19世纪40年代以后,中国的国门被西方国家的坚船利炮打开,西方对现实中国的描述越来越多,俄国人心中的中国逐渐褪去了"理想国"的光芒,变为一个"落后、愚昧、停滞、官僚主义盛行的国家",中国国民形象则多是"奴性、保守、狡猾,且具有攻击性"。但直到这时,在俄国还没真正形成"中国威胁论"。19世纪后期,俄国在远东巧取豪夺了中国大片领土,同时大批中国的移民和劳工来到远东地区。由于害怕中国收复被俄国占领的领土,同时畏惧中国的"人口扩张",一些俄国学者和政客开始大肆宣扬"中国威胁论",其主要观点是:"中国是俄国的主要威胁之一,中国对俄国的西伯利亚和远东居心叵测,企图用'人口扩张'的方法来使它们变成事实上的中国领土,未来中俄之间一定会为此发生战争。"[1]

无政府主义的创始人巴枯宁(1814—1876)是早期"黄祸论"的制造者之一。他认为,中国是来自东方的严重威胁。中国人"精力无比充沛,而且强烈好战""原始的野蛮、没有人道观念、没有爱好自由的本能、奴隶般服从",开始熟悉和掌握来自欧洲的"纪律、新武器和新战术"。中国人口数量庞大,必然向外寻找出路,"他们十分拥挤地居住在帝国境内,于是现在越来越多的人以不可阻挡之势大批向外移民……转眼之间,西伯利亚,从鞑靼海峡到乌拉尔山脉和直至里海的整个地区就将不再是俄国的了……他们不仅将充塞整个西伯利亚(包括我们的中亚细亚新领土),而且还将越过乌拉尔,直抵伏尔加河边!"为此,俄国应该采取相应的措施,"把它的全部武装力量坚决地派往西比利亚和中亚细亚,并着手征服东方"。[2] 巴枯宁认为中国非常富饶,征服中国很有价值,而且中国比较容易征服,至少比征服印度容易得多。同时他认为中国是俄国潜在的严重威胁,所以,应该立即全力征服中国。

19世纪80年代,俄国亚洲问题专家普尔热瓦利斯基提出,"东方由于历史发展和政治制度的典型特点,不可能在接受和掌握欧洲文明方面取得进展""在中国发展现代工业将破坏牢固的家庭和传统的行业,引发大量失业,制造千百万无产者,他们由于人口密度太大,会比欧洲无产阶级更危险,不能就业的居民只好移居国外去另谋生路。"在他看来,中国是凝固和僵化的,即便掌握欧洲的科学技术,但却难以真正融入欧洲文明。普尔热瓦利斯基"建议用武力迫使中国将长

---

① 于鑫:《俄罗斯的"中国威胁论":历史与现实》,《西伯利亚研究》,2010年第6期。
② 吕浦:《"黄祸论"历史资料选辑》,中国社会科学出版社,1979年版,第2—4页。

城以北地区全部向俄国贸易开放",中国军队虽然人口众多,但是不必害怕,因为
"一头狼足以迫使上千头的羊群逃跑,而每一名欧洲士兵相对于中国军队而言就
是这样一头狼"。① 普尔热瓦利斯基与巴枯宁有着相同的逻辑,中国是俄国潜在
的威胁,不过当时的中国是停滞和贫弱的,同时,中国又是一只"肥羊",对俄国有
着巨大的利益,所以应该尽快对中国开战。可见,所谓"黄祸",只不过是俄国入
侵中国的一个极好的借口。

　　俄罗斯远东政策研究专家马克西莫夫对"中国领土威胁"最为担忧。俄国侵
占了中国大片领土,按照中国的政治传统,中国必将伺机收回失地。中国"从来
不曾,也不会放弃它曾经占有过的领土,只是等待有利时机来收回它。它忍气吞
声地把阿穆尔和乌苏里让给了俄国,肯定将会努力收回它们,就像 17 世纪时收
回阿穆尔,现在想收回喀什一样。中国对俄国正采取越来越具威胁性的态
势……几十年后,一个经济上和军事上强大的中国将不仅严重威胁到俄国,而且
威胁到全体白色人种"。② 马克西莫夫说出了很多俄国人的心声,俄国抢夺了中
国大片领土之后,内心一直惴惴不安,怀疑中国强大起来之后必将收回这些领
土,他们深切担忧,几十年后,经济上和军事上强大的中国将对俄国和全体白色
人种都造成严重的威胁。直至今日,这种紧张、焦虑和不安仍然折磨着俄罗
斯人。

　　此外,中国经济威胁的论调在沙俄时期就已经开始出现,博尔霍维季诺夫警
告说:"中国人几乎将富足的乌苏里边疆区一切角落的贸易都抓在自己手中,将
近 80%的贸易机构都是他们的,俄国的中小商人和他们竞争简直就力不从心,
因为中国人的生活需要是最低的,又广泛开展了相互支持,出售的商品比俄国货
便宜。中国人有时赔本出售,直到把俄国竞争者挤垮,然后立即提高价格。"③ 不
过经济威胁的论调在当时还很少见。

---

　　① ［俄］尼·米·普尔热瓦利斯基:《从恰克图直到黄河源头》,圣彼得堡,1888 年版,第 498、501—
502、535—536 页。转引自［俄］亚·弗·卢金著,刘卓星等译:《俄国熊看中国龙——17—20 世纪中国在
俄罗斯的形象》,重庆出版社,2007 年版,第 108—110 页。
　　② ［俄］А.Я.马克西莫夫:《我们太平洋上的任务　政治评论集》,圣彼得堡,П.И.巴布金铅印及平
印厂,1894 年版,第 16 页。转引自［俄］亚·弗·卢金著,刘卓星等译:《俄国熊看中国龙——17—20 世
纪中国在俄罗斯的形象》,重庆出版社,2007 年版,第 113—114 页。
　　③ Л.М.博尔霍维季诺夫:《远东的殖民者》,В.П.里亚布申斯基主编:《伟大的俄罗斯:军事和社会
问题文集》,第 1 册,莫斯科,巴·布·里亚布申斯基印刷厂,1910 年版,第 233 页。转引自［俄］亚·弗·
卢金著,刘卓星等译:《俄国熊看中国龙——17—20 世纪中国在俄罗斯的形象》,重庆出版社,2007 年版,
第 124 页。

沙俄时期,"中国威胁论"形成并盛行,主要有三个原因。其一,中国贫弱落后,如同一只肥羊,被西方列强所觊觎,俄国也同西方其他国家一样,希望前来中国分一杯羹。所谓"中国威胁",其实是为俄国发动入侵中国制造舆论,提供借口。其二,俄国侵占中国大片领土之后内心惴惴不安,担心中国强大之后必然伺机夺回去。其三,中国人口众多,大量向外移民,远东等地区出现大量中国人,如果不采取措施,中国将采取人口渗透的方法悄悄地"占领"俄国领土。

二、苏联时期的"中国威胁论"

苏联包括东斯拉夫三国(俄罗斯联邦、乌克兰、白俄罗斯)、中亚五国(如今的乌兹别克斯坦、哈萨克斯坦、吉尔吉斯斯坦、塔吉克斯坦、土库曼斯坦)、外高加索三国(阿塞拜疆、亚美尼亚、格鲁吉亚)、波罗的海三国(立陶宛、爱沙尼亚、拉脱维亚)、摩尔达维亚等 15 个加盟共和国,几乎涵盖了所有的俄语国家和地区。

1917 年十月革命之后,苏联主动向中国示好,欲与中国进行外交谈判,表示愿意废弃沙皇时期签订的不平等条约,归还中国领土和赔款,二战时期中苏成为盟友,新中国成立之后中苏是"同志加兄弟"的关系,这一阶段苏俄的"中国威胁论"大大降温。但即使在中苏"蜜月"时期,苏联依然存在"中国威胁"的思维。1954 年赫鲁晓夫请中国派遣工人去人口稀少的西伯利亚工作,但很快就撤销了这一请求。赫鲁晓夫当时对苏联其他领导人讲:"你们发现了吗,毛泽东多么愿意派人去西伯利亚!你们想一想,这是为什么?他们想兵不血刃地占有西伯利亚。这是他们目标长远的政策。我们应当表现出谨慎态度。要知道请中国人来容易,赶他们走就难多了。"[①]在中苏蜜月期间(20 世纪 50 年代),中国和苏联是"同志加兄弟"的友好关系,苏联的"中国威胁"形象大为弱化。然而,潜伏在俄罗斯人内心的"中国威胁"的意识并未完全烟消云散,其骨子里面的防范意识仍然不时地流露出来。

1958 年赫鲁晓夫提出建立长波电台和联合舰队,此后中苏两国关系不断恶化,1969 年发生珍宝岛事件,边境冲突频频出现,中苏关系面临巨大危险。在两国关系恶化的背景下,苏联重提"中国威胁论",其宣扬的中国威胁程度超过沙俄时期,甚至超过美国的威胁。在这个时期中,苏联特别强调来自中国的"军事威

① Хрущёв Н. С. Воспоминания. Время, Люди, Власть. М., 1999:469.转引自于鑫:《俄罗斯的"中国威胁论":历史与现实》,《西伯利亚研究》,2010 年第 6 期。

胁"。苏联著名作家、诺贝尔奖获得者索尔仁尼琴 1973 年在《致苏联领导人的一封信》中写道："近半个世纪以来，我们在军事方面唯一真正必须要做的事情就是防御中国，最好是不与中国去打仗……除了中国以外，世界上没有人真正能够威胁到我们，没有人将会对我们发动进攻。"①中苏关系恶化之后，苏联极端强化了"中国威胁论"，其内容以威胁程度最高的"军事威胁"为主。

三、苏联解体后俄语地区的"中国威胁论"

苏联解体之后，中苏关系向中俄关系平稳过渡，两国关系朝着健康、友好的方向发展，成为"建设性的伙伴关系"，后来更进一步发展为"战略协作伙伴关系"。在此背景下，"中国威胁"虽然不再是俄罗斯的主流论调，但仍然不时地冒出来，成为当前俄罗斯关于中国最主要的负面形象，其中尤以"人口威胁"为主，其他类型的威胁可以归咎于"人口威胁"引发。

2004 年，为了评估远东居民对华态度，俄罗斯科学院远东分院在远东的几个区进行问卷调查（n＝700），调查结果显示：在"对俄罗斯利益及其远东领土构成的诸多威胁"的问题中，"中国的扩张政策"居于首位（46％），高于"美国的霸权主义"（35％）和"同日本千岛群岛的争议"（40％）；其扩张方式主要是"领土扩张"（40％）、"人口扩张"（31％）、"经济扩张"（27％）。② 2008 年俄罗斯"社会舆论基金"（ФОМ）在全国 46 个州（或边疆区、共和国）③的 100 个居民点进行了一项关于中国形象的民意调查（n＝1 500），结果显示，在对中国的态度问题上，29％的受访者持肯定态度，9％的受访者持否定态度，56％持中立态度，6％表示难以回答。进一步分析持否定态度的原因，7％的受访者认为是"中国威胁"，具体包括：中国人太多，将挤满俄罗斯的领土（3％），廉价的中国商品霸占俄罗斯市场（2％），中国敌视俄罗斯，想侵占俄罗斯（1％），掠夺俄罗斯的资源（1％）。④ 可见，在中俄不断发展友好关系的同时，"中国威胁论"在俄罗斯民众中依然不容忽视，"中国威胁"仍是当前俄罗斯人对中国持否定态度的主要原因，其中尤以"人

---

① Солженицын А. И. Публицистика в Трёх Томах. Ярославль，1995：155.转引自于鑫：《俄罗斯的"中国威胁论"：历史与现实》，《西伯利亚研究》，2010 年第 6 期。

② 吴大辉：《评俄罗斯的"中国威胁论"》，《国际经济评论》，2005 年第 3 期。

③ 俄罗斯联邦现共有 89 个第一级行政区，包括 2 个联邦直辖市（Федеральныйгород）、21 个共和国（Автономнаяреспублика）、6 个边疆区（Края）、49 个州（Области）、1 个自治州和 10 个民族自治区。

④ Ирина Шмерлина. Образ Китая. http://bd.fom.ru/report/map/d083021.

口威胁""领土威胁"和"经济威胁"为主。尤其在远东地区,"中国威胁论"表现得更为强烈。

"人口威胁"是当前俄罗斯"中国威胁论"最主要的内容,而且"领土威胁"也随之而来。不少俄罗斯人认为中国将以人口扩张的形式潜移默化地夺取俄罗斯的领土。著名电影导演、杜马代表 C.C.戈沃鲁欣就对中国"人口威胁"深表担忧,他说道,"中国有十几亿人口,最终他们在历史发展中的唯一生存希望就是我们!我们的能源、我们的土地。来自中国的自然扩张,即边境迅速中国化正在进行中。在国家东部地区到底有多少中国人,你们知道吗? 将近 100 万! 这还是保守的估计。"①著名作家 A.И.索尔仁尼琴也持此观点,他在 1998 年出版的《崩溃中的俄罗斯》一书中写道,"中国不需要战争,需要人口输出——现在已经开始输出了,成千上万,甚至上百万的中国人拥进我们空无人烟的土地上。"②索尔仁尼琴认为,俄罗斯政府忽视远东的发展,大量的移民可能导致远东逐渐被中国化。即便是坚决拥护同中国结盟的雅科夫列夫,也对中国表示担忧:"中国人相当集中地向西伯利亚和俄罗斯远东的其他地区渗透,这大概是得到北京鼓励的行为。中国人大批渗入和落户的威胁特别大,因为'渗入者'坚信,他们不是到别国的土地上,而是到历史上属于中国的,只是在 150 年前丢失的土地上。目前,同我们友好的中国还继续紧张地进行对上述领土的科学论证工作。"③雅科夫列夫担心中国将以"人口扩张"的方式"收复"被俄国侵占的领土。

在中亚五国民众眼中,中国被视为是"最大威胁",有调查显示,31.6%的吉尔吉斯斯坦受访者、30.5%的哈萨克斯坦受访者认为中国是他们国家"最大威胁"。④ 在 2010 年 КИСЭИП 的调查中,研究者在阿拉木图以及乡村居民中进行

---

① C.C.戈沃鲁欣:《刑事犯罪的大革命》,莫斯科,安德列旗出版社,1993 年版,第 12—13 页。转引自〔俄〕亚·弗·卢金著,刘卓星等译:《俄国熊看中国龙——17—20 世纪中国在俄罗斯的形象》,重庆出版社,2007 年版,第 334—335 页。

② A.И.索尔仁尼琴:《崩溃中的俄罗斯》,俄罗斯道路出版社,1998 年,第 46—47 页。转引自〔俄〕亚·弗·卢金著,刘卓星等译:《俄国熊看中国龙——17—20 世纪中国在俄罗斯的形象》,重庆出版社,2007 年版,第 335 页。

③ A.Г.雅科夫列夫:《东北亚的国际政治局势和俄罗斯在该地区的状况》,《远东问题》,1995 年第 2 期。转引自〔俄〕亚·弗·卢金著,刘卓星等译:《俄国熊看中国龙——17—20 世纪中国在俄罗斯的形象》,重庆出版社,2007 年版,第 336 页。

④ Центрально-Азиатский Барометр. http://www.m-vector.com/ru/news/? id=289.2012-10-24. Компания M-Vector. отчет по результатам социологического исследования «социальные настроения населения Кыргызстана электроальная ситуация». 2011. 8(19). http://m-vector. com/upload/VectorRosta/VectoRosta25/pdfot.pdf

了系列深度访谈,分析发现,哈萨克斯坦民众对中国感受最强烈的威胁是"人口威胁"。在他们眼中,中国"是一个好战的、人口过剩的国家",生存空间受到严重挤压,中国人势必向外扩张。在当前的形势下战争的可能性不大,主要是人口对外扩张,扩张的方式如"很多中国人在大型石油公司、天然气公司工作",或者"中国人娶我国贫穷人家的姑娘,从而成为我们的公民",或许多中国人在哈国长期工作和生活,或移民。当中国人在当地的数量剧增时,哈国民众感受到莫名恐慌,"移民五千万人过来,这里就是中国的一个新区了"。"侵占领土"是哈国人一个挥之不去的隐忧,他们认为虽然当前不会有战争的威胁,但是"也许随着时间推移,当中国人满为患、人们没有地方可以生活的时候,可能出现中国人侵我国领土的威胁","对于中国而言,不排除我们会成为它的美味"。①

　　为什么一向秉持"和平共处"原则的中国总让外国民众感到极大的威胁? 媒体宣传可能是一个重要原因。《新彼得堡报》2003 年 9 月 25 日报道,"在 12 年间俄罗斯人口数量从 1.304 亿减少到 1.041 亿,同时从独联体国家引入 950 万人,12 年来俄罗斯人数减少 3 580 万,年均自然减幅为 1.7%,按照这个趋势,2010 年俄罗斯人口将下降到 9 100 万,2020 年将为 7 700 万,2030 年将为 6 500 万,2040 年将为 5 500 万,2050 年将为 4 600 万。然而,根据官方的判断,在俄罗斯的常住中国人大约 800 万人,如果 90 年代以来每年五六十万中国人来俄罗斯,2002 年将超过 100 万,2008 年前将达到 200 万。根据这样的趋势,2010 年俄罗斯的中国人将达到 2 100 万,2020 年 4 400 万,2030 年 7 000 万,2040 年 1 000 万。大约在 2025 年,在俄罗斯的常住人口数量将超过俄罗斯人……俄罗斯人还可以长期掌控国家主权吗?"②事实上近年来俄罗斯的中国人数量并未快速增长,2013 年以来连续三年,在俄华人数量仍然只是 100 余万人③。相反,随着中国经济和社会快速发展,近年来华的俄罗斯人越来越多,某些俄罗斯人和媒体的"中国人口扩张"论调脱离事实,实为臆想。

　　① Б. Г. Мухамеджанов, А. Жусупова. Қазахстан в оценках жителей и экспертов. Науч. -попул. изд. Алматы. 2011. с. 201.

　　② Евгений Гильбо. Перспективы китаизации России. Газета "Новый Петербургъ", №38(625), 25. 09.2003 г. http://www.xpomo.com/ruskolan/liter/china.htm.

　　③ 王祎:《鲜明的时代感——旅俄华侨华人社团》,中国侨网,2016 年 11 月 25 日,http://www.chinaqw.com/hqhr/2016/11-25/114817.shtml。

一些党派为了吸引民众关注,故意以"中国威胁"为噱头。例如,俄罗斯自由党①大肆宣扬"中国威胁论",猛烈抨击俄罗斯当局的对华政策,质疑俄罗斯与中国建立"战略伙伴关系"的政策,其民族主义倾向非常强烈。自由党认为,俄罗斯当局反复灌输中俄"战略伙伴"关系,中美俄"三角"中主要是对抗美国的侵略,这是没有根据的。中国正在购买旧航母和现代驱逐舰,中国军队是俄罗斯军工集团的主要买家。"我们的政府一直没有注意中国正在觊觎西伯利亚和远东的领土。中国对俄罗斯的主要武器是人口(近 15 亿)。"他们认为现在俄罗斯还没有抵御中国人口扩张的办法,中国的入侵已经开始,但是俄罗斯当局却对此视而不见。"俄罗斯边境人口数量与中国北部没有可比性(他们 1.5 亿,与我们 1 000 万相比较)。西伯利亚和远东居住着 200 多万中国人。例如,在勃拉戈维申斯克,中国人已经占居民人口 10%。"而且,大批的中国人移居俄罗斯,却并不会与俄罗斯人融合在一起,很难实现对中国人的同化。"中国人没有与俄罗斯混居在一起,更不会融合到俄罗斯人之中。例如,在莫斯科居住着 30 万中国人。他们居住在自己的社区,遵循着自己的规则。他们有自己的报纸、自己的有线电视、自己的医院和幼儿园。"成为俄罗斯首都中一个真正的中国人的"国中之国"。俄罗斯自由党明确指出,"中国威胁"是俄罗斯对外政策的主要问题。中国人在占领他人土地方面有丰富经验。他们提出,"现在的维吾尔自治区 50 年代并入中国。那时候那里的维吾尔族占 92%。但 10 年之后汉人已经占到 96%。这样他们就变成了少数民族。"②俄罗斯自由党看似有理有据,其实观点偏激错误,作为论据的基本数据都有严重错误。新中国成立后,新疆地区维吾尔族和汉族人口都有所增长,增幅基本持平。2010 年全国第六次人口普查,新疆的汉族占全区总人数的 40.1%③,新疆的汉族占 96% 这样的数据完全没有事实依据的。

"经济威胁"也是这一时期的主要内容。由于中国人口多,而且勤劳肯干,不怕吃苦,人力成本较低,导致商品价格低廉,大量廉价的中国商品进入俄罗斯市场,对俄罗斯本土企业造成强烈冲击。此外,不少进入俄罗斯的商品质量低劣,

---

①　自由党,俄罗斯的激进民族主义组织,2009 年被解散,与 2010 年成立的"人民自由党"不是同一个组织。

②　Партия Свободы. Китайская угроза. 5 апреля 2004 г. http://www.xpomo.com/ruskolan/liter/china.htm.

③　国家统计局.新疆维吾尔自治区 2010 年第六次全国人口普查主要数据公报,http://www.stats.gov.cn/tjgb/rkpcgb/dfrkpcgb/t20120228_402804343.htm.

也引起俄罗斯国内民众的强烈不满。可见,"经济威胁"在一定程度上也是受人口因素的影响。

"中国军事威胁"论调在当前虽然已经退居次要位置,但依然还存在。俄罗斯军事理论家沙拉文提出,对于俄罗斯而言,中国将成为比车臣战争、科索沃战争更厉害的"第三类威胁",中国是俄罗斯的头号敌人。[①] 在讨论俄罗斯对华军售问题时,常常出现"中国军事威胁"的思想,反华人士认为,如果俄罗斯将最先进的武器出售给中国,中国的军事力量可能超越俄罗斯,对俄罗斯将造成强大的威胁。"军事威胁"在一定程度也受中国人口因素的影响,有俄罗斯人甚至认为,如果俄罗斯在战争中损失 100 万人,那就大伤元气,而 100 万人对于中国来说却不算什么。

不少俄罗斯学者对"中国威胁论"进行了针锋相对的反驳。

卢金指出,有些人认为"建立与美国一致的遏制中国政策,可以巩固俄罗斯的地位",他们宣扬"中国威胁论",目的在于"破坏中俄关系,激发俄罗斯对'黄祸'的恐惧和对中国的敌视,完全是符合美国反华的全球竞争逻辑的。至于有些人说中国可能侵犯俄罗斯的领土,其实是一些不想了解中国文化和当代中国政治的人"。[②] 卢金看到了俄罗斯"中国威胁论"的鼓吹者的政治立场和真正意图,并对其进行了批驳。

2013 年 3 月 5 日,在莫斯科举办的题为"中国威胁论是否成立"的论坛中,俄罗斯地缘政治问题科学院副主席康斯坦丁·索科洛夫明确指出,"只要看看利比亚战争、叙利亚问题,如果将来再发生伊朗战争,就可以明白,威胁并不是来自中国,而是来自以美国为首的北约集团"。俄罗斯亚洲工业家企业家联盟玛格丽特·费多托娃认为,"在俄罗斯存在所谓'中国威胁'的地方恰恰是俄罗斯发展比较落后的地区。近年来,俄罗斯在开发西伯利亚和远东地区方面的工作并没有带来很大成效。对于俄罗斯来说,最大的威胁不是来自中国,其根源在于腐败。而中国威胁论的存在恰恰证明了俄罗斯在发展远东地区方面的无力和中国在中俄边境地区经贸活动的活跃。此外,中国威胁论的存在也是一部分西方势力在

[①] Александр Григорьевич Яковлев. «ТРЕТЬЯ УГРОЗА»: Китай — враг № 1 для России? Проблемы Дальнего Востока, № 1, 2002.

[②] А. В. Лукин. "Китайская угроза" и дуализм сознания. Политические иследования, 2011(6): 183–186.

俄罗斯挑唆的结果。"①索科洛夫、费多托娃也看到,真正威胁俄罗斯的不是中国,而是美国,这与库济克、季塔连科的观点一致。同时费多托娃还指出俄罗斯最大的问题是国内腐败。

俄罗斯科学院通讯院士库济克和院士季塔连科积极推动中俄合作,反对中国威胁论调,他们认为,"在未来 10 年,重点应该放在充分发挥俄罗斯明显且为中国迫切需要的相对优势(拥有能源,领土辽阔和过境运输能力)。大规模吸引中国人到西伯利亚和远东投资,以及俄罗斯企业参加振兴中国东北和西部的任务,能够大大地振兴俄罗斯的机器制造业,首先是创新,然后便可大量生产现代化产品。可以说今天俄罗斯走向强大的必由之路恰恰就在中国。"②库济克、季塔连科认为俄罗斯的威胁应该是美国,应该与中国紧密合作,中国是俄罗斯发展和强大的关键所在。他们不仅反驳了"中国人口扩张"收复领土的论调,而且认为应该吸引中国人到西伯利亚和远东,以解决俄罗斯人力资源缺乏的问题,促进俄罗斯的发展。

在中俄友好国家关系的背景下,俄罗斯官方对"中国威胁论"基本持否定态度。如俄罗斯现任副总理普里霍季科曾指出,"据相当可靠的资料,常住俄罗斯的中国公民,总数不会超过 15 万至 20 万。俄罗斯最近一次人口普查的结果更低,仅为 3.5 万。没有根据说中国政府鼓励中国公民到俄罗斯,更不用说非法进入了。"伊尔库茨克州立法会议主席维克多·科鲁戈洛夫认为,"来自中国的挑战根本不存在,相反,来自中国的经济支持却是远东地区发展的关键。中国的崛起将为远东地区带来发展的新机遇。"③

国内个别学者对于俄罗斯的中国威胁问题进行了研究。于鑫对俄罗斯的"中国威胁论"作了历史的回顾和现实的思考,他指出,当前俄罗斯"中国威胁论"主要包括"经济威胁""人口威胁""军事威胁""领土威胁"和"中国环境威胁"。与西方明显不同的是,"俄罗斯的'中国威胁论'民间调门高于官方,地方政府调门高于中央"。目前俄罗斯存在"中国威胁论"主要有五个原因:其一,"沙俄和苏联长期的反华宣传的影响";其二,"西方国家的挑拨";其三,"俄罗斯国内极端民

---

① 刘旭:《中俄专家:所谓"中国威胁论"是一个伪命题》,人民网,2013 年 3 月 7 日,http://news.xinhuanet.com/world/2013-03/07/c_124429379.htm。

② Б.Н.库济克,М.Л.季塔连科著,冯育民等译:《2050 年:中国-俄罗斯共同发展战略》,社会科学文献出版社,2007 年版,第 305 页。

③ 吴大辉:《评俄罗斯的"中国威胁论"》,《国际经济评论》,2005 年第 3 期。

族主义思潮的兴起";其四,"苏联解体后俄罗斯国力衰弱和近年来中国的崛起",强弱关系的反转让俄罗斯人心理上难以接受;其五,借"中国威胁"的话题赚取民众支持。于鑫认为,从历史上看,俄罗斯"中国威胁论"实质上是为反华、侵华政策服务的。当前中俄关系以友好合作为主,"中国威胁论"是中国崛起的必然"副产品",不必过分紧张。为了打消俄罗斯一些人的"中国威胁"的顾虑,可以采取一些相应的措施,如提高中国出口商品的质量,打击非法贸易和非法移民,加强官方和民间的交流。[①] 吴大辉认为,当前俄罗斯的"中国威胁论"依然有一定的市场,主要包括"固有领土回归说、过剩人口扩张说、贫穷引发侵略说和原材料掠夺说"四个方面的内容,其生成的原因为"历史的记忆无法抹去、现实的反差不断扩大、中方的实务授人以柄、西方的鼓噪趁虚而入"。[②] 于鑫、吴大辉对俄罗斯的"中国威胁论"内容、形成原因等进行了梳理,并从中国的角度提出应对策略。

"中国威胁论"历史由来已久,且有全球性,不仅在俄罗斯是如此,哈斯萨克斯、吉尔吉斯斯坦等俄语国家都有很大一部分人都认为,中国是他们最大的威胁,从而对中国都心怀戒备。

第四节　中国国家形象的历史与现实

一、中国国家形象的历史变迁

不同的历史发展阶段,中国呈现出不同的国家形象,既有正面的形象,也有负面的形象,各种形象交错在一起,呈现着多重面相。

（1）地大物博、繁荣昌盛的大国形象。自古以来中国就是一个疆域辽阔、地大物博、人口众多、繁荣昌盛的大国。两汉时代,张骞、班超出使西域,横贯欧亚大陆的丝绸之路逐渐形成,中国的国家形象与丝绸一起传到欧洲,又从欧洲传到世界各地,这时候的中国形象是一个神秘富饶的国家,美丽高贵、质地优良的丝绸代表着这个国家的形象,"丝绸之路"也因此得名。

在 13—15 世纪,西方社会处于比较衰败的时期,贫穷、落后、战乱、动荡,成吉思汗的铁骑让西方人看到了中国的强大勇猛,元明时期中国的统一、强大、繁

---

①　于鑫:《俄罗斯的"中国威胁论":历史与现实》,《西伯利亚研究》,2010 年第 6 期。
②　吴大辉:《评俄罗斯的"中国威胁论"》,《国际经济评论》,2005 年第 3 期。

荣、富庶都让西方人艳羡。当时，一些商人、士兵和传教士将自己在中国的所见所闻描述出来，在现实的基础上不乏夸张和虚构，如《马可·波罗游记》等，这些著作塑造了繁荣昌盛的中国形象。马可·波罗曾在中国任职10多年，在此期间他游历了中国各地，在此基础上写成《马可·波罗游记》，书中详细记录了他在中国的见闻。在马可·波罗笔下，中国山河雄伟壮丽、物产丰饶、文化灿烂、国家强盛，元大都是金碧辉煌、令人眼花缭乱的大都市。

(2) 传统保守、衰落的帝国形象。从明朝中叶开始，中国开始实行闭关锁国的政策，清朝更将这种政策推向极端。乾隆皇帝曾断然拒绝英国来使提出的商贸请求，理由为"两国礼仪风俗不同"。当时中国这种唯我独尊、闭关锁国、故步自封的天朝大国心态阻碍了中国的进一步发展，导致后来被西方国家快速超越，并远远甩在后面，在世界文明发展过程中痛失先机。长期以来，中国的国家形象都是保守的、守旧的，抱着传统死不放手，自立于世界发展潮流之外。鸦片战争中中国惨败，中国国门被西方列强的坚船利炮打开，大批传教士、外交官和商人怀着各自的目的涌入中国，他们对中国有了较全面的了解，并撰写了大量书籍描述中国，在他们眼中，中国是一个"泥足巨人"，看起来很强大，其实很赢弱，只要轻轻一推，就会轰然倒地，中国人打躬作揖、虚伪做作、蓄着长辫、荒诞怪异，一副荒唐、腐朽、压制民主、僵化落后、怪诞不经、滑稽可笑、低等文明、劣等民族的形象。后来，赛珍珠的《大地》，林语堂的《吾国与吾民》《京华烟云》等英文著作在西方世界广为传播，对于西方人全面了解中国有一定作用，但是负面形象的定势已经形成。

(3) 革命的红色中国形象。美国记者埃德加·斯诺1936年对以延安为中心的陕甘宁边区进行了实地考察，根据掌握的第一手材料完成了《西行漫记》（又名《红星照耀中国》），向全世界真实报道了中国和中国工农红军以及许多红军领袖、红军将领，毛泽东和周恩来是斯诺笔下最具代表性的人物形象。斯诺进入了乡土中国的腹地，他发现了一个乌托邦式的地方——红色中国，那里没有抽鸦片、卖淫、贪污腐化、溺婴或虐待儿童，也没有失业者和乞丐，这些现象都是西方人认为在中国比比皆是的罪恶，甚至看不到紧张的战场，到处是自由和谐、平等民主、朝气蓬勃、充满希望的生活。黄土深处的红色中国，是一个由英勇的年轻人组成的年轻的世界。[①] 红军长征、抗日战争、国共战争、抗美援朝等都向外传

---

① 周宁：《天朝遥远：西方的中国形象研究》（上），北京大学出版社，2006年版，第252页。

递着中国革命的形象,红色成为中国的标志性颜色。

　　(4)狂热的中国形象。新中国成立后,以美国为首的西方国家对中国敌视,实行封锁政策,歪曲报道中国,这是外因。内因是中国的"大跃进"和"文化大革命"运动本身充满了狂热和荒唐。1958年至1960年间的"大跃进"运动,全党全民大炼钢铁,大办铁路,大办万头猪场,大办万鸡山,各种建设活动极为夸张,造假浮夸风盛行,甚至出现亩产万斤的虚假场景。1966年开始持续十年的"文化大革命",红卫兵"破四旧,打砸抢",不仅对"地富反坏右"进行疯狂打压,一些被划为"走资派"的老共产党员也被残酷迫害。这种负面的中国形象长期留在国外受众头脑中。

　　(5)"田园诗"般的中国形象。新中国建立之后,两大阵营对立,中西交流彻底隔断,西方对中国当时的现状几乎一无所知。1972年,尼克松总统访华之后,许多西方人发现,这个曾经被描述为"人间地狱"的国家里,人民却过着田园诗般的生活:简朴却和谐、幸福,没有西方国家的各种社会弊端,如失业和通货膨胀等。尽管我国当时的情景远非如此,但当时确实在外国人心中留下了良好的印象。①

二、当前中国的国家形象

　　1978年十一届三中全会以来中国实行改革开放政策,30多年来,中国发生了翻天覆地的变化,解放思想、发展经济、科技进步、文化繁荣,一个开放的、发展的社会主义国家呈现在世人面前。在国际关系方面,中国奉行和平外交政策,努力塑造一个负责任的大国形象,中国是抗击金融风暴的重要力量,是拉动世界经济的强大引擎,在裁军问题、核武器问题、环境问题等具有全球意义的问题上,中国的态度和行为是非常积极的,中国在世界和平与发展中扮演着极为重要的角色。

　　20世纪90年代以来,虽然中国力求在国际上树立"稳定、发展、合作、负责任"的大国形象,但是在不少境外人士看来,"中国仍然是一个神秘、复杂、动荡、不稳定和带有强烈扩展意识的大国;中国仍然是一个有强大威胁的国家;中国有许多不稳定的因素,而且每一个都是致命的;中国的发展只是暂时的,必然会走

---

① 郭可:《当代对外传播》,复旦大学出版社,2004年版,第107—108页。

向崩溃。"①

以德国为例,20 世纪 90 年代,同济大学留德预备部的金秀芳教授曾就"中国(人)在您心中的形象"这一问卷在德国人中做了调查。结果,被采访人的回答可以划分为三类:第一类印象是落后、封闭、贫穷的中国;没有自由的中国人;人口众多(有第一类印象的人占大多数)。第二类的回答是中国有古老的历史,丰富的文化;是旅游的好去处。第三类,极少数人的回答,是对中国一无所知。从这个调查来看,德国对中国的印象基本上是负面的,这在某种程度上代表了欧洲人对中国的印象。

近年来中国努力优化国家形象,构建完善的对外传媒体系,打造有影响力的国际传媒,推广孔子学院进行文化传播,投入人力、物力、财力甚多,但客观地说,传播效果并不尽如人意:其一,虽然我国对外传媒覆盖面已经到世界各地,但并没有真正"落地",受众接触率并不高。其二,在国外受众头脑中国家形象并不如我们所愿,负面形象凸显。

美国、欧盟各国以中国人权、民主得不到保障为由,对中国政府横加指责,以此作为攻击中国的手段。中国确实存在严重的环境污染问题,这不仅是中国问题,更是全球问题,作为世界性的生产大国,工业污染更加剧了这一问题。美国、日本等国部分民众对中国人存在偏见,在他们头脑中,中国人是懒惰的、贪婪的、丑陋的、落后的、残忍的、狡猾的。②

我们可以透过世界主流媒体对中国的报道分析来了解中国近年来在海外的国家形象状况。中国传媒大学"中国国家形象的国际传播现状与对策"课题组对2000 年 12 月 20 日—2003 年 12 月 20 日这 3 年间世界 8 家主流媒体的有关中国的报道进行内容分析。研究发现,西方媒体对于中国的科学技术等主要是正面的倾向,如《纽约时报》《泰晤士报》《费加罗报》对中国科学技术的正面报道和负面报道之比约为 35∶10、33∶11、21∶4,经济方面的报道则都趋向中立。而对于政治、人权、医疗卫生、社会法律、灾难的报道等主要是负面的。如政治报道方面,《纽约时报》《泰晤士报》《费加罗报》正面报道与负面报道之比分别为 5∶43、7∶46、24∶34;人权报道方面,《纽约时报》《泰晤士报》《费加罗报》正负报道

①　张长明:《让世界了解中国——电视对外传播 40 年》,海洋出版社,1999 年版,第 15 页。
②　段鹏:《国家形象建构中的传播策略》,中国传媒大学出版社,2007 年版,第 39 页。

之比分别约为 2∶71、0∶73、7∶78；社会法律方面，《纽约时报》《泰晤士报》《费加罗报》正负报道之比约为 6∶47、18∶51、10∶22。① 随着时间的推移，中国国家形象在西方主流媒体中是否发生变化呢？笔者援引一项 2008 年《纽约时报》的内容分析研究，该研究发现，在 2008 年《纽约时报》关于中国的报道中，82.86％的中国人权问题报道是负面报道，70.59％医疗卫生报道是负面报道，60.71％的国内政治报道是负面报道。文化艺术方面则负面报道很少，样本中文化艺术报道共 52 篇，负面的只有 4 篇，正面 20 篇，中立 28 篇。经济报道中正面和负面报道之比约为 16∶19，中立的 65.54％。②

　　无论横向比较西方国家 8 份主流媒体的报道，还是纵向比较《纽约时报》5年前后的报道，都可发现：其一，西方媒体对中国的报道，对中国科技领域的报道以正面为主，这符合我国科技发展的现实，近年来我国科技发展迅速，这方面的报道正面为主，但是科技方面的创新和成就更新速度比较缓慢，在总体报道中占的量比较少。其二，对中国经济的报道主要是中立的态度，近年来我国经济发展速度很快，GDP 每年保持持续稳定增长，但是另外一方面房价过热、物价高涨，经济发展中不少问题浮出水面，西方媒体中立为主的报道倾向基本符合我国经济发展的现实。其三，中国的政治、人权、社会法律、医疗卫生、灾难、环境污染等方面则一致受到批评，负面形象凸显，这在一定程度上也反映了中国的社会现实，与国内媒体报道和网络舆论倾向基本重合。

　　当然，并不是说西方媒体的报道与中国的客观现实完全相符，他们的报道更多地报道负面事件，从正面报道和负面报道总量上来看，负面报道多于正面报道，这与中国的现实并不完全相符，有"丑化"中国的嫌疑，但是我们也应该看到，西方媒体对自己国家的报道，同样以负面报道为主，在他们眼中，负面报道更能吸引受众。

　　西方媒体对中国的报道与中国的社会现实在一定程度上是相符的，不能简单地断定西方媒体的冷战思维、固有偏见、"妖魔化中国"，面对外媒的负面报道，我们不能动辄"奋起抗争"，而要理性思考，分析检讨。

---

　　①　刘继南、何辉：《镜像中国——世界主流媒体中的中国形象》，中国传媒大学出版社，2006 年版，第 277 页。
　　②　林海哨：《〈纽约时报〉对中国国家形象的塑造—对〈纽约时报〉2008 年中国报道的内容分析》，厦门大学，2009 年。

德国前总理施密特曾说过,中国的国际形象有两个基本特征,一是共产党国家,一是神秘莫测。美国国会参议院外交委员会 2008 年 4 月 30 日发表的《中国外交政策及其在南美、亚、非洲软实力报告》(简称《报告》)认为,很难判断中国的对外政策目标和动机,无法了解中国在国际上到底是感到自信还是觉得自己很虚弱和犹豫不决,也不能确定中国的对外援助、投资、中国的国际影响力。《报告》认为这是因为中国缺少透明度和可靠的信息数据,中国的对外政策缺乏战略连贯性和协调。[①] 西方传媒眼中的中国,突出的是"共产党国家""神秘"这两个特点。这说明中国在西方社会始终是一个"他者"。[②]

综上可见,当前中国的经济、科技、文化艺术等方面的国家形象以正面为主,政治、人权、法律、医疗卫生、灾难、环境等负面形象凸显。这在一定程度上反映了当前中国的社会现实,近年来网络上出现的众多焦点事件,就是这些负面形象的现实图景。当前中国贪污腐败、暴力拆迁、食品安全、医患纠纷、司法不公、人为灾祸、环境污染等各种社会问题屡现不止。

另一方面,在全球化进程中,越来越多的中国人走出国门,很多有学养的高素质中国人在境外留下了美好的形象,然而,也有不少素质低下的中国人在境外抹黑了中国形象,如在公共场合大声喧哗、不守秩序不排队、不良的卫生习惯等陋习。当我们想到某个国家时,首先往往想到这个国家的人,国家公民的形象往往成为国家形象的代表,在全球化背景下,每个人都是国家形象大使。

---

① Congressional Research Service, U.S. Senate, Committee on Foreign Relations, China's Foreign Policy and "Soft Power" in South America, Asia and Africa, April 30, 2008 http://www.gpoaccess.gov/congress/index.html.

② 周宁:《天朝遥远——西方的中国形象研究》(上下卷),北京大学出版社,2006 年版。

第三章　俄语地区受众分析

高覆盖率并不一定带来高接触率和影响力,对外传媒只有提供国外受众感兴趣的内容,才可能被受众接受和理解,并成为他们喜爱的媒体,唯有如此,对外传媒才可以说真正地落地生根、开花结果。对外传播最重要的不是拓展对外传媒的规模,不是制定各种宏大的传播策略,也不是想当然地提出若干举措。提高对外传播能力的当务之急是研究国外受众的需求与喜好,在此基础上有针对性地提出一些切实有效的措施。俄语受众是中国对外传播的一个重要群体,提高对俄语地区的传播效果,首先应该研究俄语受众,了解他们的需求和兴趣。

第一节　俄语受众对中国的兴趣:
基于 Google 指数的分析

中国对外传播受众研究起步于 20 世纪 80 年代,但发展速度缓慢,迄今依然停留在比较原始的阶段。国际广播电台在 80 年代中期曾进行了一系列听众调查,1997 年、1998 年中央电视台国际频道对海外观众进行问卷调查,2001 年央视委托北京广播学院调查统计研究所对海内外观众进行网上收视调查。[①] 2007 年长城平台进行了一次大规模的海外问卷调查,从当时订购长城平台的华人用户中抽取了 5 万户,然后寄送问卷,最后仅回收 2 700 份,[②]2010 年 6 月《人民日报海外版》开展大型读者有奖问卷调查并据此进行改版,读者可以邮寄纸质问

① 钟馨:《中国对外传播受众观的转变》,《新闻前哨》,2010 年第 3 期。
② 李宇:《中国电视国际化与对外传播》,中国传媒大学出版社,2010 年版,第 224 页。

卷,也可以在线填写网络问卷。这些调查获得部分国外受众的反馈信息,对于改进对外传播有一定启发,但由于无法从抽样总体中按照调查统计的要求进行抽样,或者虽然获得抽样总体并按要求进行抽样,但回收率太低,漫天发散的问卷广种薄收,回收的问卷属于自愿返回的性质,很难反映总体的意见,样本无法推及总体,结论往往是偏颇的。比如,2010 年《人民日报海外版》进行大型读者问卷调查,读者可以邮寄纸质问卷或提交网络问卷,这次调查回收问卷 5 425 份,调查结果称"九成读者对人民日报海外版满意",①此类调查以志愿者样本代替随机样本,并推及读者总体,统计结果很难令人信服。也有少量的研究采取实地问卷调查的方式进行,但由于调查在境外进行,受众分布很广,数量繁多,差异很大,时间、经费、抽样和访问等方面都存在困难,一般会出现问卷数量不足、抽样方法不够科学等问题,统计结论往往难以推及总体,研究难免存在一些缺陷。所以,有学者认为,"对外传播的受众不再是可以用常规调查方法进行抽样、统计的受众的集合,而且受众形成的真实情况如何,很大程度上仍然未知,因为它实际上是不可测量的,或者说还没有产生足够的兴趣去尝试测量它。"②而且,实地调查本身存在一些难以规避的问题。麦奎尔认为,"媒介机构总是被其受众的'不可见性'(invisibility)所困扰,对广播电视机构来说尤其如此。即使是借助调查研究的帮助,对于受众群规模的评估仍然是间接、近似、事后回溯性的。"③实地调查是受众研究方法之一,为了更全面、更准确地了解对外传播的受众,可以采用多种研究方法,从不同侧面进行分析,借助网络数据和工具进行国外受众的分析,就是研究对外传播受众的一个可行办法。

　　本节采用 Google 关键词工具④获得统计数据,对使用俄语的网民(以下简称"俄语网民")进行定量的描述性分析,探寻俄语受众对中国事物的兴趣指向。Google 关键词工具可以搜索 12 个月内指定用户在 Google 上查询相应关键词的近似平均次数,反映出用户对事物的主动关注程度。本节以一系列与中国相关的关键词(俄语),运用 Google 关键词工具进行检索,检索结果反映俄语网民

　　① 陈振凯:《九成读者对人民日报海外版满意或非常满意》,人民网 2010 年 9 月 9 日,http://politics.people.com.cn/GB/1026/12684226.html.

　　② [英] 丹尼斯·麦奎尔著,刘燕南等译:《受众分析》,中国人民大学出版社 2006 年版,第 81 页。

　　③ [英] 丹尼斯·麦奎尔著,刘燕南等译:《受众分析》,中国人民大学出版社 2006 年版,第 62 页。

　　④ Google 关键词指数来源: https://adwords.google.com/select/KeywordToolExternal,2012 年 5 月 18 日。

月均搜索该词的次数。

　　本节数据是基于俄语网民中 Google 用户的网络搜索行为,并非所有的俄语网民,更非全部的俄语受众,但是 Google 用户在俄语网民中占有极大的比重,这些数据在很大程度上可以反映俄语网民的信息。Google(包括 www.Google.com 和 www.Google.ru 两个域名)与 Яндекс(www.yandex.ru)是俄语网民最常用的两个搜索网站,Alexa 数据[①]显示,在俄语网民中,Google.ru 日均 IP 访问量为 1 210 万,Google.com 日均访问 IP 数约 680 万,Яндекс 日均 IP 访问量为 1 680 万,[②]这些数据表明,每天 1 210 万以上的俄语网民使用 Google.ru,还有不少人使用 Google.com。可见,Google 的俄语受众约占俄语网民总数的一半,通过对这一群体的研究,可以推测俄语受众的特征和喜好。

一、俄语网民对中国的关注度

　　1. 中国在近一年内俄语受众对各国搜索关注量排名中居首位

　　利用谷歌关键词指数可以分析中国被俄语受众的关注程度,以西方七国、金砖四国(俄罗斯除外)的俄语名为关键词,运用谷歌关键词工具进行检索,得到俄语网民在 Google 查询相应关键词月平均次数,反映出指定的关键词被俄语网民主动搜索的状况,月均搜索量越大,表明被俄语网民主动关注的程度越高。检索结果如表 3.1 所示:

表 3.1　近一年内俄语受众对各国的月均搜索量

排序	关　键　词	一年内月均搜索量(万)
1	Китай(中国)	224.00
2	Германия(德国)	150.00
3	Япония(日本)	122.00
4	Индия(印度)	122.00
5	Италия(意大利)	100.00
6	Америка(美国)	82.30

---

　　① 网站访问量数据来源:http://www.alexa.com/、http://alexa.chinaz.com/,2012 年 5 月 18 日,文中 IP 日均访问量均为搜索时间近一周的平均数。

　　② 全球 google.com 日均 IP 访问量近 2.96 亿,其中俄罗斯用户占 2.3%,计算可得,俄罗斯的 google.com 日均 IP 访问量约 680 万。

排序	关　键　词	一年内月均搜索量(万)
7	Англия(英国)	82.30
8	Франция(法国)	67.30
9	Канада(加拿大)	45.00
10	Бразилия(巴西)	30.10

西方七国和金砖四国是世界上最有影响力的国家,将俄罗斯除外,比较这10个世界大国的 Google 关键词工具的搜索数据,可以推测俄语受众对世界各国的关注程度。以 Китай(中国)为关键词,近一年来,该词在俄语网民中月均搜索量为224万,位居10国首位,而且远远超过排名第二的德国。中国与俄罗斯、中亚五国等俄语国家和地区关系密切,备受俄语受众的关注,被关注程度甚至远远超过西方发达国家。

2. 在各国俄语受众中,三大独联体国家和哈萨克斯坦对中国最为关注

在俄语受众中,哪些国家和地区对中国的关注度更高? 以 Китай(中国)为关键词,以国家为限定条件,运用 Google 关键词工具进行搜索,结果如表 3.2 所示:

表 3.2　近一年内各国俄语受众对 Китай(中国)的搜索

排序	国　　家	一年内月均搜索量(万)
1	俄罗斯	150.00
2	乌克兰	55.00
3	哈萨克斯坦	7.40
4	白俄罗斯	6.05
5	摩尔多瓦	1.21
6	德国	1.21
7	中国	1.21
8	拉脱维亚	0.99
9	美国	0.99
10	阿塞拜疆	0.66
11	吉尔吉斯斯坦	0.66
12	乌兹别克斯坦	0.66
13	亚美尼亚	0.54

续　表

排　序	国　　家	一年内月均搜索量（万）
14	爱沙尼亚	0.36
15	英国	0.36
16	格鲁吉亚	0.29
17	立陶宛	0.29
18	塔吉克斯坦	0.13
19	土库曼斯坦	0.06

数据显示，影响力最大的三个独联体国家（俄罗斯、乌克兰、白俄罗斯）和中亚最大的、最有影响力的国家（哈萨克斯坦）对于中国最为关注。中亚国家如吉尔吉斯斯坦、乌兹别克斯坦、塔吉克斯坦、土库曼斯坦等国，人口较少，而且互联网发展水平不高，互联网普及率较低，这些都可能影响 Google 关键词指数。非俄语国家中，德国、中国、美国和英国也有不少俄语受众关注中国，可能与这些国家有不少俄语国家的留学生有关。

二、俄语受众对中国的兴趣

1. 在对中国影视和体育名人中，俄语受众对功夫明星最为关注

跨文化传播中，影视和体育可能相对独立于意识形态，承载着人类共通的精神，往往能够引起各国人们的共鸣，当然，如果在影视和体育中强加政治因素，则另当别论。通过中国的影视和体育名人在俄语受众中受关注的程度，可以从一个侧面了解俄语受众对中国的关注程度。笔者选取在国际上知名的六位中国影视明星和两位体育明星作为关键词进行检索，其 Google 关键词工具的搜索结果如表 3.3 所示：

表3.3　俄语受众及媒体对中外知名人士的关注度

关　　键　　词	一年内俄语受众月均搜索量（万）
Джеки Чан（成龙）	30.10
Брюс Ли（李小龙）	20.10
Джет Ли（李连杰）	13.50
Гун Ли（巩俐）	11.00

关　键　词	一年内俄语受众月均搜索量(万)
Лю И-фэй(刘亦菲)	2.70
Яо Мин(姚明)	2.70
Чжан Цзыи(章子怡)	0.16
Лю Сянь(刘翔)	0.01

成龙、李小龙、李连杰三位功夫巨星以及巩俐在俄语受众中被热捧,其月均搜索量远远高于其他四人,姚明、刘亦菲也备受关注。为了便于进行横向比较,笔者用同样的方法对俄罗斯的当红歌手 Витас(维塔斯)进行检索,一年内俄语受众对维塔斯的月均搜索量为 7.40 万次。维塔斯是当前世界上最享有盛名的俄语歌手,其"海豚音"不仅在俄语世界广受追捧,而且在中国和世界各地享誉盛名。比较发现,俄语受众对成龙、李小龙、李连杰、巩俐的搜索量高于维塔斯,中国演艺界明星在俄语受众中备受追捧,热度甚至高于其本土明星。

2. 在对中国各地区的关注中,俄语受众关注全面广泛且深入

中国与俄语国家和地区之间有着几千公里的边界线,开放了黑河、绥芬河满洲里、喀什等边贸城市,本节的研究假设是,俄语受众对北京、上海、广州等大城市、边贸城市和邻近省区比较关注,然而研究结果与我们的假设并不完全相符,以中国地名为关键词,Google 关键词工具的搜索结果如表 3.4 所示:

表 3.4　俄语受众对中国哪些地区感兴趣?

排序	地　　名	一年内俄语受众月均搜索量(万)
1	Тибет(西藏)	13.50
2	Пекин(北京)	11.00
3	Гонконг(香港)	9.05
4	Шанхай(上海)	7.40
5	Иу(义乌)	6.05
6	Тайвань(台湾)	4.95
7	Гуанчжоу(广州)	3.31
8	Урумчи(乌鲁木齐)	2.71
9	Кашгар(喀什)	2.22

续　表

排序	地　　名	一年内俄语受众月均搜索量(万)
10	Харбин(哈尔滨)	1.48
11	Маньчжурии(满洲里)	1.21
12	Лхаса(拉萨)	0.99
13	Суйфэньхэ(绥芬河)	0.54
14	Шэньчжэнь(深圳)	0.44
15	Вэньчжоу(温州)	0.04
16	Хэйхэ(黑河)	0.36
17	Синьцзян(新疆)	0.29
18	Внутренняя Монголия(内蒙古)	0.10

北京、上海、广州和港台是最被俄语受众关注的地方,北京、上海、广州是中国最发达的大都市,港台的政治、经济等因素都比较引人注目,这与原假设相吻合。尤为令人关注的是西藏和义乌。西藏(Тибет)近一年来月均搜索量名列榜首,表明西藏是俄语受众最为关注的地方,其关注度不仅远远超过中俄、中亚国家交界的地区,而且高于北京等大都市。如果说西藏备受俄语受众关注有着历史、政治等多方面的原因,那么,义乌在俄语受众中的高关注度主要源于经济联系。俄罗斯、中亚各国对义乌的手工艺品、鞋帽、衣服等商品需求旺盛。近年来,义乌小商品在俄罗斯、印度、巴西等金砖国家的出口货值明显增加。2011 年,义乌小商品经义乌海关出口俄罗斯 6 199 万美元,出口货运量 4.4 万吨。2011 年俄罗斯加入世贸组织之后,其总体关税水平将从 2011 年的 10% 降至 7.8%。① 同时,俄罗斯的莫斯科—义乌国际商贸中心也于 2011 年开始建立,种种迹象表明,义乌小商品将在俄罗斯等国家保持持续增长的势头。

3. 对中国各领域的关注中,俄语受众的搜索兴趣广泛且重点突出

在政治、经济、文化、军事各个领域选取 21 个关键词进行分析,数据如表 3.5所示:

① 张蓉蓉、陈笑天:《俄罗斯、巴西等金砖国家成为义乌小商品出口新支点》,《每日商报》,2012 年 2月 21 日 07 版。

表 3.5　俄语媒体和受众对中国哪类事件最感兴趣?

领　　域	关　键　词	月均搜索量(万)
文　化	Кунг-фу(功夫)	45.00
	фэншуй(风水)	11.00
	ушу(武术)	4.05
	Китайская кухня(中国菜)	4.05
	китайский язык(中文)	4.05
	Конфуций(孔子)	4.05
	Конфуцианство(儒家)	2.22
	фильмы китая(中国电影)	1.81
	китайская медицина(中医)	1.81
	культура китая(中国文化)	1.21
	Лао Цзы(老子)	0.99
	дао дэ(道德经)	0.54
	искусство китая(中国艺术)	0.29
	Чжуан-цзы(庄子)	0.13
	китайская каллиграфия(中国书法)	0.09
	Пекинская опера(京剧)	0.07
	спорт китая(中国体育)	0.06
经　济	одежда из китая(中国服装)	4.95
	интернет магазины китая(中国网店)	4.95
	Алибаба(阿里巴巴)	3.31
	туры в китай(中国旅游)	3.31
	товары из китая(中国贸易)	3.31
	Экономика Китая(中国经济)	0.81
政　治	политика китая(中国政治)	0.54
军　事	армия китая(中国军队)	0.44
技　术	техника китая(中国技术)	0.44

　　功夫热、风水热是俄语国家令人瞩目的现象,中国武术在俄罗斯称为 Кунг-фу(功夫)或 ушу(武术)，俄语受众对"中国武术"的月均搜索量为 49.05 万。与排名稍后的中国服装、中国网店、中国菜相比，功夫的搜索量是其十倍，风水的搜索量是其两倍。很多俄语风水网站办得红红火火，如国际风水网（http://feng-shui.ru/)等，中国的一些风水大师在俄语国家受到热捧。与此相关的是，老子、道家、道德经等也是俄语受众最感兴趣的内容。中文、孔子和儒家也是俄语受众热搜的词汇，这可能与中国近年来努力向外推行孔子学院、积极进行对外文化交流不无关系。中国电影广受俄语受众喜爱，中国著名影星在俄语国家备受欢迎，此外，中医、中国经济、经贸、旅游都是俄语受众感兴趣的内容，中国的网店、阿里巴巴在俄语国家产生强大的冲击，中国的服装、小商品等各种轻工业产品在俄语国家需求旺盛。中国书法和京剧是中国独特的文化项目，然而俄语受众对其兴趣却并不是很大，政治、军事和技术相对而言受关注程度也比较低。

　　近 10 年来，俄语受众对中国文化和经济一直保持着高度关注，2001 年 6 月，俄罗斯"社会舆论"基金会在全俄进行了一项问卷调查，样本量 1 500 个，有 72％的被调查者对"当你听到'中国'这个词的时候，首先出现在你脑海中的是什么？"作出了回答，答案主要为：中国人多(17％)，中国的日用品(15％)，经济快速发展(8％)，中国人的外貌和性格(7％)，中餐、中医、针灸、佛教等中国文化(6％)。[①]

　　这种情形与俄罗斯学者卢金的描述遥相呼应，20 世纪 70 年代到 90 年代初，苏联生活的一个独特现象是对中国文化的兴趣重新兴盛起来。中国的兵法、气功操、《易经》及其卜卦、道教以及佛教的神秘主义受到特别的欢迎，洞悉东方睿智和精神生活奥秘的各种不同人物起初是在地下小组，后来是在被批准的小组中对这些内容进行讲授。许多人幻想到这个神奇的国家去逛一逛，参观神秘莫测的庙宇少林寺，找到西藏的香格里拉，出家去当佛教的和尚，如此等等。[②] 报刊中经常提到，中国的文化是吸引旅游者的重要手段，中国是古老文明和东方神秘主义国家的代表，在这个神秘的世界中有气功、武术、佛教、道教等。[③] 更早

　　① Петрова А. С: «Китай — многолюдная страна», http://bd.fom.ru/report/map/of012206,2001-06-21.
　　② ［俄］亚·弗·卢金著，刘卓星、赵永穆、孙凌齐、刘燕明译：《俄国熊看中国龙——17—20 世纪中国在俄罗斯的形象》，重庆出版社 2007 年版，第 268 页。
　　③ ［俄］亚·弗·卢金著，刘卓星、赵永穆、孙凌齐、刘燕明译：《俄国熊看中国龙——17—20 世纪中国在俄罗斯的形象》，重庆出版社，2007 年版，第 276 页。

的时候,在 19 世纪,俄国著名的汉学家谢尔盖·米哈伊洛维奇·格奥尔基耶夫斯基(Сергей Михайлович Георгиевский,1851—1893)对中国的祭祀、多神宗教、儒家学说、道教等进行了深入研究。俄语受众对于中国传统文化的关注有着悠长的历史渊源,这些相关文献的研究结果在一定程度上与当今俄语网民的搜索兴趣指向有着千丝万缕的历史联系和社会关联;我们在今天俄语受众的搜索数据中可以发现了一些具有当今中国发展特点和时代特征的兴趣指向。

针对俄语受众的需求和兴趣,可以按照如下思路精心打造传播内容。

其一,发挥好宗教的文化载体作用。著名思想家梁漱溟说过:"人类文化都是以宗教开端,且以宗教为中心。人群秩序及政治,导源于宗教,人的思想知识以至各种学术,亦无不导源于宗教。"世界上大多数人都有宗教信仰,对没有任何宗教信仰的中国人感到诧异。宗教能够为不同国家、地域、民族之间的人们构建共通的话语空间,"在国际交往中,宗教文化可成为不同民族之间沟通情感交流、增进友谊的桥梁。"①宗教是跨文化传播最好的载体,对外传播应该积极主动地用好这一载体。道教是中国传统文化的一部分,其中有很多精华的内容值得弘扬,我们不必迷信风水,却可以从建筑、环境、生态的角度对其进行科学地探讨、解释和应用。

其二,播放俄语受众感兴趣的中国影视作品,发挥好影视的文化载体作用。影视在文化传播中起着极其重要的作用,其影响往往是潜移默化的,好莱坞影片、韩剧向世界描绘一幅幅美国和韩国的图景,传播效果很好。成龙、李小龙、李连杰、巩俐等中国影视巨星深得俄语受众喜爱,应该更多地播放他们的影片,增加对他们的报道,制作他们的专题节目。

其三,增强对西藏地区的报道。俄语受众对西藏非常感兴趣,应该更多地作这方面的相关报道,从各个角度制作西藏专题节目、纪录片,向俄语受众解释西藏问题。西藏是个敏感话题,但不能因此故意回避或弱化西藏话题,反而应该增强这方面的节目,否则俄语受众对西藏的认识很容易误入歧途。

其四,加强中医和武术方面的报道。中医是中国文化的重要内容,治病救人,既无地域之分,也无种族和民族之别。武术重在强身健体、修心养性。以中医和武术为桥梁,传播中国养生健体的文化,这正是俄语受众感兴趣的话题。

---

① 刘小燕:《国家对外传播载体的另一视角:宗教文化外交》,《现代传播》,2010 年第 1 期。

其五,进一步加强中国经贸、旅游等方面的传播。中国与俄罗斯、中亚之间的经济贸易正处于高速发展的阶段,中国自然景观和人文景观非常丰富,经贸和旅游也是俄语受众感兴趣的内容。这从"义乌"等词的热搜,充分说明了这方面信息需求的巨大潜力。

第二节　俄罗斯受众分析

20 世纪八九十年代以来,我国媒体迅速发展,在激烈竞争中,为了在媒介市场中抢夺更大的"蛋糕",媒体开始日益重视受众需求,国内媒介市场受众调查快速发展,90 年代下半期以来国内媒介市场调查日趋成熟,步入市场化和规范化阶段。

只有了解受众特征,掌握受众需求,才可能有效地优化传播内容,制定科学的对外传播策略,否则对外传播就难免陷入"孤芳自赏"的境地。中国对外传播受众研究大约起步于 20 世纪 80 年代,当时中国国际广播电台法语部、尼泊尔语组、日语部、意大利语组、德语部、尼泊尔语部、葡萄牙语部等进行了一系列听众调查。1997 年、1998 年 CCTV 国际频道对海外观众进行问卷调查,2001 年 CCTV 委托北京广播学院调查统计研究所对海内外观众进行网上收视调查。[1] 2007 年长城平台进行了一次大规模的海外问卷调查,从当时订购长城平台的华人用户中抽取了 5 万户,然后寄送问卷,最后仅回收 2 700 份。[2] 2010 年 6 月,《人民日报海外版》开展大型读者有奖问卷调查,并据此进行改版,读者可以邮寄纸质问卷,也可以在线填写网络问卷,这次调查回收问卷 5 425 份。[3] 2008 年柯惠新、王兰柱等在"媒介与奥运"的研究中对外国受众进行了中国形象问题的调查,研究了国际公众的中国形象认知、媒介接触及中国形象的影响因素。[4]

对外传播受众调查一直是我们要做、想做而难做的工作。国外受众结构复杂,分布极其广泛,目标总体非常大,抽样和访问都难度很大,花费人力、物力、财

①　钟馨:《中国对外传播受众观的转变》,《新闻前哨》,2010 年第 3 期。
②　李宇:《中国电视国际化与对外传播》,中国传媒大学出版社,2010 年版,第 224 页。
③　陈振凯:《九成读者对人民日报海外版满意或非常满意》,人民网 2010 年 9 月 9 日,http://politics.people.com.cn/GB/1026/12684226.html。
④　柯惠新、王兰柱等:《媒介与奥运:一个传播效果的实证研究(北京奥运篇)》,中国传媒大学出版社,2010 年版。

力和时间通常都比国内调查更多,往往出现问卷数量不足、抽样方法不够科学等问题,研究者常常采用志愿者样本代替随机样本,此等样本无法推及总体,所得出的结论可能是偏颇甚至错误的。所以,有学者认为,"对外传播的受众不再是可以用常规调查方法进行抽样、统计的受众的集合,而且受众形成的真实情况如何,很大程度上仍然未知,因为它实际上是不可测量的,或者说还没有产生足够的兴趣去尝试测量它。"①而且,实地调查本身存在一些难以规避的问题,麦奎尔认为,"媒介机构总是被其受众的'不可见性'(invisibility)所困扰,对广播电视机构来说尤其如此。即使是借助调查研究的帮助,对于受众群规模的评估仍然是间接、近似、事后回溯性的。"②尽管如此,还是有研究者克服困难,进行了一些国外受众调查,得出一些探索性的、有价值的研究结论。国外媒介调查机构立足本土,进行调研有着得天独厚的优势,而且欧美等发达国家的受众调查已经日臻成熟,我们可以利用这些调查机构收集到有价值的数据。如果经费允许,可以与之合作进行受众调查,或者购买他们的调查数据。在经费不够的情况下,可以充分利用国外调研机构的一些公开的数据或者报告,消化这些资料,挖掘有用的信息为己所用。

一、俄罗斯受众对中国的印象

近年来一些国内外学者或组织机构对俄罗斯受众进行关于中国形象的问卷调查,获得了关于俄语受众的第一手资料。2008 年,俄罗斯"社会舆论基金"(ФOM)在全俄进行"中国形象"调查(n=1 500),研究发现,在俄罗斯民众心中,中国总体来说是友好的、正面的,提起中国首先让俄罗斯人想到的是"中国菜""中国习俗",对中国作负面评价的主要原因在于"中国人口太多,可能侵占俄罗斯领土""中国大量的低劣商品占领俄罗斯市场"。③ 调查结果大致勾勒了俄罗斯受众头脑中的中国形象。这是俄罗斯的调查机构对本国国民进行的问卷调查,抽样和实施访问按照统计学的规范要求进行,样本代表性较强,研究结论比较可靠。

国外机构的调查与我们的研究正好吻合,这样的情况毕竟比较少见,大多数

---

① 〔英〕丹尼斯·麦奎尔著,刘燕南等译:《受众分析》,中国人民大学出版社,2006 年版,第 81 页。
② 〔英〕丹尼斯·麦奎尔著,刘燕南等译:《受众分析》,中国人民大学出版社 2006 年版,第 62 页。
③ Ирина Шмерлина. Образ Китая. http://bd.fom.ru/report/map/d083021.

情况还是需要我们自己根据研究目标获取数据。虽然对国外受众进行调查难度很大,近年来还是有学者完成了几项调查。2011 年,关世杰课题组对美、德、日、俄、印 5 国受众进行全国性网络问卷调查,美国国际抽样调查公司(简称 SSI,该公司是世界上三大在线样本库调查公司之一)受委托收集数据,采用分层配额抽样的方式,在 5 国进行全国性网上问卷调查。在回收的 1 089 份俄罗斯问卷中,研究者发现,中国是俄罗斯民众最喜欢的国家,喜欢的原因主要是"灿烂文化"和"环境优美"。[①] 关世杰这项研究委托国际专业公司进行数据收集,该公司的网络样本库数据巨大,涵盖各国的全国地理范围,比如在俄罗斯就有超过 15 万人的样本库,与研究者自己收集数据相比,专业公司的数据可能更加可靠。

　　2011 年李玮对俄罗斯民众进行网络调查(n＝1 061),结果显示,俄罗斯民众了解中国的主要渠道是俄罗斯本国传媒、中国商品、中餐以及中国人,俄罗斯人喜爱中国文化(从饮食到精神),超过对日本、印度、德国和美国文化的喜爱,俄罗斯人对中国的价值观、外交政策有较大的认同,对中国的政治制度虽然存在认知上的偏误,但也没有强烈地排斥和敌视,其负面形象主要有"中国威胁"、中国商品质量差、中国人口素质低。[②] 李玮对一系列数据解读得出结论,"俄罗斯人对中国的态度似乎形成了三大特点:政治上认可、经济上赞同、文化上缺乏了解和轻视。"并进一步分析,认为俄罗斯的中国形象形成源于其"弥赛亚情结、村社精神和拜金主义"的文化根源。她认为,俄罗斯人天性具有征服欲和控制欲,有着强烈的"救世主"情怀,对中国文化采取俯视的态度,这样"对中国文化上缺乏了解和轻视"就是可以理解的了,其本质上是俄罗斯人"弥赛亚意识"的体现;以"集体主义与社团性"为特征的"村社精神"强调集体、社会、国家利益高于个人利益,这与中国文化存在共性,"村社精神"可能是俄罗斯人认可中国政治的一个原因,"当西方社会对中国民主、人权问题不断提出质疑时,俄罗斯无论政府还是民众对中国的政治制度却从来没有明确的反对和诋毁。"而对中国经济发展评价很高则可能在于当前俄罗斯悄然兴起的拜金主义思潮。[③]

　　① 关世杰:《美、德、俄、印民众眼中的中国国家形象问卷调查分析(下)》,《对外传播》,2013 年第 1 期。
　　② 李玮:《俄国"熊"眼中的中国"龙"——基于中国文化软实力调查数据的分析》,《国外社会科学》,2012 年第 5 期。
　　③ 李玮:《俄罗斯眼中的中国——影响在俄中国形象的文化因素分析》,《国外社会科学》,2011 年第 1 期。

徐翀对俄罗斯几份调查数据进行分析发现,俄罗斯民众对中国认知比较浅层,提到中国,大部分俄罗斯民众主要想到"中国的商品和市场、众多的人口、国家的迅猛发展、质量低劣的商品和廉价的劳动力等方面,对中国的国家形象并没有明确的概念,更缺乏人文等深层次领域的分析。"虽然中国政治地位和经济实力逐步增强,但在俄罗斯民众眼中,俄罗斯的国际影响力远远高于中国,体现出俄罗斯思想中固有的"大国心态"。近年来俄罗斯民众的中国形象是:"总体对华友好、认可中国崛起现实、对华深度认知不足、合作与防范并存、民众个体性差异明显。"徐翀对俄罗斯几份重要调查报告数据进行整理和分析,大致勾勒出近年来俄罗斯民众头脑中的中国形象。研究者对俄罗斯几份重要的调查数据进行分析之后,提出改善俄罗斯民众眼中的中国形象的几点建议:开展受众面广的人文交流活动,逐步提升俄民众对华认知深度;进一步加强边境地区互利合作,努力消除俄民众的防范心理;依托对华友好的精英阶层,广泛拓展对华友好的人群范围;规范在俄华人的行为,进一步改善华人形象。[①] 徐翀改善中国形象的措施主要就是加强中俄交往和合作,加强对俄传播。这些研究克服在国外进行问卷调查的困难,在一定程度上描述了当前俄罗斯民众头脑中的中国形象,并在数据的浅层描述基础上努力进行深层的文化思考,发挥了定量和定性分析各自的优势。不过,研究中的数据与其后的原因分析存在脱榫,中国形象与俄罗斯的文化因素之间的关系缺乏数据支撑,两者之间的因果或相关关系难以证实。这也是近年来国家形象定量研究中普遍存在的问题。

从系列民意调查结果来看,俄罗斯受众头脑中的中国国家形象令人亦喜亦忧,一方面俄罗斯人对中国的政治稳定、经济发展给予正面评价,另一方面中国在某些方面的负面形象非常突出,尤其"中国扩张"的形象令人担忧,这些负面的形象将直接影响到俄中政治、经济和文化交往。

二、俄罗斯受众的媒介使用

我国俄语国际传媒主要面对的是俄罗斯、独联体国家以及中亚等原苏联的各个加盟共和国,经过多年的发展,我国俄语媒体格局已逐步完善,中央级俄语媒体包括电视(央视俄语频道)、广播(中国国际广播电台俄语频道)、网络(人民

---

① 徐翀:《近十年俄罗斯民众对中国国家形象的认知——基于俄国内民调结果的实证分析》,《世界经济与政治论坛》,2012年第2期。

网俄语版、新华网俄语版、中国网俄语版)、杂志如 *Kumaй*(《中国画报》)等。我们的传播渠道已经逐渐完善,2009 年 9 月 10 日开播的俄语国际频道通过中星6B 和 EB-9A 两颗卫星播出,信号覆盖亚洲、太平洋、中东和欧洲地区。全球的网民可以通过互联网进入"中国国家网络电视台"观看直播或点播我国各大卫视。中国国际广播电台在全球均可通过广播或互联网收听。

中国对外传媒不断改进对外传播的内容,进行形式创新,殚精竭虑。信息通道全面铺开,传播内容精挑细选,传播形式力求创新。这些举措取得了一定的成效,目前还没有建立起对外传播效果测评机制,对外传媒的传播效果很难准确评价。一些组织机构和科研工作者在国外进行受众调查,一些数据可供参考。2013 年 11 月 11 日至 11 月 26 日,《环球时报》在全球 6 个大洲共 14 个国家普通居民中开展"2013 中国国际形象与国际影响力全球调查",调查国家包括美国、巴西、英国、俄罗斯、日本、韩国、印度、哈萨克斯坦、菲律宾、越南、澳大利亚、肯尼亚、南非和中国,回收有效问卷 14 483 份(每个国家均不少于 1 000 份),研究发现,对于中国的相关信息,44.4% 的外国受访者从"国际知名媒体(如 CNN、BBC等)"获知,而通过"中国媒体在本国的传播"了解中国信息的国外受访者仅有12.1%,[①]从调查数据来看,有一定的国外受众使用中国媒体,但总体而言使用率还是比较低的。2010 年戴莹、付饶就央视俄语频道在俄罗斯的认知度和期待度进行了受众调查,调查在莫斯科和圣彼得堡两地进行,为期 10 天,采用街头拦访式问卷调查,发放调查问卷 337 份,回收有效问卷 316 份。调查显示,央视俄语频道在国外的影响力还有待提高。81.9% 的被访者从未听说过央视俄语频道,只有 8.7% 的人收看过该频道。俄罗斯人对央视俄语频道的认知度比较低,但期待度很高。在"如果所在城市能够接收到央视俄语频道"的问题中,73.8% 的受访者表示"愿意"或"比较愿意"收看央视俄语频道;20.1% 的受访者表示无所谓;仅有 6.1% 的受访者表示不愿意收看,其中高学历人群对央视俄语频道的期待度更高。[②] 笔者与俄罗斯、中亚的一些网友访谈后发现,他们很少接触中国的俄语媒体,可见,理论上的全面覆盖与实际上被受众接触和使用还有很大距离。

对外传媒格局中包含报纸、杂志、电视、网络等,究竟何种媒介可能更受青睐

---

① 环球时报 14 国民调报告:中国最突出形象是自信,环球网,2013 - 12 - 07,http://world.huanqiu.com/roll/2013 - 12/4640210.html。

② 戴莹、付饶:《央视俄语频道在俄罗斯的观众期待度调查》,《电视研究》,2010 年第 11 期。

呢? 为了解答这个问题,有必要了解俄语受众的媒介使用习惯,我们可参考专业调查机构在俄语受众中作的调查数据。2011 年 4 月 2 日—3 日,俄罗斯社会舆论基金会(ФOM)进行了一项题为"信息渠道"的问卷调查(下文简称"ФOM 调查"),样本取自俄罗斯联邦 43 个联邦主体 100 个居民点,1 500 个受访者接受了问卷调查。在"媒介接触"这个问题中,"ФOM 调查"结果显示,电视是俄罗斯人获取信息最重要的渠道,92%的受访者选择电视,23%的受访者选择了平面媒体(报纸、杂志),19%选择了新闻网站,19%选择了广播,16%选择了与亲友交谈,选择平面媒体、新闻网站、广播、与亲友交谈的比例相差不大,基本持平。此外,还有 6%的受访者选择了论坛、博客、社交网站。[①] 近年来网络影响越来越大,2016 年 3 月 25 日—26 日,全俄社会舆论研究中心(Всероссийский центр изучения общественного мнения,简称 ВЦИОМ)在俄罗斯 130 个居民点(隶属于 46 个州、边疆区和共和国等)进行社会调查,其调查数据显示,18 岁以上的俄罗斯人中,网络普及率达到 70%,虽然最近几年这个数据基本一致,没有太大的变化,但每日使用者的占比不断增长,目前每日使用者所占比例为 53%,是 2006 年的 10 倍。[②]

当前对俄传播最主要的渠道仍是电视,CCTV 俄语频道是中国对俄最主要的电视媒体,需要精心打造传播内容,创新传播形式。目前我们迫切要解决的问题,其一是进一步了解俄罗斯受众电视信息需求和喜好,其二是设法与俄罗斯的电视台合作,同时与俄罗斯的一些有影响力的经济、文化组织合作,设法让央视俄语频道快速提升在俄的知名度和美誉度,央视俄语频道与俄罗斯国家电视台第一频道合作开办的"悠悠岁月"栏目,这是一档中俄寻亲节目,北京和莫斯科直接连线,两地同步播出,影响非常好,这样的合作需要继续加强,并不断拓展。对俄传播以电视为主体,平面媒体、网络、广播协同作战,构成比较立体的对俄传播体系。虽然只有 19%的俄罗斯受访者选择网络,这个数字不仅远远低于电视,而且略低于平面媒体,与广播持平,但是网络与新媒体的兴盛是大势所趋,应该要有前瞻性眼光,加强网络与新媒体对外传播,提早抢占新媒体阵地。

传媒内容方面,俄语受众对哪些内容最感兴趣?"ФOM 调查"显示,被访问

---

① 罗兵:《试论对外传播中的受众调查》,《新闻知识》,2012 年第 1 期。数据来自俄罗斯社会舆论基金调查网.http://corp.fom.ru/about/17.html。

② Количество пользователей интернета в России, http://www.bizhit.ru/index/users_count/0-151.

的俄罗斯人中,39％选择了"政治",34％选择"体育和健康",31％选择"事故",28％选择"天气预报",25％选择"财经",16％选择"娱乐",14％选择"科教"。①政治、体育服务类的信息在俄罗斯受到较大关注,纯娱乐的信息在俄罗斯受关注度不太高。

第三节　中亚受众分析

苏联解体之后,哈萨克斯坦、乌兹别克斯坦、吉尔吉斯斯坦、塔吉克斯坦、土库曼斯坦等中亚五国宣布独立,但俄语在这些国家影响深远,至今俄语仍是这些国家的主要交际工具。苏联解体,中亚五国与俄罗斯分道扬镳,但在中亚五国对俄罗斯的心理信任和依赖是其他国家无法比拟的。多项实证调查结果表明,在中亚五国眼中,俄罗斯是最友好的国家,是最重要的合作伙伴,是危难之际能给予援手的可信赖的"老大哥"。而中国则是新兴的强国,中亚对中国的态度一方面是肯定和赞赏,另一方面则是深深地担忧。中国人口膨胀,不少中国人聚集在中亚工作和生活,似乎一些地区实质上被中国人口占据;中国商品大量涌入,对中亚本土企业造成极大的冲击;中国企业活跃在中亚的石油、天然气等领域,被人认为自然资源被掠夺等等,这些因素让中国成为中亚想象中的巨大威胁。2012年国际调查公司 M - Vector 在中亚的民意调查结果显示,在世界各国中,俄罗斯最受中亚各国信赖,好感度最高,吉尔吉斯斯坦、哈萨克斯坦和塔吉克斯坦民众认为,在世界各国中应该优先与俄罗斯加强国际合作(分别为 95％、64.5％和 39％),而认为应该加强与中国合作的民众则少得多(吉、哈、塔三国分别为 19.6％、17.2％和 13.0％)。中国甚至被中亚一些国家认为是"最大威胁",31.6％的吉尔吉斯斯坦受访者、30.5％的哈萨克斯坦受访者认为中国是他们国家"最大威胁"。②

表 3.6 为 2011—2013 年间 M - Vector 在中亚俄语国家的社会调查结果③,

---

① 罗兵:《试论对外传播中的受众调查》,《新闻知识》,2012 年第 1 期。数据来自俄罗斯社会舆论基金调查网.http://corp.fom.ru/about/17.html.

② Центрально-Азиатский Барометр. http://www.m-vector.com/ru/news/? id＝289.2012 - 10 - 24. Компания M-Vector. отчет по результатам социологического исследования «социальные настрония населения Кыргызстана электроальная ситуация». 2011. 8（19）. http://m-vector. com/upload/VectorRosta/VectoRosta25/pdfot.pdf.

③ 资料来源:M - Vector 公司网站 http://www.m-vector.com/ru。

一定程度上可以反映出中亚俄语国家民众对中国的态度。

表 3.6　中亚部分国家受众对外国的态度

国　家	调查时间	优先合作国家	最大威胁
吉尔吉斯斯坦	M－Vector 2011.8	俄罗斯 95% 哈萨克斯坦 61.6% 土耳其 20.1% 中国 19.6% 乌兹别克斯坦 16.4%	美国 45.8% 乌兹别克斯坦 32.8% 中国 31.6% 伊朗 12.5% 塔吉克斯坦 15.9%
哈萨克斯坦	M－Vector 2012.9	俄罗斯 64.5% 中国 17.2% 欧盟 11.8% 美国 5.6% 土耳其 3.3%	中国 30.5% 美国 12.2% 阿富汗 5.6% 乌兹别克斯坦 5.3% 阿拉伯国家 2.9%
塔吉克斯坦	M－Vector 2013.5—6	俄罗斯 39% 中国 13% 伊朗 10%	乌兹别克斯坦 24% 阿富汗 22% 美国 7%

中亚受众媒体使用方面,电视是中亚各国受众使用最多的媒体,以吉尔吉斯斯坦为例,89.5%的受众将电视作为第一信息源,只有 4.9%,3.4%和 1.1%的受众将网络、广播、报刊作为第一信源。从各种媒介的使用率来看,电视也雄踞榜首,98.5%的吉尔吉斯斯坦受众看电视,其次是家人朋友(52.3%)、报刊(44.4%)、广播(41.5%)、网络(28.3%),手机使用率还比较低,仅占 6.9%。[①] 新媒体虽然有所发展,但尚未触及传统媒体的统治地位。

中亚五国受众眼中的中国形象和对中国的态度,总体来说大同小异。中亚五国中,哈萨克斯坦是面积最大、人口最多、经济最发达、政治和文化最有影响力的国家,为了便于运用较翔实的数据进行深入地分析,本节以哈萨克斯坦为例研究中亚受众。管中窥豹,哈萨克斯坦人眼中的中国,在一定程度上代表中亚五国的中国形象建构。

哈萨克斯坦位于中国西北部,东部与中国接壤,北部毗邻俄罗斯,南边与土库曼斯坦、乌兹别克斯坦和吉尔吉斯斯坦相邻,哈萨克斯坦被称为"中亚的雪豹",是苏联的主要加盟共和国,苏联解体时,哈国遭遇经济困境,工人工资和退

---

① Исследовательско-консалтинговая компания «M-Vector». Исследование поведения и восприятия медиа аудитории 2012 г. (3-я волна). г. Бишкек, 2013г: 3-4.

休金都无法发放。独立以来,纳扎尔巴耶夫一直担任哈国总统,20多年来一直保持政局不变,他的长远规划是到2030年时"哈萨克斯坦成为其他发展中国家的榜样"。如今1760万人口的哈国已经成为独联体中最被看好的国家,经济实力占整个中亚的2/3,经济竞争力位居世界第51位。①

哈萨克斯坦对中国有着重要的战略意义,是中国西北方向阻止外部势力渗透和干涉的重要通道,是合作打击"东突"在内的"三股势力"的重要力量,是中国石油、天然气等自然资源的重要来源,是中国西部开发和经济发展的重要合作伙伴。2013年9月7日,习近平在哈萨克斯坦纳扎尔巴耶夫大学发表演讲,呼吁共同建设"丝绸之路经济带",中国与中亚将进入一种新的合作模式。

本节采用既有统计资料分析法,资料主要来源于哈萨克斯坦的两项全国性社会调查。2009年、2010年,哈萨克斯坦社会经济情报与预测研究所(Казахстанский институт социально-экономической информации и прогнозирования,简称КИСЭИП)针对哈萨克斯坦社会和危机,先后进行了两项全国性社会调查,这是"哈萨克斯坦第一总统基金"的项目,项目负责人为穆罕默德扎诺夫·别克塔斯·加福洛维奇(Мухамеджанов Бектас Гафурович)、茹苏波娃·艾曼(Жусупова Айман)。该项目两次调查中,每次的样本均为1400人,均根据全国各区的居民数量、城乡类别、年龄、民族进行配额抽样,采用入户面访的方式进行调查。2009年的研究报告为《危机与哈萨克斯坦社会:社会学测量》(Кризис и казахстанское общество: социологическое измерение,2010年发布),2010年的研究报告为《民众和专家对哈萨克斯坦的评价》(Казахстан в оценках жителей и экспертов,2011年发布),本节中涉及的数据,除特别说明的之外,均来自2010年 КИСЭИП对哈萨克斯坦的社会调查。②

哈萨克斯坦是中亚各国中发展势头最好、综合国力最强的国家之一,与中国在国家安全、能源、经贸等方面关系密切,哈国民众眼中的中国形象是促进中哈关系良性发展及深入推进的一个重要因素。中国、俄罗斯是哈萨克斯坦在上海合作组织中的关键性的大国,也是对哈萨克斯坦影响最大的两个邻国,以哈国眼中的俄罗斯形象为参照,可以更好地比较和理解其眼中的中国形象。

---

① 钟玉华:《哈萨克斯坦想成"榜样"国家》,《环球时报》,2012-10-19。
② Б. Г. Мухамеджанов, А. Жусупова. Казахстан в оценках жителей и экспертов. Науч. -попул. изд. Алматы. 2011. С.155-222.

一、问卷调查数据分析

1. 中国威胁与俄罗斯友好

哈萨克斯坦民众对中国和俄罗斯的总体态度都是偏于正面的,对俄罗斯比对中国的态度更为积极肯定。七成受访者对俄罗斯持"肯定"态度,而对中国持"肯定"态度的比例为五成;约 1/5 的哈国人对俄罗斯持"否定"态度,对中国持"否定"态度则占 1/3。

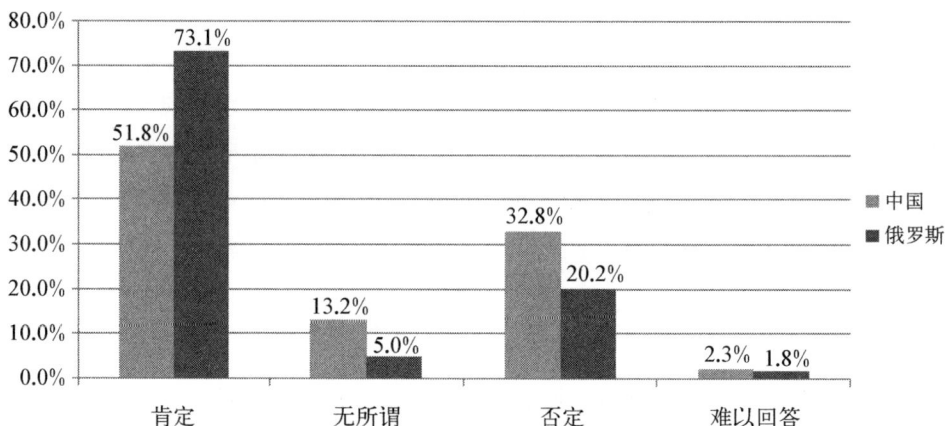

图 3.1   哈萨克斯坦人对中国/俄罗斯的态度

76.8%的受访者认为俄罗斯对于哈萨克斯坦来说是友好国家,位居哈国友好国家首位,其后依次为吉尔吉斯斯坦(25.9%)、乌兹别克斯坦(19.1%)、欧盟国家(12.9%)、中国(11.8%)。[①] 将其进行卡方检验,结果如表 3.7 所示:

表 3.7   哪些国家是哈萨克斯坦的友好国家?

	俄罗斯	吉尔吉斯斯坦	乌兹别克斯坦	欧盟国家	中 国	合 计
观测频次	1 075 (76.8%)	363 (25.9%)	267 (19.1%)	181 (12.9%)	165 (11.8%)	2 051 (146.5%)
相对频次	734 (52.4%)	248 (17.7%)	183 (13.0%)	123 (8.8%)	113 (8.1%)	1 400 (100%)

$\chi^2 = 961, df = 4, p < 0.001$

[①] Б. Г. Мухамеджанов, А. Жусупова. Кризис и казахстанское общество: социологическое измерение. Алматы, 2010. с. 73.

　　哈国民众对各国的友好程度的认知存在显著的差异(p＜0.001)，俄罗斯对哈国最友好，只有 11.8％ 的哈国受访者认为中国是其友好国家，这与我们的预期相差甚远。近年来中哈建立友好的战略伙伴关系，在经贸、安全、文化、科技、基础设施建设等方面的合作保持良好的势头。然而从调查结果来看，中哈友好关系仅仅停留在表层的合作上，并未深入人心，出现"官方热情、民间冷淡"的强烈反差。

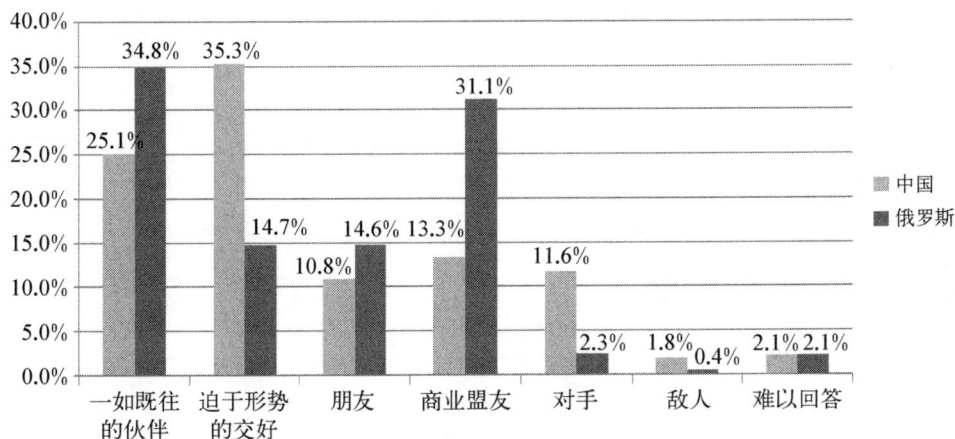

图 3.2　您认为 20—30 年以后中哈/俄哈关系怎样？

　　从长远来看，哈萨克斯坦人对中哈关系比较有信心，84.5％ 的受访者认为 20—30 年之后中哈关系是友好的，只有 13.4％ 的受访者认为中哈关系将比较敌对；95.2％ 的受访者对哈萨克斯坦和俄罗斯的未来关系有信心，只有 2.7％ 的受访者认为 20—30 年之后哈俄关系将是敌对的。

　　在"谁可能威胁哈萨克斯坦的主权"的问题中，33.1％ 的哈国受访者选择中国，11.8％ 选择美国，5.6％ 选择乌兹别克斯坦，4.6％ 选择俄罗斯，此外，还有 33.0％ 的受访者认为"没有威胁"。[①] 哈国民众的威胁感主要来自中国，其次是美国，来自俄罗斯的威胁甚小。

　　进行统计分析，结果如表 3.8 所示，哈国民众对各国的威胁感存在显著差异(p＜0.001)。

---

① Б. Г. Мухамеджанов, А. Жусупова. Қазахстан в оценках жителей и экспертов. Науч. -попул. изд. Алматы. 2011. с. 200.

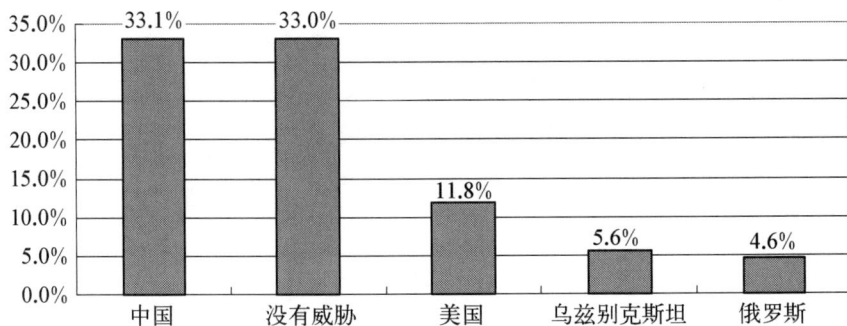

图3.3　谁可能威胁哈萨克斯坦的主权

表3.8　谁可能威胁哈萨克斯坦的主权?

	中　国	美　国	乌兹别克斯坦	俄罗斯	其他国家	没有威胁	合　计
可能威胁哈国主权	463 (33.1%)	165 (11.8%)	78 (5.6%)	64 (4.6%)	167 (11.9%)	462 (33.0%)	1 400 (100.0%)

$\chi^2 = 715, df = 5, p < 0.001$

　　2012年9月国际调查公司M-Vector在哈萨克斯坦进行了一项民意调查,调查结果同样证明了哈国对中国威胁的隐忧。此次调查对象为哈国城乡18岁以上城乡居民,调查方式为电话问卷调查(CATI),样本数1 000,置信度为95%,误差不超过3%。其调查报告《中亚晴雨表——哈萨克斯坦民意调查报告》[①]显示,哈国最担心的受到威胁的国家是中国,其次是美国,具体如表3.9所示:

表3.9　哪些国家给哈萨克斯坦带来威胁?

中国	30.50%
美国	12.20%
阿富汗	5.60%
乌兹别克斯坦	5.30%
阿拉伯国家	2.90%
俄罗斯	2.30%

---

① компания M-Vector. центрально-азиатский барометр——Национальный опрос общественного мнения в Казахстане. www.m-vector.comuploadcab_kz_ru.pdf.

续　表

伊朗	2.20％
欧盟	1.30％
其他	4.30％
没有哪个国家	19.80％
未回答	32.10％

哈国的"中国威胁"想象不仅表现在担心中国对其主权侵犯、中国人口向哈国扩张等,同时表现在担心中国的经济扩张对哈国本国经济发展造成负面的影响。25.9％的受访者认为中国对哈萨克斯坦的经济控制已经开始,9.7％的人认为中国对哈的经济控制"将迟早发生"。认为"不可能发生,因为哈国不允许""不会发生,因为不符合中国的政策方向"的合计为22.5％,也就是说,大多数受访者认为中国将向进行哈国经济扩张和经济控制。

在"您如何评价中国对哈国军事侵占的可能性?"的问题上,37.1％的人认为难以回答,此外,多数受访者(39.8％)认为中国不会对哈国进行军事侵占,坚决认为中国将实施军事进攻的仅占10.1％,具体如表3.10所示。这说明,哈国人虽然有中国威胁的担忧,但主要担忧来自中国人口扩张和经济扩张,中国独立自主的和平外交政策,以及近年来的裁军措施等,基本消减了哈国人对中国军事扩张的担心。

表3.10　中国对哈国经济控制和军事侵占的可能性

选　　项	经济控制	军事侵占
难以回答	29.6％	37.1％
这个进程已经开始	25.9％	2.3％
不可能发生,因为哈国不允许	18.3％	32.0％
可能会发生,但不一定	12.3％	13.8％
将迟早发生	9.7％	7.8％
不会发生,因为不符合中国的政策方向	4.2％	7.0％

在哈国民众看来,中国与哈萨克斯坦交往最主要的动机是获取自然资源,43.6％的受访者认为中国与哈交往的目的是"仅对哈国自然资源感兴趣",远远高于其他动机。而俄罗斯与哈萨克斯坦交往的最主要动机是平等合作和影响哈

国的政治经济,31.3％的受访者认为俄罗斯与哈国交往最主要的动机是"对与哈国的平等合作有兴趣",其次是"对政治经济影响感兴趣"(27.0％),而"仅对哈国自然资源感兴趣"(15.7％)并不是主要动机。[①]

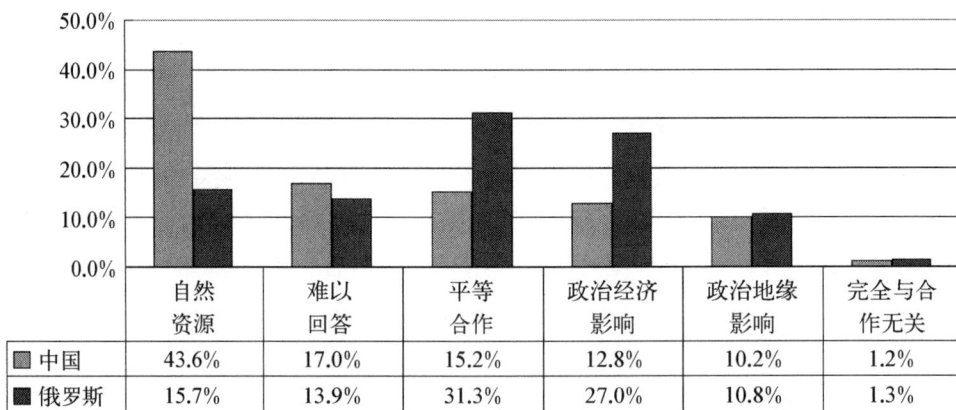

	自然 资源	难以 回答	平等 合作	政治经济 影响	政治地缘 影响	完全与合 作无关
中国	43.6%	17.0%	15.2%	12.8%	10.2%	1.2%
俄罗斯	15.7%	13.9%	31.3%	27.0%	10.8%	1.3%

图 3.4　与哈萨克斯坦交往的动机

卡方检验结果显示(见表 3.11),在哈国民众看来,中俄与哈国交往的动机有着显著差异($p < 0.001$)。

表 3.11　与哈萨克斯坦交往的动机

	获取自 然资源	平等合作	政治经 济影响	地缘政 治影响	其 他	合 计
中　国	610 (43.6％)	213 (15.2％)	179 (12.8％)	143 (10.2％)	255 (18.2％)	1 400 (100％)
俄罗斯	220 (15.7％)	438 (31.3％)	378 (27.0％)	151 (10.8％)	213 (15.2％)	1 400 (100％)

$\chi^2 = 724, df = 4, p < 0.001$

哈国民众认为,中国是哈萨克斯坦最大的威胁,可能威胁哈国主权,同时,中国与哈国交好最主要的动机是为了获取资源,这可能是影响中国形象的两个最为重要的原因。

2. 对中国/俄罗斯国民的印象

在哈萨克斯坦人看来,中国人最突出的特点是"勤劳""意志坚强""集体主

---

① Б. Г. Мухамеджанов, А. Жусупова. Қазахстан в оценках жителей и экспертов. Науч. -попул. изд. Алматы. 2011. с. 183.

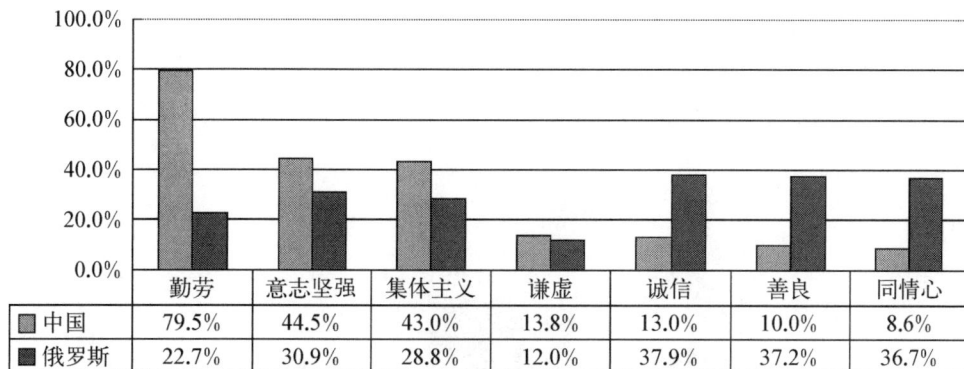

	勤劳	意志坚强	集体主义	谦虚	诚信	善良	同情心
中国	79.5%	44.5%	43.0%	13.8%	13.0%	10.0%	8.6%
俄罗斯	22.7%	30.9%	28.8%	12.0%	37.9%	37.2%	36.7%

图 3.5　中国人/俄罗斯人最突出的特点[①]

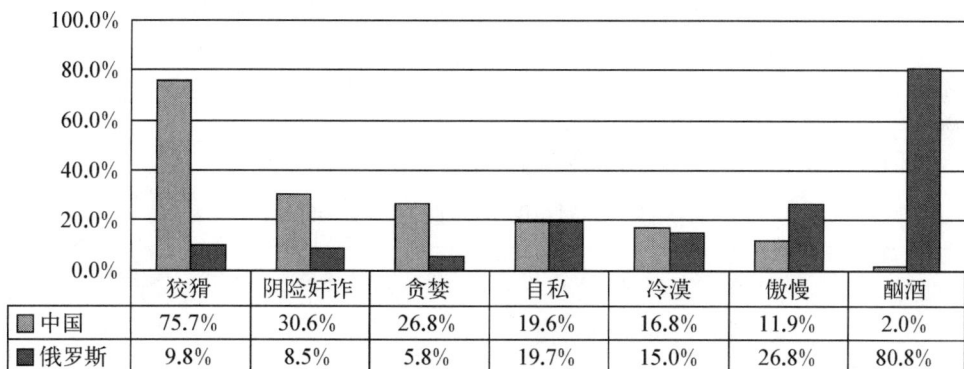

	狡猾	阴险奸诈	贪婪	自私	冷漠	傲慢	酗酒
中国	75.7%	30.6%	26.8%	19.6%	16.8%	11.9%	2.0%
俄罗斯	9.8%	8.5%	5.8%	19.7%	15.0%	26.8%	80.8%

图 3.6　中国人/俄罗斯人最让令人反感的缺点[②]

义”，而“诚信”“善良”“同情心”相对不足，俄罗斯人的特点正好相反（见图 3.5）。

哈国民众最讨厌中国人“狡猾”“阴险狡诈”和“贪婪”，俄罗斯人的缺点正好相反，上述特点与俄罗斯人基本无关，俄罗斯人“酗酒”“傲慢”让哈萨克斯坦人最为反感（见图 3.6）。

3. 对中俄两国的熟悉程度

总体而言，哈国民众对于中国知之甚少，他们对中国的印象还继续停留在“长城”，只有 19.3% “足够了解”中国，62.4% 的受访者“了解一点”，而对于俄罗

---

① Б. Г. Мухамеджанов, А. Жусупова. Қазахстан в оценках жителей и экспертов. Науч. -попул. изд. Алматы. 2011. с. 175.

② Б. Г. Мухамеджанов, А. Жусупова. Қазахстан в оценках жителей и экспертов. Науч. -попул. изд. Алматы. 2011. с. 176.

斯,54.9%的受访者表示"非常熟悉"。① 大多数哈国人对中国知之甚少,在极为有限的信息下形成对中国的态度和行为难免偏激。

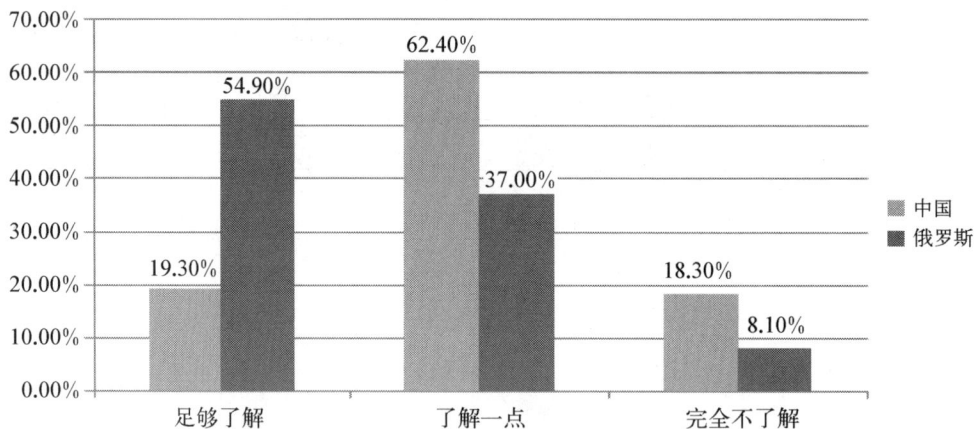

图 3.7　对中国/俄罗斯的了解程度

对其进行卡方检验,结果如表 3.12 所示:

表 3.12　对中国/俄罗斯的了解程度

		中　国	俄罗斯
观测频次	足够了解	270(19.3%)	769(54.9%)
	了解一点	874(62.4%)	518(37.0%)
	完全不了解	256(18.3%)	113(8.1%)
合　　计		1 400(100%)	1 400(100%)

$\chi^2 = 192, df = 2, p < 0.001$

哈国民众对中俄的熟悉程度有显著差异($p < 0.001$),大多数哈国民众熟知俄罗斯,对中国却只是非常片面的了解。从表 3.13 可以看出,哈国民众对中国普遍缺乏了解,受访者最了解"中国人口",不过也只占 9.8%,30%左右的受访者认为对中国人口、经济、政策、体育、历史等"有所了解",一半左右的受访者认为自己对中国"完全不了解"。对中国缺乏了解,对中国的认识大多属于凭空想象,这可能是造成哈萨克斯坦民众对中国误读、猜疑、恐慌和抵触的

---

① Б. Г. Мухамеджанов, А. Жусупова. Казахстан в оценках жителей и экспертов. Науч. -попул. изд. Алматы. 2011. с. 156.

重要原因。

表 3.13　哈萨克斯坦民众对中国的熟悉情况①

	足够了解	有所了解	完全不了解	难以回答
中国人口	9.80％	32.70％	43.50％	14.00％
中国经济	7.80％	35.40％	45.40％	11.40％
对外政策	6.40％	28.50％	50.00％	15.10％
中国体育	5.90％	37.00％	45.20％	11.90％
中国历史	4.30％	35.60％	48.20％	11.90％
中国习俗	2.80％	32.00％	52.40％	12.80％
中医藏医	2.60％	36.10％	48.10％	13.20％
中国绘画	1.30％	21.20％	63.00％	14.50％
汉　语	1.30％	12.80％	76.70％	9.20％
中国宗教	1.00％	19.70％	65.40％	13.90％
中国语言文字	0.80％	16.40％	69.80％	13.00％

　　只有大约 1/5 的哈萨克斯坦人认为自己"足够了解"中国,并主要集中在中国的人口、经济、对外政策、体育、历史和文化,习俗、中医和藏医、汉语、宗教、绘画以及作家的作品等均可归入"文化"的范畴。像世界上许多国家一样,提到中国,哈萨克斯坦人首先想到的是中国数量庞大的人口。其次,改革开放以来中国经济快速发展,成为实力强劲的经济实体,中国制造的商品以其量大价廉闻名于世,并让一些人认为是经济扩张,认为中国商品占领了哈萨克斯坦不少市场份额,他们自认为比较了解中国现在的经济发展状况。新中国成立以后,尤其是改革开放以来,中国在国际舞台发挥着重要的作用,其对外交往活动及对外政策较多地被人知晓。

　　从获知中俄信息的渠道来看,超过 70％ 的受访者主要通过"电视等大众传媒"获得中国和俄罗斯的情况,超过 10％ 的受访者认为"熟悉的旅行者讲述"和"电影等文学和艺术作品"是主要的获得中俄信息的渠道,调查历数的各个获知

①　Б. Г. Мухамеджанов, А. Жусупова. Казахстан в оценках жителей и экспертов. Науч. -попул. изд. Алматы. 2011. с. 159 - 160.

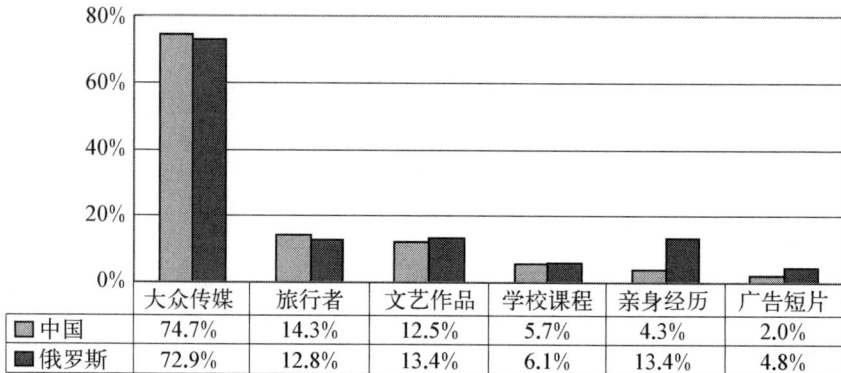

	大众传媒	旅行者	文艺作品	学校课程	亲身经历	广告短片
中国	74.7%	14.3%	12.5%	5.7%	4.3%	2.0%
俄罗斯	72.9%	12.8%	13.4%	6.1%	13.4%	4.8%

图 3.8 获得中国/俄罗斯信息的渠道①

渠道的选项中,中俄两国的百分比都非常接近。可见大众传媒在构建国家形象方面的重要性。

4. 对中国与俄罗斯的兴趣

哈萨克斯坦对中国知之甚少,但这并不意味着哈国人对中国没有兴趣,调查显示,超过四成的哈国人对中国感兴趣,对俄罗斯感兴趣的哈国人则将近六成,只有 1/5 的哈国人表示对中国毫无兴趣。

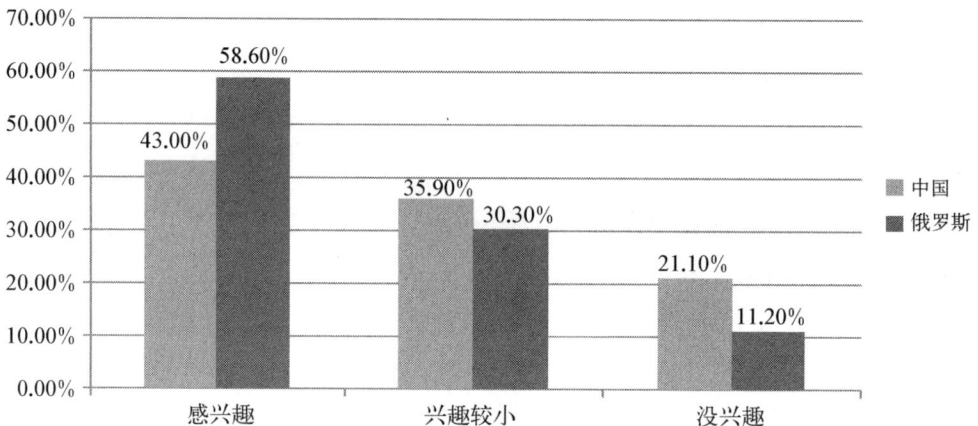

图 3.9 哈国人对中国/俄罗斯的兴趣

具体来说,哈萨克斯坦人最希望了解中国的旅游、文化、经济,大约 1/3 的哈国

① Б. Г. Мухамеджанов, А. Жусупова. Казахстан в оценках жителей и экспертов. Науч. -попул. изд. Алматы. 2011. с. 166.

人对上述三者都感兴趣。中国秀美的风景和古老的人文景观对哈国人具有最大的吸引力,他们希望来中国旅游。中国文化源远流长,在国外影响深远,哈国人希望对此有更多的了解。中国经济快速发展,中哈经济合作对双方都有巨大的利益,哈萨克斯坦也希望对中国了解更多,以把握经济合作的契机,在中哈经济贸易和合作中获得机会。此外,哈国人对中国的科技、生活等也比较有兴趣。

表 3.14　想更多地了解中国哪个领域?

旅游	36.20%
文化	35.70%
经济	31.60%
科技	26.20%
日常生活	25.60%
政治	21.70%
历史	20.00%
体育	13.20%
宗教	10.90%

俄罗斯的经济、政治、科技和旅游等是哈萨克斯坦人想了解的领域,哈国特别重视与俄罗斯的经济合作,同时苏联解体之后,俄罗斯和哈萨克斯坦都开始进行政治改革,哈国不少民众希望了解俄罗斯政治格局,此外俄罗斯的科技和旅游等也备受哈国关注。

表 3.15　想更多地了解俄罗斯哪个领域?

经济	32.20%
政治	31.70%
科技	28.10%
旅游	27.10%
日常生活	22.70%
体育	21.50%
文化	21.10%
历史	15.80%
宗教	7.60%

　　哈萨克斯坦人不仅希望加强对中国和俄罗斯等国家的了解，而且不希望仅仅局限于媒体的报道和他人的转述，有一半左右的哈国人“非常想去”或“想去”中国和俄罗斯进行参观访问，增加对中国和俄罗斯的亲身体验和认知。

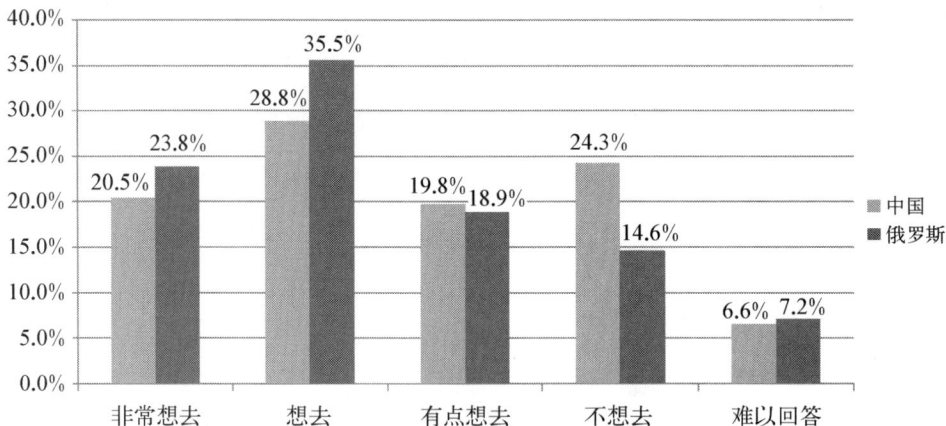

图 3.10　您想去中国/俄罗斯参观吗？

　　独立之后的哈萨克斯坦，一直非常谨慎，担心中国和俄罗斯等各个国家以各种形式影响其独立，不仅不容外国侵犯其国土，不容外国经济扩张影响其国内经济的发展，而且也不容外国人口扩张，对其国内造成潜在的威胁。在“对哈萨克斯坦人与中国/俄罗斯人结婚的态度”问题上，调查结果显示了哈国人的谨慎，47.2%的受访者坚决反对哈国人与中国人结婚，31.3%的受访者坚决反对哈国人与俄罗斯人结婚。哈国人担心中国、俄罗斯通过结婚等方式扩张人口，通过这种非军事化的手段逐渐“侵蚀”其领土。

　　5. 民族认同与国家形象建构

　　2009年穆罕默德扎诺夫等的社会调查结果显示：从民族的角度分析，不同民族对国家的认同程度直接影响国家形象的建构。

　　在“谁可能威胁哈国主权”题项中，46.1%的被访者认为中国威胁哈国主权，其中26.3%的维吾尔族人选择此项（表3.16）；在“哈国主权受侵犯时谁会来帮助”题项中，只有3.5%的人认为中国会前来帮助，其中38.3%的维吾尔族人选择此项（表3.17）；在“对外国的生活、经济和文化感兴趣的程度”题项中，哈国维吾尔族人对中国的兴趣得分为5.7，远远高于其他各族的得分（表3.18）。综合上述数据可见，哈国各族人中，维吾尔族人对于中国最为认同。

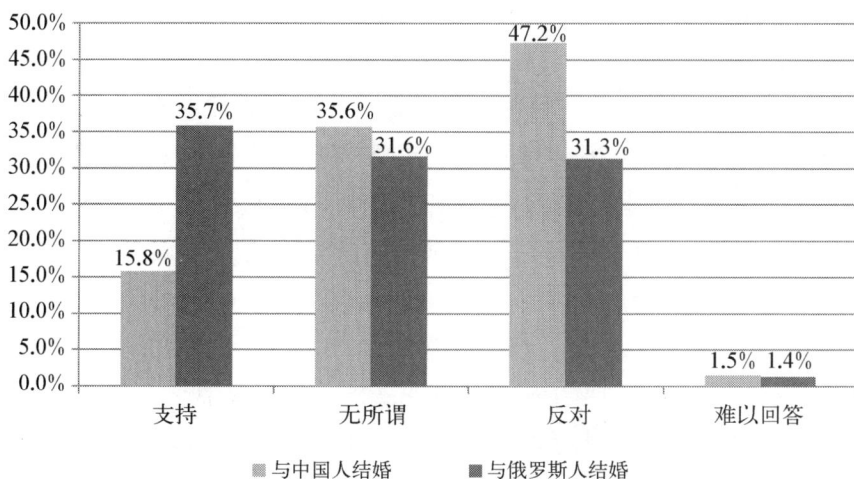

图 3.11　对哈萨克斯坦人与中国/俄罗斯人结婚的态度

表 3.16　谁可能威胁哈国主权

	全部样本	哈萨克族	俄罗斯族	乌孜别克族	乌克兰族	维吾尔族	德意志族	朝鲜族	库尔特族	车臣族
中　国	46.1%	65.5%	39.3%	41.2%	53.8%	26.3%	57.1%	37.5%	50.9%	35.7%
俄罗斯	7.3%	14.5%	1.8%		1.9%	8.8%	10.7%	3.6%	5.7%	8.9%

表 3.17　哈国主权受侵犯时谁会来帮助

	全部样本	哈萨克族	俄罗斯族	乌孜别克族	乌克兰族	维吾尔族	德意志族	朝鲜族	库尔特族	车臣族
中　国	3.5%		2.3%	12.0%	2.3%	38.3%	5.9%	6.3%	4.0%	
俄罗斯	63.5%	64.2%	86.0%	90.0%	97.7%	74.5%	88.2%	58.3%	84.0%	84.6%

表 3.18　对外国的生活、经济和文化感兴趣的程度（七级量表）

	哈萨克族	俄罗斯族	乌孜别克族	乌克兰族	维吾尔族	德意志族	朝鲜族	库尔特族	车臣族
中　国	3.8	4.1	4.7	2.8	5.7	4.3	3.5	4.2	3.7
俄罗斯	5.6	6.0	6.0	5.3	6.1	5.9	4.8	5.6	5.4

　　被访者中，极少有人认为，俄罗斯可能威胁哈国主权；绝大多数人认为，只要哈国主权受到威胁，俄罗斯会来帮助；被访者对俄罗斯的生活、经济和文化都有

着浓厚的兴趣。这表明,经过苏联多年来"俄罗斯化"政策的浸润,哈国各族对于俄罗斯有着较高的认同度。

我国的维吾尔族总人口 1 006.94 万人,99%以上居住在新疆,①19 世纪 80 年代开始,我国新疆(主要是伊犁)部分维吾尔族人迁居中亚,如今主要居住在哈萨克斯坦、吉尔吉斯斯坦、乌兹别克斯坦。哈萨克斯坦是一个多民族国家,全国有 131 个民族,其中人口最多的 7 个民族为哈萨克族、俄罗斯族、乌克兰族、乌孜别克族、德意志族、鞑靼族和维吾尔族。根据 2010 年的统计,哈萨克斯坦国内的维吾尔族人占全国总人口的 1.4%,约为 23.3 万人。② 一个多世纪以来,中亚维吾尔族人已整合于所处的现实生活的社会环境及文化氛围之中,但是在生活方式、道德习尚、历史传统方面依旧与居住在我国的本民族的主体保持着千丝万缕的联系,在语言、饮食、服饰、建筑、园艺、农业生产、手工艺品等方面都保持着中国维吾尔人的特色。无论是基于历史事实,还是基于其在现实生活中流露出的"根"的情感意识,都是其民族认同的重要依据和表现形式。③ 借用吉姆·费伦(Jim Fearon)"类属"身份的概念,不论是哈国的维吾尔族人,还是中国的维吾尔族人,都属于相同的"类属",他们在"外貌、行为特征、价值概念、技能(如语言)、知识、观点、经历、历史共性等诸方面有着一种或多种相同的特点"④。

哈国中维吾尔族与中国的维吾尔族有着密切的亲缘关系,调查结果显示,哈国维吾尔族人对中国有着强烈的认同感,与哈国其他任何民族相比,其维吾尔族眼中的中国形象正向的偏向非常明显。与哈萨克斯坦其他民族相比,维吾尔族是个特殊的族群,哈国其他绝大多数民族的主体在哈国或俄罗斯,只有维吾尔族不同,其民族主体在中国的新疆。民族亲缘关系和共同的文化习俗,使哈国维吾尔族人将自己与中国维吾尔族人归于同一个"类属",想象为同一个"共同体",从而实现对中国的认同,相同的民族总是"被想象为一个共同体,因为尽管在每个民族内部可能存在普遍的不平等与剥削,民族总是被设想为一种深刻的,平等的同志爱。"⑤这样,他们便从"自我"的角度建构了中国形象。

---

① 2010 年中国第六次人口普查数据。

② Жанпеисова Н. М. Формирование казахоязычного дискурса в республике Казахстан. http://www.agu.kz/lib/tom_T1_10.pdf.

③ 李琪:《从新获迁居中亚之维吾尔人与本民族主体的关系》,《新疆社会经济》,2000 年第 2 期。

④ 亚历山大·温特著,秦亚青译:《国际政治的社会理论》,上海人民出版社,2001 年版,第 283 页。

⑤ [美] 本尼迪克特·安德森著,吴叡人译:《想象的共同体:民族主义的起源与散布》,上海人民出版社,2005 年版,第 7 页。

从俄罗斯形象来看,哈国各民族(包括维吾尔族)对于俄罗斯的评价都很高,将俄族人与其他各族相比,没有发现显著的差异。这说明,在俄罗斯多年来的影响下,虽然民族间有时候也存在矛盾,但总体而言"俄罗斯化"让中亚各族融于相同的文化之中,建构了相同的身份,"俄罗斯(包括苏联)200多年的影响已把俄罗斯化因素深深地融入了中亚社会,使它同中亚社会原有的突厥—伊斯兰化文化共同形成中亚本土目前最有影响力的突厥—伊斯兰—俄罗斯化文化。"①不仅俄族人,其他各族都将俄罗斯想象为同一个"共同体",确认了与俄罗斯的"自我"身份,从"自我"的角度建构了俄罗斯形象。

二、深度访谈资料分析:人口扩张与他者想象

2010年,穆罕默德扎诺夫等研究者们在阿拉木图进行了访谈,以阿拉木图受访者为代表的城市居民谈及"中国威胁",代表性的观点整理如下②:

中国是一个好战的、人口过剩的国家。俄罗斯什么也不需要——他们的领土辽阔。对于中国而言,不排除我们会成为它的美味。(女,俄罗斯族,34岁,自由职业者)

近10年中国不会招惹我们,将来,中国如果不走战争的道路,就会试图内部扩张。(女,俄罗斯族,59岁,退休)

战争的危险原则上和现实中都不存在。他们(中国)有另外的方式威胁我们。我的一个朋友开玩笑:"移民五千万人过来,这里就是中国的一个新区了。"(男,自由职业者,36岁,哈萨克族)

也许随着时间的推移,当中国人满为患、人们没有地方可以生活的时候,可能出现中国入侵我国领土的威胁。中国早就禁止生二胎,人满为患的问题暂时还不会到来。(哈萨克族,大学生,21岁,女)

同时,研究者在乡村居民中进行了访谈,代表性的观点如下:

中国常年想着占领我们的领土,这对于任何人来说都不是秘密。(女,哈萨克族,25岁,家庭主妇)

中国需要我国领土,他们甚至早已将阿拉木图州、江布尔州直到希姆肯特的

---

① 汪金国:《关于中亚社会"俄罗斯化"概念的理论探讨》,《东欧中亚研究》,2002年第5期。
② Б. Г. Мухамеджанов, А. Жусупова. Казахстан в оценках жителей и экспертов. Науч. -попул. изд. Алматы. 2011. c.201.

地区划入地图。现在中国积极进行内部扩张,中国人娶我国贫穷人家的姑娘,从而成为我们的公民,现在很多中国人在大型石油公司、天然气公司工作。(男,36岁,哈萨克族,工人)

不论是城市居民,还是乡村居民,哈萨克斯坦对中国感受最强烈的威胁是"人口威胁",由于中国人口极度过剩,生存空间受到严重挤压,中国人势必向外扩张,扩张的形式可能是多样的,可能是战争,可能是移民或商品扩张等等,让哈国人产生强烈的不安全感。中国人口威胁与经济威胁、军事威胁、政治模式威胁一起,构成"中国威胁论"的主要内容,在东西两大阵营的激烈对峙结束之后,直接的军事对抗、政治模式斗争变得相对缓和,经济发展也还没有达到威胁的程度,目前,人口威胁是他国对中国最主要的威胁的"想象",哈国城市居民大多认为中国威胁主要是"人口过剩、内部扩张",许多中国人移居国外,在国外工作、生活,甚至成为该国公民,当移居前来的中国人越来越多、在某一个地区人口比例中占多数的时候,本国国民将产生被边缘化的感觉。而哈国乡村居民除了对中国"人口过剩、内部扩张"感到巨大危险之外,还有"中国想侵犯我们领土"强烈的危险感。哈萨克斯坦人认为,中国现在与他们合作,为他们提供帮助,然后将控制他们,侵占他们的土地。

19世纪以来,"中国威胁"一直存在于西方人头脑之中,这也是长期以来中国最主要的负面形象。2011年1月,《中国国家形象片——人物篇》开始在美国纽约时报广场大型电子显示屏滚动播出,原本希望借此提升中国形象,然而事与愿违的是"很多人说,看了这个广告很紧张,第一个想法是:中国人来了,而且来了这么多。"①不仅哈萨克斯坦、美国以及其他西方国家也忌惮中国的人口扩张,即便是与中国内地同宗同源的香港,也对中国内地的人口扩张感到威胁与反感。近年来,大批内地居民前往香港生子、求学、抢购奶粉等商品,引起港人的紧张和不安。2012年2月1日,香港一家报纸出现一则题为"香港人,忍够了"的大幅广告,表达反内地孕妇赴港的立场,并暗讽内地人为蝗虫,要求当局阻止内地人"入侵"。这则登于香港《苹果日报》的整版广告是由香港一个网上论坛的网友集资刊登的。广告显示,暗黄色的土坡上,一只绿色的蝗虫望向远处繁华的维多利亚港。上面写道,"你愿意香港每18分钟花100万元养育'双非'儿童(即父母均

---

① 孔璞:《商务部在欧美投放"中国制造"广告》,《新京报》,2011年11月16日,第A05版。

不是香港人)吗?"①中国是世界上人口最多的国家,不少中国人移民国外,或在国外工作,这是客观存在、无法避免的事实。"2010 年,中国海外华侨华人数量超过 4 500 万,绝对数量居世界第一。2011 年,中国对世界几个主要的移民国家永久性移民数量超过 15 万人。"②理解"中国威胁"的国家形象,不能仅仅考虑国际政治动因,不能简单地以"妖魔化"来解释,而应正视客观事实,传递中国人口外输的积极意义,消减中国人口扩张带来的威胁感。事实上,大量的移民正使中国蒙受巨大损失,"富裕阶层和知识精英正成为新一轮移民的主力军,移民人口中中产阶级越来越多。""持续的移民很可能对中国造成财产和人才流失,并使实体经济的发展复杂化。"③客观地说,移民外国或在外工作的中国人为这些国家带去了大量的财富、专业技术人才和廉价劳动力,对于这些国家的经济、文化、科技等发展具有积极的作用。

俄罗斯、美国的国力比中国更为强盛,且有对外扩张的历史,在当代国际关系中,这两个国家(尤其美国)经常插手他国事务,表现出的扩张性比中国更为强烈,但是这两个国家国土疆域辽阔,人口密度较小,不至于因为生存空间挤压而向外扩张,在哈国民众心中,其威胁反而远远低于中国。如果说俄罗斯对哈国也存在威胁,则主要是俄罗斯希望在地缘政治方面对哈国施加影响。一位 61 岁的哈族受访者的观点比较有代表性:"俄罗斯对我们有威胁。俄罗斯不喜欢我们独立自主的发展,我们的发展会成为那些想成为独立主权的、想从俄罗斯分离的小国的榜样。所以俄罗斯想压制我们。"④但是,只有极少数人认为俄罗斯具有威胁。

在"中国威胁"的问题上,不能将哈萨克斯坦与美国、日本、西欧等国家一概而论。美日等国并非真的忌惮中国,国际政治动因在此起主要作用,他们眼中的"中国威胁"实际上是一个遏制中国崛起的极好口号(哥尔维策尔在《黄祸论》前言就明确指出"黄祸"是"帝国主义时期的一个口号"),渲染"中国威胁",可以为他们扩军备战、军事结盟、经济遏制提供借口。而哈萨克斯坦与这些国家不同,

---

① 王渠:《香港一家报纸刊登整版反内地孕妇广告》,《环球时报》,2012 年 2 月 2 日。
② 林宇:《中国发首部国际移民报告 美居中国国际移民国首位》,《环球时报》,2012 年 12 月 18 日。
③ 沈鹏:《媒体关注中国首次发布国际移民报告》,参考消息网,2012 - 12 - 20,http://china.cankaoxiaoxi.com/2012/1220/138718.shtml.
④ Б. Г. Мухамеджанов, А. Жусупова. Қазахстан в оценках жителей и экспертов. Науч. -попул. изд. Алматы. 2011. c.201.

近年来中哈在经济、安全、文化等各个领域紧密友好地合作,哈萨克斯坦眼中的"中国威胁",主要原因不在于国际政治因素,而主要在于哈国民众对于中国的身份认同,不论政府间的合作如何紧密友好,哈国民众始终将中国视为"他者",一个前往哈国攫取自然资源(主要是石油和天然气)、抢夺市场、谋求自身利益的"他者"。所谓"非我族类,其心必异",当哈国民众将中国视为"他者",就如同透过哈哈镜或有色眼镜看中国,中国形象被扭曲、变形、变色、失真。将中国视为威胁最大的国家,源于哈国民众对中国的不认同,将中国归为"他者",从而极度放大了中国的"威胁"。

此外俄罗斯的一些活跃的"中国威胁论"者的言论也加强了中亚对中国的威胁感。俄罗斯军事理论家沙拉文近年来在俄罗斯大肆鼓吹"中国威胁论",他提出,对于俄罗斯而言,中国将成为比车臣战争、科索沃战争更厉害的"第三类威胁",中国是俄罗斯的头号敌人。①

三、哈国民众对中国的"他者"想象

哈国民众对中国的不了解、不认同及对中国进行"他者"的定位,让他们如同透过哈哈镜,看到了一个扭曲和变形的中国。

在 2010 年 КИСЭИП 的调查中,研究者在阿拉木图以及乡村居民中进行了系列深度访谈,分析发现,哈国民众对中国感受最强烈的威胁是"人口威胁"。在他们眼中,中国"是一个好战的、人口过剩的国家",生存空间受到严重挤压,中国人势必向外扩张。在当前的形势下战争的可能性不大,主要是人口对外扩张,扩张的方式如"很多中国人在大型石油公司、天然气公司工作",或者"中国人娶我国贫穷人家的姑娘,从而成为我们的公民",或许多中国人在哈国长期工作和生活,或移民。当中国人在当地的数量剧增时,哈国民众感受到莫名的恐慌,"移民五千万人过来,这里就是中国的一个新区了"。"侵占领土"是哈国人一个挥之不去的隐忧,他们认为虽然当前不会有战争的威胁,但是"也许随着时间的推移,当中国人满为患、人们没有地方可以生活的时候,可能出现中国入侵我国领土的威

---

①　Александр Григорьевич Яковлев. «ТРЕТЬЯ УГРОЗА»: Китай — враг № 1 для России? Проблемы Дальнего Востока, № 1, 2002.

胁""对于中国而言,不排除我们会成为它的美味"。①

　　哈萨克斯坦与俄罗斯存在强烈的文化身份认同,而"俄国的民族和国家都起源于欧洲,其内心将自己定位为西方"②。2008 年俄罗斯"社会舆论基金"(ФОМ)进行全国民意调查(n＝1 500),结果显示,29％的受访者对中国持肯定的态度,9％的受访者持否定态度,56％持中立态度,6％的表示难以回答。进一步分析持否定态度的原因,7％的受访者认为是"中国威胁",具体包括:中国人太多,将挤满俄罗斯的领土(3％),廉价的中国商品霸占俄罗斯市场(2％),中国敌视俄罗斯,想侵占俄罗斯(1％),掠夺俄罗斯的资源(1％)。③ 在俄罗斯人眼中,"中国是同西方对抗的特殊朋友;俄罗斯一方面是同东方有着特殊联系,但另一方面也受到中国'人口扩张'和'黄种人'迁徙到俄罗斯远东的威胁;中国既是敌视西方的力量,也是威胁俄罗斯的西方文明及其价值的东方前哨。"④对于俄罗斯而言,中国将成为比车臣战争、科索沃战争更厉害的"第三类威胁",中国是俄罗斯的"头号威胁"⑤。其思想源自 19 世纪初期的"黄祸"论,令他们担心的是,中国人口极度膨胀,廉价劳动力抢走白种人的饭碗,大量廉价产品冲击世界商品市场,觉醒的黄种人将夺取亚洲甚至世界霸权,人口向外扩张产生的大量移民蚕食白人的领土,担心中国以此方式拓展中国新的疆域。

　　事实上,俄罗斯在军事、科技、领土和资源等实力位居世界前列,其经济也逐渐复苏。与美俄相比,中国的实力不占优势。中国 2 000 多年来形成的儒家文化的特点是仁爱、和平、包容,不具扩张性和侵略性。然而,33.1％的哈国人认为中国可能威胁其国家主权,这个比例远远高于俄罗斯(4.6％)。哈萨克斯坦人对俄罗斯有着较强的"自我"认同,将俄罗斯看作最好的盟友,而对中国却存在诸多猜忌、恐慌、抵触,认为是其最大的威胁。

　　中国和哈萨克斯坦之间同样有着良好的关系,两国文化交流由来已久,古老的丝绸之路将两国联系在一起。1992 年中哈两国建交,2005 年建立战略伙伴关

---

① Б. Г. Мухамеджанов, А. Жусупова. Қазахстан в оценках жителей и экспертов. Науч. -попул. изд. Алматы. 2011. с. 201.

② 尹希成:《在东方和西方之间——从地缘政治看俄罗斯》,《当代世界与社会主义》,2000 年第 1 期。

③ Ирина Шмерлина. Образ Қитая. http://bd.fom.ru/report/map/d083021.2008.

④ 〔俄〕亚·弗·卢金著,刘卓星、赵永穆、孙凌齐、刘燕明译:《俄国熊看中国龙——17—20 世纪中国在俄罗斯的形象》,重庆出版社,2007 年版,第 351—352 页。

⑤ Александр Шаравин. Третья угроза. Независимое военное обозрение, 2001.9.

系,2011年宣布发展全面战略伙伴关系①。中国已经成为哈萨克斯坦最大的贸易伙伴,哈萨克斯坦则成为中国对外投资的第三大目的国。两国在能源、非资源、通讯、基础设施建设等领域务实合作稳步推进,双方共同致力于打击包括"东突"势力在内的"三股势力"和跨国有组织犯罪活动,在双方境内多次举行双边和海上合作组织框架内的联合反恐演习。在联合国、亚信论坛等多边框架内开展了富有成效的合作,有力维护了本国和地区的和平、稳定与发展。双方文化、卫生、体育、新闻等领域的合作不断深化,社会、民间、地方团体往来日益频繁。

目前中哈合作主要集中在石油和天然气领域,1997年以来,中石油在哈萨克斯坦投资了五个油田开发项目(阿克纠宾油气项目、北布扎奇油田项目、PK石油公司项目、KAM、ADM)和两个勘探项目,承建并合资运营中哈原油管道、肯基亚克—阿特劳管道等油气储运项目。中哈油气合作对于双方来说是互惠互利的,中国投入巨资在哈国建设油气工程项目,为哈国带来了巨大的经济利益,中国已经取代俄罗斯成为哈萨克斯坦最大的贸易伙伴,中哈两国的油气合作被哈萨克斯坦总统纳扎尔巴耶夫誉为"中哈经济合作成功的典范",然而在哈国民众看来却是中国为了自身利益、前往哈国攫取自然资源。

然而,官方的热情与民间的冷漠形成强烈的反差,中哈合作与交流很少在民众层面上真正开展。哈国民众对中国的理解仍只限于大众传播渠道、旅行者的见闻及其他文学作品。由政府促成的友好合作者形象只是中哈"镜像"的一面,另一面则是:中国是哈国的潜在威胁,中国来哈萨克斯坦目的主要是攫取石油、天然气等自然资源。

中哈两国缺乏文化身份的同一性基础,是哈国民众误读中国的重要原因。中哈两国政治制度存在明显的差异,中国走社会主义道路,哈萨克斯坦则是总统制共和国。中哈两国生活着不少跨界民族,如哈萨克族、维吾尔族、塔吉克族、乌孜别克族、俄罗斯族等,然而这些民族绝大多数都在俄罗斯或中亚各国,只有维吾尔族的民族主体在中国。哈国人主要信仰伊斯兰教和东正教,这一点与中国存在较大差异。在语言文字方面,哈萨克斯坦存在130多个少数民族,每个民族均有自己的语言,而族际交流语言是俄语。可见,中哈两国在民族、宗教、语言等

---

① 张朔:《中哈两国关系提升为"全面战略伙伴"》,中国新闻网,2011年06月13日,http://www.chinanews.com/gn/2011/06-13/3108183.shtml.

方面是缺乏同一性基础的。

四、想象的共同体：哈国民众眼中的俄罗斯

哈国民众眼中的俄罗斯形象明显优于中国，这与哈国民众对俄罗斯的认同程度较高密切相关。在亨廷顿看来，中亚"历史上国家认同并不存在"，其社会身份认同主要体现在"部落、部族和扩大的家庭"，其文化身份认同却非常强烈，陷入另一个极端，人们确实有共同的"语言、宗教、文化和生活方式"，"伊斯兰教是人们中间最强大的统一力量，比埃米尔(酋长)的权力还要大"①。哈萨克斯坦作为中亚国家的典型代表，与俄罗斯在文化身份的认同上具有稳固的基础。历史文化因素是让哈国各族人认同俄罗斯的一个重要因素。正如哈国总统纳扎尔巴耶夫所说，哈萨克斯坦和俄罗斯是"历史形成的必然伙伴"②。由于哈俄之间深远的历史渊源，虽然苏联解体两国分道扬镳，但是其关系犹如分家的兄弟，血脉相连的情谊依然长期存在，在两国相互融汇的历史、文化、民族、宗教、语言等多因素的共同作用下，哈国将俄罗斯想象为"自我"，在哈国民众的想象中，俄罗斯是友善的兄弟、可靠的盟友，在哈国遭到侵犯时，自家"兄弟"俄罗斯定会前来援手。2010 年 КИСЭИП 的调查显示，63.4%的受访者认为，当哈国主权受到侵犯时，俄罗斯会前来帮助，其次是伊斯兰国家(12.1%)和中亚国家(6.4%)，也可能前来帮助，只有 1.5%的人认为中国会前来帮忙。③

哈萨克斯坦与俄罗斯原本同属苏联大家庭，苏联解体之后，哈俄均加入独联体。沙俄、苏联时期，政府向周边国家和地区大量移民大批俄罗斯人迁徙来到中亚，如今哈国的俄罗斯族占全国总人口的 23.3%，是哈国的第二大民族，仅次于哈萨克族(63.6%)④，北方一些州的居民甚至 70%是俄罗斯族人。相同的民族使得哈俄两国有着天然的、割舍不断的亲缘情感。

哈俄两国除了存在大量的同族人之外，还有共同的语言——俄语，虽然各族

---

① ［英］斯图亚特·霍尔：《文化身份与族裔散居》，载罗钢、刘象愚主编：《文化研究读本》，中国社会科学出版社，2000 年版，第 190 页。

② 魏良磊：《哈萨克斯坦总统强调俄语的重要性》，新华网 2007 年 03 月 27 日，http://news.xinhuanet.com/world/2007－03/27/content_5904341.htm.

③ Б. Г. Мухамеджанов, А. Жусупова. Казахстан в оценках жителей и экспертов. Науч. -попул. изд. Алматы. 2011. с.203.

④ Жанпеисова Н. М. Формирование казахоязычного дискурса в республике Казахстан. tp://www.agu.kz/lib/tom_T1_10.p.

都有自己的语言,然而族际交流主要依赖俄语,"俄语将各民族的文化思想轻松连接起来"①。独立之后的哈萨克斯坦强化本土语言,希望积极"抛弃"俄语以达到"去俄罗斯化"的政治目的,但是效果不如人意。至今俄语仍与哈萨克语同为哈国的官方语言,俄语在哈国第一语言的地位仍未发生根本性改变。

虽然苏联解体,哈俄分道扬镳,但是割舍不断的政治、历史、文化、语言等多方面的认同,俄罗斯仍然是哈国民众想象的共同体,在哈国人眼中,俄罗斯是没有威胁的"自己人",是哈国有危难时会前来帮忙的友好"兄弟"。

国家形象建构受多种因素的影响,除国家发展、国际关系和对外传播之外,文化身份认同也是非常重要的因素。在理解中国形象的问题上应该明白,中国与一些国家在文化身份上缺乏同一性基础,即便中国外交上与他国建立友好关系,加强对外传播,甚至动辄数百万美元的对外援助,中国形象终究难有根本性的改观。而要提升中国形象,有必要努力挖掘和传播中国与世界各国文化身份的"同一性"。

---

① 汪真国:《多种文化力量作用下的现代中亚社会》,武汉大学出版社,2006 年版,第 144—145 页。

第四章 俄语地区大众传媒

在国际传播领域,80%以上为英语信息,俄语信息在全球信息场域中只占很少的份额,而俄语信息主要由俄语地区的大众传媒生产和传播,这些媒体在俄语地区拥有稳定的用户群。为了提高中国对俄语地区的传播效果,有必要了解俄语地区主要的大众传媒,把握其媒体性质、定位及发展现状,根据互惠互利的原则,努力与其建立合作关系,达到双赢的效果。在俄语地区,俄罗斯的大众传媒最为发达,不仅在俄罗斯影响很大,在整个俄语国家和地区都有广泛影响。在中亚五国,哈萨克斯坦的大众传媒影响最大。俄罗斯和哈萨克斯坦的大众传媒在俄语地区最具代表性和影响力,下面对此两国的大众传媒进行梳理。

第一节 俄罗斯的大众传媒

1992年1月2日,俄罗斯正式启动市场经济转型,其传媒行业开始走向市场化、产业化的道路。苏联解体后,俄罗斯报刊发生了深刻的变化,大多数报刊走向市场,从宣传导向转变为市场导向,自主经营、自负盈亏。《莫斯科真理报》(Московская правда)是俄罗斯和独联体地区发行量最大的报纸,其发行量约2 700万份,《俄罗斯报》(Русская Газета)是俄罗斯政府机关报,发行量约为43万份。《新报》(Новая газета)以公开评判俄罗斯当局而享誉盛名,每周发行两期,发行量约53.5万份。① 一些苏联时期流行的报刊盛行至今,其中包括《共

---

① 美通社:俄罗斯媒体传播概况白皮书. http://www. useit. com. cn/forum. php? mod = viewthread&tid=12784,2016 - 7 - 16.

青团真理报》(Комсомольская Правда)、《消息报》(Известия)、《劳动报》(Труд)、《莫斯科共青团报》(Московский Комсомолец)等。此外,还有一些英语平面媒体也有一定的影响力,如 Russian Newsweek 和 Moscow News。

据美国广播电视协会统计,俄罗斯现有 2 168 家电视广播公司,其中 161 家持有联合(电视广播)执照,电视公司和广播电台分别为 799 和 888 家,有线电视运营商约为 1 511 家。电视仍是俄罗斯传媒市场中影响最大的媒体,超过 80％的俄罗斯人每天都会观看电视,他们主要收看全国性电视台。电视前三甲为第一频道电视台(Первый канал)、俄罗斯电视台(Россия)、独立电视台(НТВ)等,这三家电视台都成立于 20 世纪 90 年代,三者联合覆盖俄罗斯超过 90％的国土。第一频道电视台(Первый канал)是国家参股的全俄综合性电视台,是世界上最大的俄语电视台。俄罗斯电视台(Россия)是一家国有的全俄综合性电视台,独立电视台(НТВ)是一家私营电视台,节目覆盖独联体、西欧、中东、美国和加拿大。俄罗斯主要广播电台中,"俄罗斯广播电台"(Радио России)、"灯塔"(Маяк)、"俄罗斯之声"(Голос России)等广播电台属于国有媒体,"莫斯科回声"(Эхо Москвы)广播电台为私营媒体。1990 年开播的"俄罗斯广播电台"有 174 档原创节目,每天潜在听众超过 1.2 亿,是俄罗斯覆盖面最广的广播频道。1964 年开播"灯塔"广播电台主要直播新闻资讯和音乐节目,曾一度拥有最高人气。1929 年开播的"俄罗斯之声"旨在让世界了解俄罗斯,并对世界大事发表评论。"俄罗斯之声"力求对海外塑造俄罗斯的国家形象,宣传俄罗斯文化,推广俄罗斯语言。该电台遍布 160 个国家,达到 38 个语种。莫斯科回声电台创立于 1990 年,是俄罗斯最著名的资讯和脱口秀类广播电台,每天潜在听众约为 4 600 万,每天约 90 万人收听,国营企业俄罗斯天然气工业股份公司拥有其多数股权。[①]

GFK 的研究表明,截至 2016 年初,俄罗斯的互联网受众高达 8 400 万人。用户最多的几个俄罗斯门户网站:Yandex.ru 是俄罗斯最具影响力的搜索引擎网站,其市场份额在俄罗斯本土已远超 Google.ru,除搜索引擎之外,Yandex.ru 还提供新闻、地图、翻译、视频、图片、电子信箱、电子商务等各种服务。Mail.ru 是俄罗斯最大的电子邮箱服务网站,除了提供高效的信箱

---

① 美通社:俄罗斯媒体传播概况白皮书. http://www.useit.com.cn/forum.php? mod = viewthread&tid=12784,2016 - 7 - 16.

服务之外，还提供给广大用户最新资讯。信息通讯社 Regnum.ru、网络报纸 Lenta.Ru 等也是影响力很大的网站，此外，俄罗斯所有的重要报刊、广播电视都有相应的网站。

目前社交媒体在俄罗斯也非常深入和普及，其用户数量呈爆发式增长。本土社交媒体"联系"（ВКонтакте，简称 VK）、"同班同学"（Одноклассники）、"我的世界"（Мой Мир）占据前三甲，欧美流行的"脸谱"（facebook）、"推特"（Twitter）在俄罗斯表现平平。"联系"上面有很多盗版电影和音乐可以免费下载，对青少年群体很有吸引力，通过"同班同学"可以找到多年失去联系的朋友和同学，这对年龄较大的用户很有吸引力。facebook 和 Twitter 在大城市比较流行。

媒体的私有化与财团化，导致国家对传媒的控制有所减弱，政府通过一些大公司间接地控制媒体。俄罗斯天然气传媒控股股份公司（"俄气传媒"）就是一家有着浓厚政府背景的传媒公司，这是目前俄罗斯最大的传媒控股公司，也是欧洲最大传媒公司之一，受众人数超过 9 000 万人，其业务范围涵盖电视、广播、互联网、媒体、影片制作、广告和影院等，旗下拥有 NTV、THT、NTV‐PLUS 卫星电视公司、星期五、TV‐3 和 TNT 喜剧台等电视频道；City‐FM、Relax‐FM、儿童广播电台、莫斯科回声和交通广播电台等 10 家电台；"7 日"出版社、"十月"电影院；NTV 电影制作公司、中央合作伙伴制作公司、Rutube 网站和 Now.ru 网站等，该公司成立于 1998 年 1 月，是俄罗斯天然气工业公司的子公司。2016 年 1 月 21 日，人民网与俄气传媒在北京签署战略合作协议，双方将在联合采访、举办活动、电影电视和新媒体交流等方面进行深度合作。[①] 此外，俄气传媒还计划与上海传媒集团、百度等在影视传播方面展开合作，联合生产影片和电视剧，互换媒体资料。

21 世纪以来，俄罗斯重视对外传播，着力打造国际传媒。为了呈现一个"毫无偏见的俄罗斯图景"，与美国有线电视新闻网、英国广播公司等全球电视巨头抗衡，2005 年 12 月，俄罗斯政府成立了全俄首家数字化电视网"今日俄罗斯"（英文名称 Russia Today，简称 RT），这家媒体被定位为"独立的非营利机构"，试图改变苏联媒体在国际上的刻板印象，希望更易被外界接受。RT 电视台有

---

① 邓洁：《人民网与俄气传媒签署战略合作协议》，人民网，2016 年 01 月 21 日，http://politics. people.com.cn/n1/2016/0121/c1001‐28074455.html.

英语、西班牙语、阿拉伯语、美国版 RT、纪录片五个高清频道,在国际传播领域影响很大。在英国,RT 电视台收视人数达到 250 万,是仅次于英国广播公司(BBC)、天空卫视(BSKyB)的第三大电视新闻频道;在美国,RT 电视台是最受欢迎的外国新闻电视台;在加拿大,RT 电视台的受众超过所有外国电视台。2013 年年底,俄罗斯将俄新社、"俄罗斯之声"广播电台、"今日俄罗斯"电视台整合成为一个国际传播航母级媒体平台——"今日俄罗斯"国际新闻通讯社,进一步增强了对外传播的力量。[①]

俄罗斯经营众多国家性和地区性通讯社,除今日俄罗斯通讯社之外,还有塔斯社(又译俄塔社)和国际文传电讯社等,是俄罗斯的通讯社三巨头。塔斯社(Информационное телеграфное агентство России,简称 ITAR - TASS)是全球五大通讯社之一,其前身是苏联时期的塔斯社和 1992 年 1 月成立的俄通社。今日俄罗斯通讯社(Russia Today)是一个整合多个媒体构成的国际传播平台。国际文传电讯社(Интерфакс,英文:Interfax)是俄罗斯最著名的非官方通讯社,于 1898 年创办。

第二节　哈萨克斯坦的大众传媒

哈萨克斯坦东面与中国 1 700 公里交界,北面与俄罗斯 6 000 公里交界,南面与乌兹别克斯坦、土库曼斯坦和吉尔吉斯斯坦接壤,其国土面积 272 万平方公里,人口 1 760 万(截至 2015 年 10 月),是一个多民族国家,有 140 个民族,以哈萨克族和俄罗斯族为主,分别占 65.5% 和 21.4%。50% 以上的居民信奉伊斯兰教,此外还有不少人信奉东正教、天主教和佛教。哈国经济以石油、采矿、煤炭和农牧业为主,人均 GDP 达 1 万多美元,GDP 总量居独联体第二,仅次于俄罗斯。[②] 在中亚五国中,哈萨克斯坦是国土面积最大、实力最强、政治局势最稳定、经济社会发展最好的国家,是中亚五国中唯一与俄罗斯接壤的国家,其地缘位置非常重要。

哈萨克斯坦国语为哈萨克语,俄语和哈萨克语同为官方语言,其报纸杂志、

---

① 王磊:《"今日俄罗斯"运营成功经验及其借鉴意义》,《今传媒》,2014 年第 12 期。

② 哈萨克斯坦国家概况,中国外交部网站,2016 年 2 月,http://www.fmprc.gov.cn/web/gjhdq_676201/gj_676203/yz_676205/1206_676500/1206x0_676502/。

广播电视、网络等大众传媒的主要语言为俄语和哈萨克语,此外还有英语、乌克兰语、德语、波兰语、维吾尔语、土耳其语、朝鲜语等少数民族语言。政府给予一定的财政资助,扶持这些少数民族语言媒体。① 不过这些媒体影响力一般都比较微弱。截至 2012 年 6 月 25 日,哈萨克斯坦真正运行的媒体有 2 765 家,包括 439 家国营媒体和 2 326 家私营媒体,其中报刊共 2 514 家(1 666 家报纸、848 家杂志),广播电视媒体 238 家,通讯社 13 家。如果按照人口比例来看,哈萨克斯坦的俄罗斯族也属于少数民族,但是俄语媒体在该国的地位一直很显著。为了提高哈萨克语的地位,哈国政府 2002 年颁布法令,要求国内广播、电视台哈萨克语节目要占其节目播出量的 50%,即便如此,俄语媒体的影响力依然很大。

　　哈文报纸的发行量远远低于国内俄文报纸。10 多年来哈萨克斯坦印刷媒体的领头羊是俄文的社会政治类报纸《商队报》,发行量约 50 万份,俄文的社会政治类报纸《时报》也是畅销报纸之一,发行量 25 万份。《主权哈萨克斯坦报》以政府部门、公办学校、医疗机构订购为主要发行渠道,发行量 10 多万份,是哈萨克斯坦最大的国有哈文报纸,但发行量远远低于国内俄文报纸。

　　哈文电视节目也远远不及俄语电视节目受欢迎,哈语电视节目大多是些成本低廉的娱乐节目,为了应对政府对于哈语节目时长的要求,这些节目大多反复播放,其收视率一般较低。哈巴尔电视台、叶尔阿尔纳电视台、哈萨克斯坦国家电视台、欧亚第一、二频道等国有电视台在哈国拥有约 90% 的电视观众。在哈国共有 40 家广播公司,其中 5 家国有公司,这些广播电台大多使用俄语和哈语进行广播。哈萨克广播电台、"哈巴尔热点调频"广播电台等主要电台均为国家控股,"俄罗斯—亚洲"广播电台为俄罗斯电台与哈萨克斯坦合办。哈萨克斯坦新闻信息类网站包括:www.gazeta.kz、门户网站 www.lenta.kz、www.lyakhhov./chonicle 等,新闻门户网站主要有三个:www.inform.kz、www.nkkazinform.kz、www.kzinform.org,使用哈语、俄语、俄语传播。②

　　哈萨克斯坦通讯社是政府 100% 控股的国家通讯社。通讯社网站(www.

---

　　① 赵永华:《中亚转型国家的新闻体制与媒介发展》,北京:中国书籍出版社,2013 年版,第 8 页。
　　② 赵永华:《中亚转型国家的新闻体制与媒介发展》,北京:中国书籍出版社 2013 年版,第 49—54 页。

inform.kz)采用哈萨克语、俄语、英语、中文等语言运行。2008 年创建的哈萨克斯坦新闻通讯社得到俄罗斯新闻通讯社的支持,是哈萨克斯坦影响最大的网站之一。①

① Ольга ПАВЛОВСКАЯ,Айгуль ТУЛЕМБАЕВА. Классификация СМИ в Казахстане: реальность и перспективы. РЕСПУБЛИКАНСКИЙ ОБЩЕСТВЕННО-ПОЛИТИЧЕСКИЙ ЖУРНАЛ «МЫСЛЬ». 2013-12-26. http://mysl.kazgazeta.kz/? p=1652.

第五章　中国的俄语媒体

卫星电视、卫星广播和互联网技术的发展，为对外传播提供了突破时空障碍的技术支撑，对外传播变得更为容易、更为频繁，互联网整合电视、报纸、广播、杂志等所有传媒，成为国际传媒中的航空母舰，对外传播呈现多媒体协同作战的局面。我国对外传播以英语媒体为主要载体，并发展俄语、法语、西班牙语、阿拉伯语等小语种媒体，网络、电视、广播、报纸、杂志等传媒是对外传播的主要阵地。我国已经建立起一个包括多种形式传媒在内的较为完善的对外传媒体系，如《中国日报》、CCTV 系列外语频道（英语、西班牙语、法语、俄语、阿拉伯语频道等）、中国国际广播电台、中国国家网络电视台、新华网、人民网、中国网等外语频道，其网络几乎覆盖世界的每一个角落。同时，随着全球汉语热的兴起，全球孔子学院的兴办，海外华文媒体在对外传播中的重要性也日渐凸显。

第一节　俄语与中国俄语媒体

俄语是俄罗斯联邦的官方语言，也是俄罗斯各族人民的通用语言和族际交流语言，苏联解体之前，俄语曾是苏联各加盟共和国官方语言和通用语言。同时俄语也是全球第四大通用语言，是世界上使用人数最多的语言之一，是联合国、独联体、上海合作组织的工作语言。目前 11 个独联体国家、格鲁吉亚、波罗的海三国是俄语主要的使用国家，全球约有 1.7 亿人以俄语为母语，3.5 亿人通晓俄文。[①] 苏联解

①　新华网，http://news.xinhuanet.com/ziliao/2009－03/26/content_11077106.htm（2009 年 7 月 30 日更新）。

体后,一些独联体国家纷纷出台国语法,希望通过语言独立而彻底摆脱俄罗斯的束缚,真正实现国家和民族独立,达到"去俄罗斯化"的政治目的,但是由于种种原因,俄语在这些国家仍然根深蒂固,影响广泛。

在俄罗斯帝国和苏联时期,官方在全国各族中强力推行俄语,俄语逐渐成为国内各民族的通用语言。苏联解体之后,俄语失去了往日的辉煌,独立出去的各加盟共和国,通过宪法以及其他法律,规定本族语言作为国语,在大部分国家,俄语丧失官方语言优势,成为各个国家内俄罗斯族的交际语言和族际交际语言。

俄罗斯、白俄罗斯和乌克兰同宗同源,都属斯拉夫民族,三种语言是从东斯拉夫语衍生的三个分支,苏联解体后,俄语在这两个国家的处境却有较大差异,其根本原因在于白俄罗斯和乌克兰执行了完全不同的对俄政策。

俄罗斯联邦,亦称俄罗斯,共有约1.43亿人口,194个民族,其中俄罗斯族占77.7%,俄罗斯是俄语的忠实捍卫者和推广者,俄语是俄罗斯联邦的官方语言,各共和国有权规定自己的国语,并在该共和国境内与俄语一起使用。据统计,截至2013年3月,中国有2万人在俄罗斯留学,有很多人学习俄语;俄罗斯有20多个孔子学院,有1.2万俄罗斯人在中国留学,有130所学校开设中文班,有1.5万学生学习汉语。2014年3月28日,"中俄青年友好交流年"开幕式在俄罗斯圣彼得堡隆重举行。①

在白俄罗斯,宪法将俄语、白俄罗斯语同时定为国语,两种语言同等使用。大部分学校都用俄语授课,高考时可以采用俄语或白俄罗斯语答卷。白俄罗斯第一任总统卢卡申科特别强调,白俄罗斯人民不会拒绝俄语,他说:"让我们的俄语和白俄罗斯语都留下来吧。我们将和平地完善我们的民族语言,而不是通过斗争和革命的办法。"②

乌克兰是一个多民族国家,总人口4 555万(2013年1月),共有130多个民族,乌克兰族约占77%,俄罗斯族约占20%。乌克兰处于俄罗斯和欧盟之间,东部与俄罗斯接壤,西部与欧盟国家毗邻。1991年12月27日,中国承认乌克兰独立。1992年1月4日,中国与乌克兰建立大使级外交关系。2011年6月,两国建立战略伙伴关系,政治关系全面提升,两国高层频繁互访,经贸合作发展势

---

① 俄罗斯联邦概况.新华网.http://news.xinhuanet.com/ziliao/2002 - 06/01/content_418805_6.htm.

② 李冬梅:《还有谁在说俄语》,《世界知识》,2008年第5期。

头良好。在乌克兰,俄语处境堪忧。独立后的乌克兰在宪法中规定乌克兰语为唯一国语,乌克兰的法律还规定,所有公职人员必须掌握乌克兰语。官方在媒体、教育等方面采取一系列措施挤压俄语,在"去俄罗斯化"的道路上走得非常坚决。不过经过 20 年的发展,乌克兰当局发现挤压俄语对于国家发展不利,因而在政策上予以调整,2012 年 8 月 8 日,乌克兰总统努科维奇签署《国家语言政策基本法》,这项语言法规定,如果一个地区以俄语为母语的居民人数超过 10%,那么俄语将获得地区官方语言地位。目前,在乌克兰 27 个行政区划中有 13 个符合条件的地区,这意味着在这些地区当地居民有权在法庭、医院和其他官方机构使用俄语,也有权要求用俄语接受基础教育。① 这意味着,如今在乌克兰超过一半的地区,俄语重新成为官方语言。对于这一提升俄语地位的法律,乌克兰国内争议很大,以讲俄语为主的东部、南部地区居民表示支持,而以讲乌克兰语为主的西部地区居民则强烈反对。《国家语言政策基本法》实施不到两年,2014 年 2 月 23 日乌克兰议会取消了该法②,原因是俄乌之间的局势紧张,乌克兰加强"去俄罗斯化"。

中亚五国俄语处境也有很大差异,目前俄语在哈萨克斯坦、吉尔吉斯斯坦仍是官方语言,在塔吉克斯坦、乌兹别克斯坦,俄语实际上是族际交流语言,俄语在土库曼斯坦受到的打压最为严重。

哈萨克斯坦的宪法规定,哈萨克语为国语,俄语为官方语言,俄语与哈萨克语平等地在官方机构使用,俄语至今仍是官方办公语言。政府部门中不少职位由俄罗斯族人担任,总统纳扎尔巴耶夫经常用俄语在国际国内会议上发言。

吉尔吉斯斯坦独立之初,通过一系列法律限制俄语,将吉尔吉斯语规定为唯一的官方语言,导致大量俄罗斯族的军官、各行各业专家学者回流俄罗斯,大量人才流失困扰当局。1993 年,吉尔吉斯斯坦发布总统令,确定俄语为官方语言,2000 年,吉尔吉斯斯坦通过《国语法》,将俄语确定为第二国语。

1994 年通过的塔吉克斯坦宪法明文规定,塔吉克语是国语,俄语是族际交

---

① 穆黎明:《乌克兰总统签署语言法提升俄语地位》,新华网,2012 - 08 - 09,http://news. xinhuanet.com/world/2012 - 08/09/c_123553344.htm。

② 胡晓光:《俄议员称乌取消俄语地区官方语言地位是"消极信号"》,新华网,2014 - 02 - 23, http://news.xinhuanet.com/2014 - 02/23/c_126178122.htm。

际用语①。然而 2009 年 10 月 6 日塔吉克斯坦总统拉赫蒙签署《国家语言法》,新法规定塔吉克语是塔吉克斯坦的国语,条款中取消了"俄语作为族际交际语言"的规定,媒体普遍认为,这表明俄语在塔吉克斯坦法律地位的降低。不过新语言法的通过不意味着俄语在塔的消失,俄语族际交际语言的地位仍受到塔宪法的保护。② 在积极推进"去俄罗斯化"的塔吉克斯坦,大约 100 万塔吉克斯坦人在俄罗斯工作,他们的家庭依靠其在俄罗斯的收入过活,这一人群已约占塔居民总数的 1/7。塔吉克斯坦"东方"独立研究中心 2010 年 2 月 8 日发布的一项调查结果显示,98%的塔吉克斯坦公民对俄罗斯抱有好感,66%的人支持保留俄语在本国的法定地位,71%的受访者认为俄语不应该从日常用语中被排除掉。③

乌兹别克斯坦 1989 年立法规定,所有在管理部门工作的人员必须通晓乌兹别克语。1998 年乌兹别克斯坦议会废止了该规定。总统卡里莫夫还向议会建议取消一切在任职、提升及参加社会生活方面的语言限制。

土库曼斯坦俄语和俄罗斯族在土库曼斯坦的处境非常艰难,土库曼语是官方语言,许多人因为不懂土库曼语失去工作。

外高加索三国阿塞拜疆、格鲁吉亚和亚美尼亚独立后,在宪法中规定了本国的主体民族语言为国语。在波罗的海三国(立陶宛、爱沙尼亚、拉脱维亚),俄语和俄罗斯族人的处境大同小异,俄语只是族际交际语言。三国独立后,从法律上对俄语居民加入本国国籍有明确规定。摩尔多瓦宪法规定摩尔多瓦语为国语,保障俄语与其他少数民族语言的自由发展和使用,将俄语明确为少数民族语言。④

苏联解体之后,一些俄语国家继续将俄语作为官方语言,更多的国家则实施"去俄罗斯化"政策,扶持本民族语言,将俄语从官方语言中排挤出去,并且在入籍、升学、求职、晋升等方面进行语言限制。即便国家努力排挤俄语,推行本族语言,但俄语在这些国家根深蒂固,其地位无法撼动。苏联解体 20 多年了,俄语仍然是独联体各国的通用语言。以中亚为例,尽管中亚各国极力提高民族语言的

① 王向东:《吉克斯坦凸显"非俄语化"趋势》,国际在线 2009 - 09 - 21,http://gb.cri.cn/27824/2009/09/21/3245s2628237.htm。
② 陈志新:《塔吉克斯坦新〈国家语言法〉正式生效》,人民网阿拉木图 10 月 7 日,http://world.people.com.cn/GB/1029/42354/10156619.html。
③ 张春友:《多数塔吉克斯坦人支持保留俄语地位》,《光明日报》,2010 - 02 - 09。
④ 李冬梅:《还有谁在说俄语》,《世界知识》,2008 年第 5 期。

建设思想十分明确,但独立以来俄语在中亚社会生活中的第一语言地位仍未发生根本性改变。究其原因,大致有如下几点。

首先,俄语是独联体各国无可替代的族际交流工具。独立后的加盟共和国均为多民族国家,民族种类繁多。例如,乌克兰有 130 多个民族,白俄罗斯有 140 多个民族,哈萨克斯坦有 130 个民族,各个民族都有自己的语言,要求这些民族都掌握所居住国主体民族的语言,绝非一朝一夕就能做到。在俄罗斯帝国和苏联时期,由于国力强盛,且长时间推行,俄语才逐渐成为各民族通用语言。民众的交际习惯、生活和事业的发展需要是民众学习和使用俄语的巨大动力。俄语多年来形成的文化积淀,对独联体国家造成了根深蒂固的影响,并非短期内可以依靠行政命令被扫地出门的。中亚地区每一个国家都是多民族国家,独立以来唯一能够把各民族的文化思想轻松联结起来的不是已退化了的各主体民族语言,而是俄语,这是"俄罗斯化"留给它们的重要文化资源。

其次,俄语是独联体国家重要的信息载体,俄语电视、报刊在独联体国家拥有大批受众。以哈萨克斯坦为例,哈国现有 2 111 家媒体,其中报纸 1 357 家,杂志 503 家,广播 48 家,电视 51 家,卫星广播 6 家,有线电视 133 家,通讯社 13 家。这些媒体中,27% 为哈萨克语,39% 为俄语,27% 为哈语和俄语两种语言,还有 7% 为哈、俄以及其他语言。① "第一频道——欧亚"是俄"第一频道"与哈合办的电视频道,覆盖率达 78.6%,《哈萨克斯坦真理报》《快报》《先行者报》《商队报》《大都市报》《全景报》《实业周报》等都是俄文报刊,"国际文传电讯—哈萨克斯坦"通讯社,是俄罗斯国际文传电讯社驻哈分社,"俄罗斯—亚洲"是俄罗斯电台与哈合办的广播电台。吉尔吉斯斯坦国家电视台、国家广播电台均用吉、俄、英等多语播出。在其他一些独联体国家,俄语媒体也拥有大量受众。

再次,俄语是独联体的工作语言,独联体国家高层会晤、政府间沟通,大都采用俄语,有时候国家元首发表演讲也采用俄语。对于俄语深入社会"骨髓"的独联体国家而言,不论是高层会晤,还是民间交往,俄语是最方便和快捷的交际手段,苏联解体 20 多年,俄语依然在各加盟共和国通用。

① РАЗВИТИЕ ОНЛАЙН-СМИ В КАЗАХСТАНЕ. http://www.easttime.ru/news/kazakhstan/razvitie-onlain-smi-v-kazakhstane/8313.2014－9－30.

第二节　中国的俄语电视

中国对外传播事业不断发展完善,如今已经形成较为完善的对外传播体系。主要媒体包括:以《中国日报》《上海日报》为代表的 10 家英文日报和周报,约 10 家英文杂志,三个中央级电视频道 CCTV - 9(英语)、CCTV - E(西班牙语)、CCTV - F(法语),一个外语电台中国国际广播电台(43 种语言),以及国家重点扶持的十大多语言网站,还有新华社七种语言的外语电讯稿。^① 2009 年底央视俄语频道和阿拉伯语频道开播,是央视实施多语种策略的一个重大突破。中国对外传播已形成一个以英语为龙头,俄语、日语等多种语种,报纸、电视、广播、网络等多种媒体,中央级和地方级的多层次立体结构体系。对外英语媒体在体系中占绝对的优势对位,其他语种媒体协同发展。近年我国政府加快对外传播事业的发展,少语种媒体也备受重视,央视俄语频道的开播填补了我国过去缺乏对外俄语电视频道的空白,是中国与俄语地区加强沟通合作、促进文化融合的重要工具。经过多年的发展,我国已经形成中央媒体和地方媒体共同发力,涵括报纸、杂志、电视、网络等媒体在内的多媒体传播格局。电视、广播、报纸、杂志同时通过网络进行传播。俄语电视节目一方面借助卫星实现全球传播,同时利用央视网、中国国家网络电视台实现直播和点播,中国国际广播电台俄语频道可以上网收听直播或点播节目,《人民画报》主办的俄文画报《中国》也可借助网络进行阅读,《远东经贸导报》也可在网上很方便地浏览和查阅。网络整合了各种俄语传媒,数字化时代使得俄语媒体呈现出融合趋势。

中国在 2005 年制定的《全国对外宣传工作规划》(2006—2010)中提出,今后五年,重点提升新华社、中央电视台、中国国际广播电台和《中国日报》的对外新闻传播实力,逐步形成以中央四个重点媒体为骨干,其他媒体为补充的对外新闻传播发展格局。^② 新华网俄语版、中央电视台俄语频道、中国国际广播电台俄语频道是当前中国最主要的对外俄语传媒,中国网、人民网俄语版等是俄语传媒体系的重要组成部分。

电视目前仍是中亚、俄罗斯受众接触最多的大众传媒,中国俄语电视最有影

---

① 郭可:《改革开放 30 年来中国对外传播媒体的发展现状及趋势》,《对外传播》,2008 年第 11 期。
② 卢迎新:《新华社对外报道优化研究》,暨南大学,2006 年,第 13 页。

响的是中央电视台俄语频道(CCTV-Русский)。2009 年 9 月 10 日 11:00 央视俄语频道正式开播,该频道通过中星 6B 和 EB－9A 两颗卫星发送信号,覆盖亚洲、太平洋、中东和欧洲地区,其主要服务对象俄语国家和地区,包括独联体国家、东欧地区和波罗的海三国,总人口约 3 亿。同时,全球网民都可以通过央视网点播或直播该频道的节目。央视俄语频道以电视剧、纪录片和新闻为主要内容,文化、服务和综艺等节目为辅助。

　　以 2015 年 8 月 4 日全天的节目为例,管窥当前央视俄语频道的内容配置情况(见表 5.1、表 5.2)。

表 5.1　央视俄语频道节目单(2015.8.4)

时间	节　　目	时长 (分钟)	时间	节　　目	时长 (分钟)
0:30	纪录片	30	9:30	电视剧:女子戏班 5/38	45
1:00	综艺大观	30	10:15	电视剧:女子戏班 6/38	45
1:30	中国厨艺	15	11:00	综合新闻	15
1:45	纪录片	30	11:15	纪录片	30
2:15	纪录片	30	11:45	纪录片	30
2:45	生活在中国	30	12:15	跟我学	15
3:15	中国厨艺	15	12:30	生活百科	30
3:30	纪录片	30	13:00	综合新闻	30
4:00	纪录片	30	13:30	电视剧:幸福来敲门(精编版)30/33	45
4:30	中国厨艺	15			
4:45	跟我学	15	14:15	电视剧:幸福来敲门(精编版)31/33	45
5:00	电视剧:女子戏班 3/38	45			
5:45	电视剧:女子戏班 4/38	45	15:00	综合新闻	30
6:30	综艺大观	30	15:30	生活百科	30
7:00	纪录片	30	16:00	综合新闻	30
7:30	纪录片	30	16:30	旅游指南	30
8:00	纪录片	30	17:00	综合新闻	15
8:30	纪录片	30	17:15	电视剧:女子戏班 5/38	45
9:00	生活百科	30	18:00	电视剧:女子戏班 6/38	45

续　表

时间	节　目	时长(分钟)	时间	节　目	时长(分钟)
18:45	跟我学	15	21:00	欧亚新闻联播	30
19:00	财经新闻	15	21:30	生活百科	30
19:15	电视剧:幸福来敲门(精编版)30/33	45	22:00	综合新闻	30
			22:30	旅游指南	30
20:00	电视剧:幸福来敲门(精编版)31/33	45	23:00	综合新闻	15
			23:15	跟我学	15
20:45	中国厨艺	15	23:30	纪录片	30

表 5.2　央视俄语频道各栏目播出情况(2015.8.4)

栏　目	日播频次(次)	日播时长(分钟)	比　例
电视剧	8	450	31.91%
纪录片	12	360	25.53%
新闻	9	210	14.89%
生活百科	4	120	8.51%
跟我学	4	60	4.26%
旅游指南	2	60	4.26%
中国厨艺	4	60	4.26%
综艺大观	2	60	4.26%
生活在中国	1	30	2.13%

　　当前央视俄语频道主要播出内容为电视剧、纪录片、新闻,这三类内容播出时长占 72.34%,此外,服务性内容(生活百科、跟我学、旅游指南)占 17.02%,旨在弘扬中国文化的综艺大观、中国厨艺等节目占 8.52%。与频道开播之初的内容相比,当前央视俄语频道的内容已经发生了一些明显的变化。为了了解俄语频道的主要内容及逐年的变化,笔者随机从每年的节目中随机抽取一天进行对比分析。随机抽中 8 月 4 日,2012 年 8 月 4 日资料缺失,以 8 月 3 日替代,2009 年 8 月 4 日尚未开播,以开播后的第一天替代,即 2009 年 9 月 11 日。从表 5.3 可以看出 2009—2015 年央视俄语频道历年来的内容变化[①]。

① 资料来源于央视网 www.cntv.cn。

表 5.3　CCTV 俄语频道主要播出内容(2009—2015)

	2009.9.11	2010.8.4	2011.8.4	2012.8.3	2013.8.4	2014.8.4	2015.8.4
新闻	580	650	165	195	105	195	210
电视剧	135	180	540	540	540	765	450
纪录片	120	120	360	360	240	60	360
综艺荟萃/综艺大观	120	120	120	120	90	90	60
成功之路			125	125			
旅游指南					120		60
生活在中国						150	30
生活百科							120
其他节目	财富故事会、旅游指南、学汉语、印象中国、想挑战吗、功夫、每日一歌等	财富故事会、旅游指南、学汉语、印象中国、想挑战吗、功夫、每日一歌等	跟我学、观点、流行乐坛等	跟我学、流行乐坛等	中国厨艺、胜者为王、对话等	中国厨艺、问与答、旅游指南、生活百科等	跟我学、旅游指南、中国厨艺等

　　总体而言,新闻、电视剧、纪录片、综艺节目是 CCTV 俄语频道最主要的四大板块。央视俄语频道开播之后,以新闻为支柱,2009 年、2010 年新闻节目时长占全天总节目时长的 40% 以上,但从 2011 年抽取的数据可见,新闻节目时长大幅下降,电视剧和纪录片时长大幅增加。转折点在 2011 年 7 月 23 日,这一天新闻节目下降到 340 分钟,而电视剧、纪录片时长则分别增加到 360 分钟、180 分钟,此后电视剧和纪录片进一步增长,电视剧时长占全天 30%—55%,纪录片时长占全天 20% 左右,两项合计大约占了一天节目的 60%,电视剧、纪录片成为该频道的支柱节目。从新闻立台到电视剧、纪录片立台的转变,符合媒体生态的变化现实。在 PC 互联网和移动互联网为特征的新媒体时代,新闻事件发生之后,网络往往第一时间开始传播,电视的时效性优势已经丧失。同时,国外受众接收新闻,一般优先通过本国权威媒体或国外网站获取,CCTV 俄语频道向俄语受众传递新闻信息不具有绝对优势。

影视无国界,电视剧是电视的支柱栏目,中国影视在俄语国家深受欢迎,在减少新闻内容的同时增加影视播出时长,是符合电视传播优势之举。央视俄语频道播出了《红莓花儿开》《李小龙传奇》《老大的幸福》《神医喜来乐》《裸婚时代》《雪域天路》《小留学生》《新上门女婿》《女子戏班》《幸福来敲门》《大女当嫁》《家有公婆》等电视剧,《红莓花儿开》等个别电视剧具有俄语背景,李小龙、李连杰、成龙等功夫明星在俄语国家有着很高的关注度,《李小龙传奇》等电视剧满足俄语受众对中国功夫的兴趣,此外,大部分俄语电视剧都是在中国热播的现代都市情感剧的俄语版,这些影片展示了现代中国的社会生活,去除外界对中国的陈腐印象。

中国旅游、中国文化和是俄语受众最感兴趣的话题。CCTV 俄语频道增加纪录片的播放时间,同时播出旅游指南、学汉语(或跟我学)、功夫、中国厨艺等节目,契合俄语受众对中国旅游和中国文化的需求和兴趣。央视俄语频道播出系列纪录片,反映中国文明及其独特的历史进程,讲述中国不同地区的历史、民俗、文化和艺术,展示古代和现代中国的图景,帮助俄语国家的电视观众更深入地了解中国。俄语频道的纪录片大多是对 CCTV 拍摄的纪录片进行二度加工,配上俄语配音,加俄文字幕,使纪录片的价值延伸。近年来央视俄语频道播出了《再说长江》《西沙群岛》《莫高窟》《手艺》《长城》《武夷山》《泰山》等纪录片。1983 年8 月 7 日,中央电视台开始播出 25 集纪录片《话说长江》,该片是关于长江沿岸地理及人文的纪录片。时隔 20 多年,中央电视台再次拍摄长江,这是中国电视史上规模最大的一次纪录长江的行动,2010 年 1 月 20 日,33 集纪录片《再说长江》在 CCTV - 1 首播。CCTV 俄语频道为纪录片《再说长江》配上俄语解说和俄文字幕,对该片进行二度开发,从 2014 年 8 月 5 日到 8 月 15 日连续播出 18集,对长江人文历史地理进行了系统全面的介绍。2011—2014 年中央电视台共制作完成《留住手艺》系列纪录片 100 集,该片用影像记录并珍藏中国悠久的非物质文化遗产,系统、全面地向海内外观众讲述中华古老手艺的历史和传承故事,使这些国宝级手艺得到拯救、保护和传承。央视俄语频道将部分内容转换成俄语纪录片向俄语受众播出。CCTV - 4(亚洲)2010 年 8 月 30 日首播纪录片《揭开西沙群岛的神秘面纱》。西沙群岛位于南海的中北部,从东北向西南延展,在长约 250 公里,宽约 150 公里的海域,有 32 个岛,纪录片拍摄组跟随考察人员去西沙群岛,进行例行西沙珊瑚礁生态科学考察活动,在中建岛登上礁盘,考察珊瑚礁部落的生物等有关情况。央视俄语频道 2014 年 8 月 1 日—4 日播出西沙群岛纪录片的部分内容。目前在俄罗斯第一频道播出的《发现中国》纪录片很受观众喜欢。

综艺节目也一直比较稳定地占据央视俄语频道的荧屏,综艺荟萃(或综艺大观)节目几乎每日播出。此外生活服务类节目(旅游指南、生活百科等)虽然不是每日都有,但也经常播出。

CCTV 俄语频道一方面通过卫星电视传送节目信号,同时努力打造网上平台(http://cctvrussian.cntv.cn/),俄语受众可通过互联网收看电视直播或回看过往的节目。

地方媒体极少开办俄语电视频道,黑龙江与俄罗斯毗邻,双方经贸和文化交往较多,刺激了该省俄语媒体的发展。1993 年 6 月 1 日黑龙江卫视开办了一个《你好,俄罗斯》(最初名为《俄语节目》)的俄语栏目,是中央外宣办批准成立的省级电视台中唯一俄语电视节目。该节目每周六 6:10 在黑龙江电视台卫星频道,每周三 00:40 在黑龙江高清频道播出,时长 20 分钟。其传播对象主要是俄罗斯观众、来华工作、学习、旅游和经商等的俄罗斯人,以及中国的俄语爱好者。该节目旨在对俄传播中国文化,宣传黑龙江省乃至全国改革开放的新成就,人民生活的新变化,为中俄友好往来和经贸合作牵线搭桥。这是一个集新闻、专题、文艺、电教育于一体的综合性对外传播电视栏目,内容涵盖新闻、经济建设、民俗民情、旅游风光、中国文化、人物、家庭生活、文体欣赏、中俄交往和汉语学习等。目前,节目覆盖俄远东地区及部分西伯利亚地区,俄罗斯远东地区、滨海边区的宾馆和具备接收能力的居住区都可以直接收看到《你好,俄罗斯》节目,节目组与萨哈林、符拉迪沃斯托克、阿穆尔和伊尔库茨克等 6 家州级广播电视公司建立了友好合作关系,通过他们在俄罗斯播出。①

第三节 中国的俄语广播

广播诞生于 20 世纪 20 年代,至今有将近百年历史。由于广播的无远弗届、传播迅速、对象广泛、感染力强等特点,使得它在对外传播中具有得天独厚的优

---

① 《〈你好,俄罗斯〉节目对俄传播中国文化》,搜狐娱乐,2007 - 07 - 30,http://yule.sohu.com/20070730/n251310275.shtml。

势。中国唯一从事对外传播的国家电台是中国国际广播电台(简称国际台,英文China Radio International,简称CRI),其前身为1941年12月3日创办的延安新华广播电台日语部,该台日语广播开创了中国对外广播事业。目前中国国际广播电台每天24小时使用65种语言向全球传播,是世界上使用语种最多的国际传播机构。中国国际广播电台的办台宗旨是"向世界介绍中国,向中国介绍世界,向世界报道世界,增进中国人民与世界人民之间的了解和友谊"。1998年12月26日,中国国际广播电台主办的"国际在线"网站(www.cri.cn)正式发布,该台英语、德语、西班牙语、汉语普通话和广州话五种语言节目正式上网,内容包括网络在线广播、文字稿件、图片等,"国际在线"迄今已将国际台62种语言的广播节目通过网络向全球传播。适应新媒体的发展,国际台加快媒介融合的步伐,2010年,中国国际广播电台开办中国国际广播电视网络台(China International Broadcasting Network,简称CIBN),目前拥有广播、视频、平面媒体、新媒体、影视译制和产业六大集群,实现了由单一媒体向综合媒体转变。截至2013年底,中国国际广播电台已拥有95家境外整频率落地电台,12家境外广播孔子课堂,32个驻外(含港澳地区)记者站,3套国内都市调频广播,4 112个境外听众俱乐部,多文种平面媒体海外发行132.5万份,具有全球信息采集能力和传播覆盖能力,受众遍布全球五大洲180多个国家和地区。2013年,共计收到世界各地受众来信、电子邮件389.3万件,多语种网站日均页面浏览量2 464万。① 广播曾经历经辉煌,电视出现之后,抢占了广播的大部分受众市场和广告市场。网络和移动互联网出现之后,广播面临更多、更强势的竞争者,处境堪忧。不过,顺应新媒体的发展潮流,广播与PC网络、移动互联网等新媒体融合发展,使广播焕发新的生机。尤其在对外传播中,与新媒体融合的广播仍然具有独特的优势。

中国国际广播电台俄语广播从1954年就已经开始,1954年12月24日成立了俄语广播部,通过原苏联中央广播电台播出。新中国成立后,中苏两国在政治、经济、军事和科学文化等方面进行广泛、深入的合作,中苏进入一个崭新的历史时期。正如当时流行的一首歌曲《莫斯科—北京》唱的那样:"苏联和中国永久是兄弟,这两大民族永远团结紧……强大的苏维埃联盟,新的中国在并肩前进!"中苏在政治、经济、军事、科学文化等方面互相支持。新中国刚刚成立时,经济凋

---

① 中国国际广播电台网站,http://www.cri.com.cn/about。

败,百废待兴,苏联在国民经济恢复方面给予中国很多帮助,如 1950—1954 年中苏三次签署协定,苏联援助中国建设和改建 156 个项目。在政治方面,苏联是世界上第一个在外交上承认中国并与中国建立外交关系的国家,在日内瓦会议上协调行动,努力争取新中国在联合国的合法席位。在科学文化上互相交流,在苏联的帮助下,创办了中国科学院和一些高等院校、医院。这一时期可谓中苏两国关系史上的"蜜月期",苏联"老大哥"给予中国的帮助不可谓不小。

　　1956 年之后中苏开始出现分歧,并逐步演变成长达 10 年的中苏大论战。从 1956 年 2 月苏共二十大到 1960 年 4 月中共发表《列宁主义万岁》等三篇文章为止,是两党分歧和内部争论阶段。这一阶段,中苏在对斯大林的评价、和平过渡、中印边界冲突等问题上发生严重分歧。1960 年 6 月布加勒斯特会议标志着中苏论战全面展开,之后双方在 1960 年莫斯科会议、苏共二十二大上有所分歧,在关于苏联撕毁协议、撤回专家、新疆六万多边民外逃苏联、中印边界冲突、古巴导弹危机等重大事件产生分歧。此时两党的论战已不限于意识形态,而且牵涉到国家利益。

　　在这样的历史背景下,再依靠苏联广播传递中国的声音已经不再现实,为了向全世界俄语受众传递中国的声音,必须建立完全独立自主的俄语广播。1961 年 12 月 20 日—24 日,中国国际广播电台开始了对苏联的俄语直播节目的试播。每天试播 12 段时间,共使用 8 个频率。1962 年 2 月 25 日,中国国际广播电台开始从北京直接播送俄语节目,每天 9 次,每次半小时,其覆盖面包括原苏联地区、东欧部分地区,北欧的芬兰以及美国、日本、韩国等地区。中国开办俄语广播,引起了西方媒体极大的关注。我国俄语广播开播之后,立即有 9 家西方报刊和通讯社进行相关报道。英国《每日快报》认为,这是中国对外广播最引人注意的发展。《泰晤士报》指出,中国"这个时候开办俄语广播很引人注意"。而"如果中苏之间的分裂愈来愈大,北京的一项新政策可能会被证实是一项有效的投资"。1967 年 1 月 29 日,英国《星期日电讯报》发表题为《中国加紧对俄国的广播战》的报道:"北京电台突然把它的俄语广播增加了 1 倍多""这几乎是俄国的华语广播的 3 倍",并报道称莫斯科电台已奉命干扰中国的广播。①

　　国际台俄语对外广播节目每天连续播出总计 15 个小时,播出新闻、文化、经

---

　　① 胡耀亭:《中国国际广播大事记》,中国国际广播出版社,1996 年版。

济、旅游等方面的节目,目前主要栏目有《时事报道》《中华文明》《周末音乐会》《音乐世界》《中国旅游》《中国文化》《这里看世界》《话说中国》《品茶论道》《社会生活》《走进新疆》《中国万花筒》《中国和中国人》《经济导报》《听众邮箱》《关于健康》《我们一起说中文》等。①

1999 年 12 月 27 日,中国国际广播电台开办"国际在线"俄文网(http://russian.cri.cn/),俄语广播节目除了电波传送之外,有了新的传播平台。目前中国国际广播电台俄语网站的内容丰富多样,通过网络平台,受众既可以在线收听直播节目,也可以点播俄语电台往期的节目,弥补了广播转瞬即逝、过耳不留的劣势。在线广播只是网站的一个板块,此外还有视频、照片等多个板块的内容,网站融合了声音、视频、文字、图片等多种信息载体,包含新闻、经济、文化、旅游、学汉语、生活、体育、中国百科全书等多个栏目。

近年来,中俄关系不断升温,俄罗斯普京总统多次发表声明称,发展同中国的睦邻友好的战略伙伴关系、加强与中国的合作是俄罗斯外交优先发展的方向。此后,两国关系一直朝着平稳、合作的方向发展。2006—2007 年中俄上访互办"国家年",2009—2010 年两国互办"语言年",2012—2013 年又互办"旅游年",显示出两国在政治、经济、军事、科技和文化等领域展开全方位的合作与交流,中俄关系进入历史上最友好、最成熟的时期。② 国家之间的友好关系带动了两国媒体间的合作,国际台俄语部近年来与俄罗斯一些主流媒体进行合作,举行了"中俄友谊之旅""情动俄罗斯"中国人唱俄语歌大型选拔活动、《你好,中国》《你好,俄罗斯》等文化项目,2014 年 5 月与俄通社—塔斯社共同举办了世界俄文媒体大会。这些合作突破传统媒体与新媒体的界限,很好地体现了媒体间的融合,尤其是《你好,中国》《你好,俄罗斯》的项目,采用了广播、电视、网络、纸媒等多种传播形式。

除了中央级的中国国际广播电台之外,新疆人民广播电台是办得较好的地方俄语电台。2004 年 1 月,李长春视察新疆人民广播电台,提出要重视对中亚的对外宣传,新疆广播电视开始实施"走出去工程",开办了面向中亚各国的哈萨克语、柯尔克孜语、维吾尔语等多语种节目,广播节目《中国之声》和电视节目《走

---

① 中国国际广播电台网站,http://russian.cri.cn/radio.htm。
② 曾慕雪:《专家称中俄关系进入最佳阶段但面临严峻考验》,环球网,2013 - 07 - 10 http://world.huanqiu.com/exclusive/2013 - 07/4113990.html。

近中国》已在吉尔吉斯斯坦、乌兹别克斯坦、哈萨克斯坦等俄语国家落地,内容包括中国的经济、旅游、文化、民俗等。

第四节　中国的俄语网站

俄语网站是当前中国俄语媒体的主力军,俄语电视、广播、报刊通常都建立了自己的网站,此外还建立了一些专门的俄语网站,影响较大的主要是一些国家级俄语网站,如新华网、人民网、中国网俄语频道。地方媒体很少开办俄语频道,个别地方媒体俄语频道,通常是与俄罗斯、中亚等俄语国家毗邻的省份,如黑龙江、新疆等开设了俄语网站,如乌鲁木齐的红山网俄文版、天山网俄文版,黑龙江的哈尔滨网络广播电视台俄语频道等。这些省份与俄罗斯或中亚等俄语国家有着密切的经济贸易往来和文化交流,开办俄文媒体有一定的现实意义。

1. 新华网俄语频道(http://russian.news.cn/)

新华社,即新华通讯社,是我国的国家通讯社,也是一个世界性通讯社。其前身是 1931 年 11 月 7 日在江西瑞金成立的红色中华通讯社(简称红中社),1937 年 1 月在陕西延安改为现名。新华社总部设在北京,在全国各省设有分社,在台湾省派有驻点记者,在境外设有 180 个分支机构。新华社建立了覆盖全球的新闻信息采集网络,形成了多语种、多媒体、多渠道、多层次、多功能的新闻发布体系,集通讯社供稿业务、报刊业务、电视业务、经济信息业务、互联网和新媒体业务等为一体,每天 24 小时不间断用中文、英文、法文、俄文、西班牙文、阿拉伯文、葡萄牙文和日文 8 种文字,向世界各类用户提供文字、图片、图表、音频、视频等各种新闻和信息产品。

1997 年 11 月 7 日,新华社建立"新华网"。2000 年 4 月 10 日,新华网正式开通俄文和阿拉伯文新闻网站,向全球各地的俄文和阿拉伯文读者传播新闻信息。新华社不断提高对外报道水平,提升国际传播能力,积极抢占海外新媒体和主要社交媒体平台,打造"网上通讯社",讲述中国故事,传播中国声音,阐释中国特色,充分发挥对外宣传主力军和主阵地作用。新华网俄语频道包括中国、俄罗斯与独联体、国际、经济、社会、科学、自然、文化、体育、健康等几个栏目,涉及政治、经济、社会、文化与教育、科学与技术、自然与生态、健康、旅游、国防和安全等方面,内容非常丰富。

在新媒体浪潮中,新华社加快与新媒体的融合发展,新华网成为国内最知名的综合性新闻信息服务平台之一,"新华社"客户端及其分客户端成为国内移动互联网领域最大的党政企客户端集群,培育"新华视点""新华国际"等一批网上信息品牌,初步建成适应新媒体市场的新闻信息产品体系。新华社还拥有中国媒体行业规模最大的多文种多媒体新闻信息数据库。[①]

2. 人民网俄文版(http://russian.people.com.cn/)

人民网是《人民日报》打造的以新闻为主的综合性网站,1997 年 1 月 1 日正式上线。2001 年人民网俄文版上线,面向俄语国家和地区的网民提供新闻、中国、俄罗斯与独联体、经济、评论、科学与教育、社会与文化、体育、视频、照片、汉语学习等栏目的内容,旨在为俄语网民打造一个了解中国的窗口。人民网俄文版开展了一系列促进中俄网民互动、增进双方友谊和文化交流的线上线下活动,在网络对外传播领域具有一定影响力。人民网副总裁罗华在人民网俄文版 10周年庆典中说,人民网俄文版已经日益"发展成为俄语国家人民获取有关中国信息的第一来源"。俄文版举办的"你对俄罗斯知多少"和"你对中国知多少"知识竞赛、梅德韦杰夫在线对话中国网民活动、"语言年"框架下的国家级俄语、汉语知识竞赛等活动都有良好的效果。[②]

除中文版之外,目前人民网共有 7 种少数民族语言及 9 种外文版本,受众覆盖 200 多个国家和地区。2009 年 6 月 20 日人民网推出维吾尔文、哈萨克文、彝文、壮文 4 种少数民族文字网页以及藏文、维文两种手机报。[③] 至此,人民网蒙文、藏文、维吾尔文、哈萨克文、朝鲜文、彝文、壮文等 7 种少数民族文字网页全部上线。2015 年 1 月 8 日人民网葡萄牙文版正式上线,目前人民网已经拥有英文、日文、法文、西班牙文、俄文、阿拉伯文、韩文、德文、葡文共 9 种外文版本[④],人民网多语种网络平台的建设日趋完善。人民网用文字、图片、视频、微博、客户端等多种手段,每天 24 小时向全球发布信息,内容涉及政治、经济、社会、文化等各个领域。顺应新媒体的发展趋势,人民网着力进行全媒体转型,拥有手机人民

---

① 新华网大事记,新华网,http://www.xinhuanet.com/gov/xhwdsj.htm。
② 苑听雷:《人民网俄文版 10 周年庆典在京举行》,国际在线,2011 - 10 - 19,http://gb.cri.cn/27824/2011/10/19/2625s3407709.htm。
③ 《人民网实现七个主要少数民族语种全覆盖》,新华网,2009 - 06 - 22,http://news.xinhuanet.com/politics/2009 - 06/22/content_11583248.htm。
④ 马健:《人民网葡文版正式上线》,人民网,2015 - 01 - 08,http://world.people.com.cn/n/2015/0108/c1002 - 26348995.html。

网(WAP 版)、人民日报新闻客户端等移动互联网平台。人民网努力将自己打造成一个"多语种、多终端、全媒体、全球化、全覆盖的国际一流新闻媒体"。[①]

3. 中国网俄语频道(http://russian.china.org.cn/)

中国网是由国务院新闻办公室领导,中国外文出版发行事业局管理新闻网站。2000 年 8 月,中国网中、英文版上线,此后陆续开通多种外文版,除中文和中文繁体之外,中国网现有英、法、西、德、日、俄、阿、韩、世界语等 9 种外文版,用户遍及 200 多个国家和地区,是中国进行对外传播的重要阵地。中国网俄语频道设置了中国、经济、国际、中国与俄罗斯、中国与中亚等栏目,此外还紧跟时事热点,不断推出新闻专题,如抗战胜利 70 周年纪念、2014 年博鳌亚洲论坛、丝绸之路中国 22 个点图集、习近平参加第 7 届金砖四国峰会和第 15 届上合组织峰会。中国网俄语频道采用文字、图片、视频等多种媒介形式立体呈现真实的中国,针对俄语受众的信息获取兴趣和需求,侧重报道中国与俄罗斯、中亚等俄语国家和地区之间的事件。

中国网以多语种、多媒体形式,向世界"展示中国国情、发出中国声音、讲好中国故事",努力为全球网民呈现一个生动、立体、多元的全景中国。[②] 顺应新媒体浪潮,2014 年 9 月,中国网努力在国际社交传播平台占据一席之地,在世界上三个主流社交网站 Facebook、Twitter 和 VK 都开设官方账号,开辟对外传播新阵地。

天山网是新疆重点新闻网站,2001 年 12 月 18 日开通,2003 年 7 月,天山网俄文版(http://russian.ts.cn/)正式对外发布,如今已有中文、俄文、维文、英文、哈文 5 个语种的 8 个版面,网站排名居新疆之首。天山网是由新疆日报、新疆经济报等 10 余家疆内主要新闻媒体共同参与建设的新型网络新闻媒体。天山网俄文版是新疆唯一的俄语新闻网站,面向中亚五国、俄罗斯、东欧俄语区国家介绍新疆以及中国,内容涉及时事、神州大地、专题报道、独联体和俄罗斯、国际、学汉语、新疆、酒店、交通、旅游与休闲、厨艺、经济、教育、文化、健康等方面。

2014 年 8 月 18 日,乌鲁木齐综合门户网站红山网俄文版(http://ru.hongshannet.cn/)上线,主要开设了乌鲁木齐、新疆、中国、国际、俄罗斯与独联体、专题、服务、贸易、图片、视频、文化、厨艺、旅游等栏目,向俄语网民传递乌鲁木齐以及新疆的新闻、经贸、美食、文化、民俗风情、自然景观等各种信息。

东北网成立于 2001 年 7 月,是黑龙江省重点新闻网站和官方综合性网站。

[①] 人民网,2015 年 01 月 16 日,http://www.people.com.cn/n/2012/1219/c353481 - 19942680.html。

[②] 中国网,http://www.china.com.cn/aboutus/node_7219999.htm。

其俄文频道又称"伙伴网"(http://russian.dbw.cn/),主要开设了时事新闻(中国、国际、黑龙江)、视频、图片、俄罗斯人在中国、语言桥、服务等栏目。"伙伴网"已与俄罗斯20多家媒体开展内容互换、对等宣传、共同采访等方面的合作,影响越来越大。东北网还相继开通了韩文频道、日文频道和英文频道。

2014年1月23日,哈尔滨网络广播电视台俄语频道(http://r.hrbtv.net/)全面上线,当天,哈尔滨网络广播电视台与中国网络广播电视台、俄罗斯远东地区广播电视公司、俄罗斯远东博物馆、黑龙江省对外交流协会等签订了战略合作协议。[①] 这是一个中俄双语网站,网页内容大多同时采用中文和俄文双语,播出的电视节目也并非俄语配音,只是在中文电视节目的基础上添加了俄文字幕。该网站包含新闻、视频、亮点、哈尔滨 & 俄罗斯、旅游、中俄贸易、生活等几个板块的内容。

上述俄文网站基本都属于以新闻为主导的综合性网站,内容涉及政治、经济、文化、社会等方方面面,采用文字、图片、视频等多种媒介形式,以传递中国声音、讲述中国故事为重点,同时注重与俄语受众之间的互动交流,有意识地迎合俄语受众热衷于中国文化、中国旅游的心理。

虽然国内建立了不少网站,且在内容制作上花了很多工夫,但是效果尚不如人意,根据 Alexa 动态数据监测结果来看,新华网、人民网、中国网、央视、中国国际广播电台等我国的各个俄语网站,网站浏览量都还非常小,在整个网站中,大多数俄语网站的网页访问量远远小于1%,被 Alexa 列为忽略不计的"其他"之中。(见表5.4)

表5.4 中国主要俄文网站页面访问情况[②]

被访问网站	日均 PV[月平均][③]	主网站页面访问比例	俄文网站页面访问比例
央视网	199 920 000	84.87%	<1%
新华网	207 480 000	96.53%	<1%
人民网	200 130 000	96.90%	<1%
中国网	1 140 000	75.66%	<1%
中国国际广播电台网站	5 736 000	91.67%	<1%

① 申深:《哈网络广播电视台推出俄语频道》,《黑龙江日报》,2014-01-23。
② 综合 http://www.alexa.cn 和 http://alexa.chinaz.com 的数据,2015-08-06。
③ "日均 PV[月平均]",指的是一个月全站所有网页浏览量的日平均数,可大致估测每日该网站的页面访问量。

由于这些网站在国内影响很大,国内受众大量访问,导致全网页面总浏览量很高,而且主网站(中文)访问比例过高,大多达到 90％以上,而国外网民访问量相对较低,导致比例相差悬殊。不过,排除国内访问量大的客观因素,仍可发现我国对外网站的传播力亟待提升。

对各个网站的外文版进行 Alexa 查询后发现(见表 5.5、表 5.6),总体来说,中国几个主要的对外传播网站的访问量都较少,以至于大多被忽略为"其他",中国国际广播电台网站、中国网的多个外文版的浏览数据尚未被忽略不计,列举出来以便大略了解外文网站的访问情况。央视网、人民网、新华网的总访问量太大,其外文版的访问数据无法获知(其外文版页面访问远远小于1‰,被忽略为"其他"),这意味着,央视网、人民网、新华网外文版未必就比中国国际广播电台、中国网的外文版访问量低。不过,从已有的数据可以对相同网站的外文版进行对比,中国国际广播电台俄文版的访问量仅次于英文版,领先于其他小语种网站。而中国网俄语版的访问量则明显低于其他语种网站,俄语网站传播力还有待进一步加强。

表 5.5　中国国际广播电台网站访问情况[①]

被访问网站	近月页面访问比例	日均页面浏览量[月平均]*
中文版	91.67％	5 258 191
英文版	2.66％	152 578
俄文版	0.24％	13 766
法文版	0.23％	13 193
日文版	0.15％	8 604
德文版	0.08％	4 589

表 5.6　中国网访问情况[②]

被访问网站	近月页面访问比例	日均页面浏览量[月平均]
中文版	76.57％	872 898
日文版	8.41％	95 874

---

① 综合 http://www.alexa.cn 和 http://alexa.chinaz.com 的数据,2015 - 08 - 06。

② 综合 http://www.alexa.cn 和 http://alexa.chinaz.com 的数据,2015 - 08 - 06。

续　表

被访问网站	近月页面访问比例	日均页面浏览量[月平均]
德文版	5.46%	62 244
阿拉伯文版	3.00%	34 200
西班牙文版	2.56%	29 184
法文版	1.17%	13 338

* 日均页面浏览量根据"近月页面访问比例"与"日均 PV[月平均]"估算得出,计算方法为:日均页面浏览量[月平均]=近月页面访问比例×日均 PV[月平均]。PV(page view),即页面浏览量,或者点击量,是衡量网站传播力的主要指标。

第五节　中国的俄语报刊

Китай(中国画报)是中国历史最悠久的俄文杂志,该刊创刊于 1950 年,其国内版名为"人民画报",对外则称"中国画报",是一本以图片为主、图文并茂的综合性画报(月刊),面向全国发行及世界一百多个国家和地区发行,隶属于国务院新闻办公室、中国外文出版发行事业局。除《中国画报》除俄文版之外,还有英文、阿拉伯文、德文、法文、日文、西班牙文、意文、印地文等多语种版本。

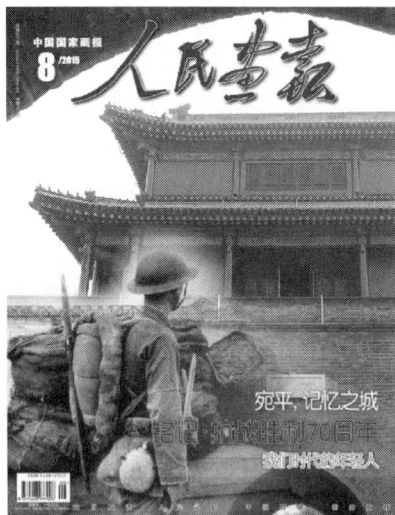

图 5.1　《人民画报》(中文)

图 5.2　*Китай*(中国画报·俄文)

　　纸质媒介在国外发行成本高,发行范围相对狭窄,影响也相对较小,与广播、电视、网络和移动互联网相比,对外传播的报纸杂志只是"小众媒介"。国内比较有影响的中央级俄语报刊就是《中国画报》。此外,黑龙江、新疆创办了个别俄文报刊,影响都非常有限。2000年5月,新疆经济报社与亚心网联手主办《大陆桥》(俄文月刊),该刊主要以中亚五国及其他俄语国家受众为发行对象,旨在向俄语国家介绍中国、介绍新疆和传播中国文化。《大陆桥》的办刊宗旨为:准确、客观地对外介绍中国,宣传新疆,发展中国与中亚各国及周边国家的睦邻友好关系,树立我国的良好国际形象,同时充分利用新疆的优势,在经济、文化方面成为连接中亚的桥梁。该刊的内容以中国经济信息为主(占80%—90%),并辅以传播中国文化(占10%—20%)。从报道涉及的地域来看,有关新疆的稿件占1/3,展现新疆社会经济的发展;国内稿件占1/3,主要介绍中国改革开放社会文化和经济成果,以经济为主;国际稿件占1/3,主要是中亚信息和对中亚经济社会有影响的信息和稿件。[①] 2012年6月下旬,新疆经济报社党委书记、社长、总编辑晏果辉等4人对塔吉克斯坦、吉尔吉斯斯坦、哈萨克斯坦进行考察,就联办发行塔吉克文《大陆桥》杂志,联合创办《塔吉克斯坦华侨报》《中亚侨报》《哈萨克斯坦华侨报》签署了合作协议。

　　由黑龙江大学主办的《远东经贸导报》1988年创刊,该报依托黑龙江大学俄语和新闻人才优势,广泛报道整个远东地区的经贸信息、我国与独联体、东欧国家经贸合作状况,推动中国与俄语国家之间的经济贸易合作。开辟的主要栏目有时政新闻、经贸要闻、东欧中亚、市场价格、域外采风、九州巡礼、供求信息、社会之窗等。

　　《伙伴》杂志是由国务院新闻办主管、黑龙江省人民政府新闻办主办的俄文期刊,2002年10月创刊。《伙伴》杂志于2005年获得俄罗斯合法刊号,(ПИ № ФС77-22691),2006年1月进入俄罗斯国家发行主渠道。已编辑出版150期,对俄发行150余万册。《伙伴》杂志发行网络已遍布莫斯科、圣彼得堡、赤塔、哈巴罗夫斯克、海参崴、布拉格维申斯克及俄远东75个地区和主要城市,在俄的发行网络已达到1500多个。[②] 其网站(http://www.hbzzs.cn/)开设了魅力中国、友好往来、中俄旅游、合作交流、伙伴出品、俄罗斯人在中国等栏目。

①　郭晓琴:《大陆桥对外传播内容分析》,《新闻世界》2012年第2期。
②　伙伴杂志网 http://www.hbzzs.cn/。

第六章　中国对外传媒内容分析

　　中国已经建立起相当完善的对外传媒体系,但传播内容混杂无章,对外话语体系并未建立起来。本章选择几个代表性媒体,包括央视俄语频道"上海世博会报道"、央视中文国际频道《华人世界》栏目及专题节目《行走唐人街》《人民日报海外版》"文化万象"栏目,分析其传播内容之优劣,为我国俄文媒体内容设置提供参考。

第一节　CCTV 俄语频道内容分析

　　从媒体形态来看,中国俄语传媒涵盖网络、电视、报纸和杂志等各种媒体,比较全面,但从传播内容来看,中国俄语传媒还有很多地方需要完善,目前我国俄语传媒以向外传播中国各种信息为主旨,属于"我说你听"的模式,而不是针对俄语受众的特点制定传播内容,不少内容是将中文节目简单地翻译成俄文而已。

　　2009 年 9 月 11 日,中央电视台俄语国际频道(CCTV‐Русский)正式开播,信号通过中星 6B 和 EB‐9A 两颗卫星播出发送,覆盖亚洲、太平洋、中东和欧洲地区,24 小时不间断播出中国的俄语节目,同时,全球互联网用户,都可以通过央视网的网络电视俄语频道收看到中央电视台俄语国际频道节目。[①] 央视俄语频道目前有 4 个新闻播报的栏目:《综合新闻》《财经新闻》《亚洲新闻》《中国新闻》,占整个频道约 50% 的时间,每逢整点播出,另有新闻谈话类节目《会客厅》,

---

　　① 李雪:《中央电视台俄语国际频道开播》,《当代电视》,2009 年第 10 期。

此外,专题、娱乐和教学专题类栏目 11 个:《功夫》《纪录片》《走进中国》和《学汉语》等①。

世博会是社会、经济、文化和科技成果展示的全球性盛会,是人类围绕共同关心的问题的思考,是先进文化与成果的展演,是一次集中的跨文化交流,同时也是一次展示国家实力、塑造与提高国家形象、展示对外传播力的良好契机。俄语频道开播后不久,2009 年 9 月 23 日就报道了上海世博会第一个国际组织展馆——国际红十字会与红新月馆的交馆仪式。2010 年(特别是 4 月份以来)俄语频道对上海世博进行了密集的专题报道,除新闻报道之外,还有纪录片和专题片。笔者对 2010 年 1 月 1 日至 10 月 1 日央视俄语频道的世博报道进行搜集,得到 177 篇新闻报道,另有纪录片和专题片 28 篇(含纪录片 13 篇、谈话类新闻专题 7 篇、学汉语专题片 8 篇)。② 通过文本分析,可以发现我国对外传播日趋成熟,同时也暴露出一些不足,本节将对央视俄语频道世博报道进行内容分析,希望对促使我国对外传播力的提升有所启迪。

一、形式多样的全方位传播

2010 年 1 月到 3 月央视俄语频道对上海世博的报道数量不多,每月仅三五篇零星出现,主要是对个别展馆的特点进行介绍,或报道展馆的建设情况,又以中国各展馆为主,4 月份是世博开幕前期紧锣密鼓的准备阶段,这段时间报道数量陡增,出现 15 篇报道,除对部分展馆进行介绍外,主要报道展馆开幕的消息。5 月 1 日世博会正式开幕,开幕之后的几个月里,央视俄语频道对世博进行持续不断的报道,5 月份 40 余篇报道,6 月到 9 月每月二三十篇。所有这些报道绝大多数都在 *Новости*(综合新闻)栏目中播出,个别报道在 *В Китае*(中国新闻)、*В Азии*(亚洲新闻)等栏目播出。央视俄语频道对世界各国的展馆进行了较全面的报道,报道面很广,使受众对上海世博会有较全面的了解,即使无法到达世博现场,通过电视也可以大致了解上海世博概况。对世界各国展馆报道基本平衡,对中国的报道略多,这与中国展馆相对较多是相应的。

除新闻报道之外,央视俄语频道还播出两部世博会纪录片。6 月上旬播出纪录片 *Шанхай* 2010(《上海 2010》),包括世博展馆、世博商机、美食和夜景等 6

---

① 根据 2010 年 9 月 13 日—9 月 19 日央视俄语频道节目单统计。
② 文本来源于中国国家网络电视台(www.cntv.cn)。

集,6 月下旬播出纪录片 *Город-хозяин ЭКСПО - 2010*(《2010 世博的东道主城市》),含上海郊区的发展、时尚、沪菜、传统节日和城市面貌的变迁等 6 集。

在新闻会客厅中围绕世博进行专题访谈,如《2010 世博会对中国的意义》《2010 世博与上海》《俄罗斯在 2010 世博》《2010 年世界博览会》和《2010 世博会的筹备工作》等。此外,《学习汉语》栏目自 2010 年 2 月 15 日日起连续播出 8 期以上海世博主题"城市,让生活更美好"为题的汉语学习节目。

世博会是一场国际盛会,来自全球的 189 个国家和 57 个国际组织在上海世博会参展,成为全球关注的焦点,其受众国际性特点明显,所以世博会是国际传播极好的载体,央视俄语频道对世博会的报道形式多样、规模宏大,通过新闻报道、新闻会客厅、纪录片、学习汉语等栏目进行形式多样的全方位文化传播。

二、从"对外宣传"到"对外传播"

对外宣传与对外传播的本质区别在于,前者从传播者的角度出发,后者以受众为中心,前者侧重于传播思想观念,后者注重传播新闻事实。对外宣传不仅难以达到预期效果,而且往往适得其反。国外受众常常以质疑的目光审视我们传递的所有信息,并将这些信息全部扫入宣传品的行列,不予采信,反而相信其他渠道对中国事件的表达和对中国形象的塑造,以致其头脑中对中国存在不同程度的歪曲。从"对外宣传"到"对外传播",不仅是我国对外传播观念的重大变化,也促使我国对外传播效果发生质的飞跃。

从央视俄语频道对上海世博会的报道中,我们可以发现,报道注重信息的传递,信息量大,包括展馆介绍、世博会的主题、国家馆日及各种文化活动等,采用客观报道的方式,只陈述事实,避免意见灌输。人们往往愿意接受事实信息,而难以接受意见信息,特别是对与自己预存观点相左的意见,常常采取抵制的态度。央视俄语频道采用客观手法报道世博,宣传味明显淡化,这种做法比强硬的观念灌输的方法效果更好一些。

央视俄语频道世博报道不是完全没有倾向的事实堆砌,文本中蕴含着舆论导向的信息,诸如节能环保、绿色生态、城市现代建筑与传统古迹和谐共存、中国的传统文化和改革发展成就等,均不露痕迹地蕴含在事实的报道之中,润物无声地对受众予以涵化。

从"对外宣传"到"对外传播"的转变,是我国对外传播从"传者中心"向"受众中心"的转变,是我国对外传播走向成熟的标志。

三、报道视角的多元趋势与拓展

央视俄语频道的世博报道视角呈现出多元的趋向,世博纪录片从宏观的角度对上海以及上海世博进行了比较全面的介绍,《2010世博将是国际合作的新平台》和《2010上海世博成为全球关注的中心》等从世博的影响的角度进行报道,《200位癌症患者参观世博》《四川儿童参观世博》和《游客欣赏中国端午节文化》等从游客角度进行报道,在新闻谈话节目《新闻会客厅》中播出了数期专题访谈,从专家视角解读上海世博,很多报道从展馆和国家馆日的视角进行报道。

然而,这种多元的视角仅表现在个别的地方,犹如点缀,未能真正形成多元视角的报道格局。整体而言,纪录片和专题片28篇报道视角更趋多元,而新闻报道的视角显得比较单一,主要是展馆描述、国家馆日活动的报道,在177篇文本中,国家馆等馆日活动报道86篇(占48.59%,其中国家馆日报道83篇),展馆介绍性的报道47篇(占26.55%),其他报道44篇(占24.86%)。对展馆的介绍性报道和馆日报道占了3/4的比重。

如果能进一步拓展报道视角,更多地从受众感兴趣的角度进行报道,将有利于拉近与受众的心理距离,增强对外传播效果,新华社、中国新闻社、新民晚报、新闻晚报、联合早报等媒体对上海世博会的报道角度非常广泛,内容丰富、形式多样,可资借鉴。他们有的从文化交流的视角报道,如《孔子文化走俏世博园 中国印刷术吸引如潮观客》《西藏"非遗"歌舞〈雪域珍宝〉演绎多彩藏族文化》,有的从科技的角度报道,如《世博城市未来馆:"机器中医"给您"望闻问切"》《揭秘世博:解析清明上河图能"动"的秘密》,有的从世博看中国发展的视角报道,如《台湾媒体感慨世博想起同一话题:中国正在崛起》《联合早报:从世博看中国外交与经济盛世虚实》,有的从社会文明的角度报道,如《上海城市文明指数达91.08世博园排队投诉降至1%》《蒙混过关者太多 世博展馆暂停绿色通道》,有的从个人的视角来报道,如《非洲联合馆"大管家"陈锦田:七年世博缘》《一位环卫工人的"世博时间"》等。

与国内外媒体对世博的多角度报道相比,央视俄语频道的报道角度还比较狭窄,主要趋向于从"传者"的角度来报道。近年来,国内媒介竞争日趋激烈,为了在竞争中分得尽量大的"蛋糕",媒体非常注重受众的需求,大多数媒体实现华丽转身,由"传者"视角向"受众"视角转变。对外报道面临的竞争对手是各国的媒体,传播对象主要是域外的受众,域外媒体具有本土化优势,而且由于多年来各种传播通道对中国的形象解读存在一定程度的偏见,域外受众大多对中国媒体心存戒备,所以,与国内媒体相比,对外传媒面临更严峻的挑战,要想在域外传媒市场占有一席之地,需要付出更大的努力。

四、增强地域接近性 提高对外传播力

央视俄语频道自开播之后大量启用外籍主持人和编导,在各类新闻播报、*Едем в Китай*(走进中国)、*Учимся китайскому языку*(学汉语)等节目中,都可以看到以俄语为母语的外籍主持人的身影,并借鉴俄罗斯电视节目的编排、包装方式,这些措施大大缩短了节目与受众的心理距离。增强地域接近性,契合域外受众的兴趣和需求,是增强对外传播力的有效途径。央视俄语频道在筹建之时就考虑到了这一点,该频道筹备组组长丁勇在频道筹建时就对俄语节目的受众定位、内容定位和节目形态定位作了清晰的思考。[①] 该频道运行一年来,其节目设置、外籍主持人和编导的启用等,都体现出该频道在增强地域接近性方面作出的努力。

目前世界上使用俄语的主要国家是独联体、东欧地区和波罗的海三国等以俄语为母语或通用语的国家和地区,央视俄语频道以这些国家和地区的民众为主要受众,其传播内容应该主要由中国和俄语国家的相关事件为主。具体到世博报道中来,应该以中国、俄语国家的世博新闻为主体,由于中国是 2010 年世博会的主办国,适当地进行全方位的介绍,对其他国家的世博新闻进行报道也是应该的,但这些信息应该作为次要内容。在央视俄语频道世博报道中,专门针对俄语地区受众的内容极少。对收集到的 177 篇报道进行统计,以中国为报道对象的报道有 42 篇,占 23.7%,另外专题片和纪录片均以中国为描叙对象,如此状况应该说是比较适当的。不过,俄罗斯、拉脱维亚、吉尔吉斯斯坦、乌克兰、乌兹别克斯坦、亚美尼亚等俄语国家相关的新闻仅 8 篇,占 4.5%,与其他非俄语国家的报道所占比重基本持平。

央视俄语频道如能更多地报道俄语国家的世博动态,可能更能吸引俄语受众的目光。从获取的样本来看,央视俄语频道没有进行区别对待,其新闻与其他

---

① 丁勇:《中国俄语电视节目对外传播的定位思考》,《对外传播》,2009 年第 7 期。

综合频道的世博报道并无多大差异,基本上是国内报道的翻版,内容缺少针对性。侯迎忠对《人民日报》(海外版)2008 年 9 月—2009 年 3 月的金融危机报道进行研究也发现,"我们的对外报道很大程度上其实是对内报道的翻版,还是一种以我为主的对外宣传,我说你听的单向传播。这样的传播方式最终只能使我们的读者局限于海外华人华侨和爱国人士,很难为国外受众接受。"①这方面,中国网对外报道的做法值得借鉴。中国网法文版专访上海世博会法国馆设计师菲利耶、上海世博会法国展区总代表若泽弗雷什以及法国《观点》周刊驻京记者等,日文版记者亲赴上海,采访世博会日本馆的亮灯以及竣工仪式,并对日本馆展示事业部的花田美香进行独家专访,撰写稿件《世博会日本馆首次试亮相 节能技术扮靓沪上夜景》。在日本馆的竣工仪式上,记者还采访了上海世博会日本政府代表塚本弘紧密围绕日本读者关心的话题,突出报道了日本馆传达的"重视与中国合作"的理念。阿文版在专题中设置"阿拉伯参展国"栏目,以地图的形式,标注出阿拉伯世界参展国,直观地展示各阿拉伯国家参展世博会的新闻、评论及相关资料。此外,各外文版还采访了多位驻华使节,展示他们对上海世博会的祝福,同时也采访了许多中国双边话题专家,展示中国人对参展国及其场馆的关注,相映成趣,使世博会成为沟通友谊的桥梁。以上这些报道方式旨在贴近外国网民对信息的需求,做到"以受众为本",根据各自情况分路出击,而且注重信息的权威性,把握采访对象。②

　　遗憾的是上海世博会中一些备受俄语受众关注的新闻事件被忽略了,我们可以通过了解俄新社的世博报道进行对比和反思,将俄新社的世博报道进行比较,可以发现,俄新社在世博系列报道中对俄语受众的针对性明显更强,如《全俄展览中心公司:俄罗斯应申办未来的世博会》《上海准备迎接俄罗斯总统参观上海世博会》《世博会俄罗斯馆给奥运冠军伊辛巴耶娃留下深刻印象》《俄罗斯世博俱乐部在上海世博会启动》《留苏留俄学子在上海世博俄罗斯馆重聚》等报道与俄语受众密切相关,比其他国家的世博新闻更易受到俄语受众的关注。

　　明确受众定位,进行受众市场调查和研究,了解受众的特点、兴趣和需求,实施本土化策略,针对受众定制传播内容和方式,通过地域接近性拉近与受众的心

---

　　①　侯迎忠:《金融危机报道与对外传播策略分析——以〈人民日报〉(海外版)为例》,《当代传播》,2010 年第 1 期。

　　②　张璇:《五大法宝成就中国网上海世博会前期对外报道》,《对外传播》,2010 年第 6 期。

理距离,是对外传播中贯彻"受众中心"理念的必要策略,是提高对外传播效果的必然路径。

一份来自俄罗斯的问卷调查(2010年)结果显示:在央视俄语频道的内容期待方面,36.7%的受访者期待"侧重介绍中国本土"的内容,24.9%的受访者期待"国际视角,世界范围内取材"的内容,24.4%的受访者期待"侧重中俄关系发展"的内容。而选择"侧重中国与世界关系"与"侧重俄国观众熟知内容"选项的受访者分别占10%和4%。受访者普遍倾向央视俄语频道播出有"中国特色"的内容,将其看作俄国观众了解真实中国的一个窗口。对于俄罗斯人而言,最感兴趣的是中国的本土信息、中国与世界各国之间的信息、中国与俄罗斯之间的信息。因此,保持节目的"中国特色"应是央视俄语频道重要的发展举措。在"观众期待的节目内容"问题中,受访者选择最多的是"中国的历史文化、风土人情",占总数的29.2%;其次是"中国的地理风光、旅游介绍",占总数的17.5%。央视俄语频道应增加中国历史、文化、民俗、风光、旅游等节目,以符合俄罗斯受众的期望。[①]2011年春节期间,中央电视台俄语国际频道与俄罗斯国家电视台第一频道《等着我》栏目合作,不定期推出大型现场连线寻亲互动节目《悠悠岁月》,在中国和俄罗斯、中亚等俄语国家之间寻找失散的亲人,该节目具有很好的社会效果。然而这样具有强烈俄语受众意识的节目太少,大多数节目对俄语受众缺乏针对性。对央视俄语频道上海世博会报道进行分析[②],对收集到的177篇报道进行统计,以中国为报道对象的报道有42篇,占23.7%,作为世博的主办方,这个比例还算适中,而俄罗斯、拉脱维亚、吉尔吉斯斯坦、乌克兰、乌兹别克斯坦、亚美尼亚等俄语国家相关的新闻共8篇,占4.5%,与其他各个非俄语国家的报道所占比重基本持平,作为俄语频道,关于俄语国家的报道比例明显偏低,对俄语受众来说节目缺乏针对性。

第二节 CCTV中文国际频道内容分析

近年来,我国国际频道积极向世界展示中国,传播中国的文化和价值观,为

---

① 戴莹、付饶:《央视俄语频道在俄罗斯的观众期待度调查》,《电视研究》,2010年第11期。
② 罗兵:《受众视角:中国对俄语地区传播的改进——央视俄语频道上海世博会报道的内容分析》,《新闻爱好者》,2011年第2期。

我国对外交往和经济社会发展营造了良好的环境。目前我国已经形成以 CCTV 国际频道为核心,多个省级国际频道共同发展的对外传播格局,全国现有湖南、安徽、江苏、浙江、重庆、北京、广东等多家省级卫视通过卫星平台开播国际频道。省级卫视国际频道承担着对外介绍中国、宣传中国、塑造地方形象、提升区域地位的传播使命,成为我国对外传媒体系中的重要组成部分。2004 年 10 月 1 日,中国电视长城平台开播,这是由中央电视台、各地方电视台和相关境外电视台的频道集成的海外播出平台。通过长城平台,中国国际频道资源被整合推广。最早开通的长城美国平台,开通之初就提供了 19 个频道的节目内容,包括 CCTV 中文国际频道、CCTV 英语新闻频道、CCTV 西班牙语法语频道、CCTV 戏曲频道、CCTV 文艺频道、CCTV 电影频道、北京电视台、上海东方卫视、广东南方电视、江苏电视台国际频道、福建海峡电视台、湖南卫视、中国黄河电视台、凤凰卫视美洲台、凤凰卫视资讯台、亚洲电视本港台(美洲)、华夏电视台、浙江国际频道和厦门卫视。这些频道的节目内容丰富多样,主要节目类型为新闻资讯、综艺娱乐、文化服务等。长城平台通过卫星直播、有线电视等方式,覆盖全球大部分国家和地区,目前已有 9 个平台:美国平台、亚洲平台、欧洲平台、加拿大平台、拉美平台、东南亚平台、澳大利亚平台、新西兰平台、非洲平台。其中 CCTV 俄语频道(CCTV－R)通过欧洲平台、东南亚平台播出。长城(欧洲)平台自 2010 年 9 月起与麒麟电视合作,在欧洲(法国以外)地区以 IPTV 模式播出 29 个中国电视频道节目,包括:CCTV－4、CCTV－NEWS、CCTV－9 纪录、CCTV－E、CCTV－F、CCTV－R、CCTV－A、CCTV-戏曲、CCTV-娱乐、中国电影频道、北京电视台、上海东方卫视、广东南方卫视、江苏国际频道、福建海峡电视台、湖南国际频道、黄河电视台教育文化频道、浙江国际、厦门卫视、深圳卫视、重庆国际频道、安徽电视台国际频道、天津国际、四川国际、广西国际、广东国际、泰山电视台、凤凰卫视欧洲台和凤凰卫视资讯台。[①]

　　CCTV 中文国际频道(即 CCTV－4)1992 年 10 月 1 日开播,该频道覆盖面广,影响力大。目前在所有的长城平台中,均可收看央视中文国际频道。该频道以海外华侨、华人和港、澳、台同胞为主要服务对象,目前世界上有近四五千万的华人华侨,在 100 多个国家和地区生活。虽然华人华侨已经逐渐融入当地文化,

---

　　① 长城平台官方网站 http://www.gw-tv.cn/。

但仍想了解来自中国特别是来自家乡的信息,接受中国文化。央视中文国际频道受众定位清晰,海外华人华侨与中国具有一定的文化认同基础,在对外传播过程中比较容易收到实效。该频道以新闻节目为主导,以文化和服务类节目为骨干,以娱乐节目为支撑,客观地报道国内和国际新闻事件,介绍中国悠久的历史、灿烂的文化和秀丽的风光,并提供各种娱乐服务。为了方便世界不同地区的观众观看,全天 24 小时不间断播出节目,专题和综艺节目以 8 小时为一单元,滚动播出 3 次。远在异国他乡的华人华侨对中国有着天然的亲切感和民族认同感,央视国际频道成为海外华人华侨的精神家园,它积极向外传达中国声音,凝聚海外华人华侨,构建全球华人共享的媒体交流渠道。

央视中文国际频道是一个比较成熟的对外传媒,与其他对外传媒相比,它具有显著优势,其传播内容和形式都有可资借鉴之处。《华人世界》是该台的一档20 分钟栏目,也是央视一个报道海外华人华侨的节目,在 2007 年 1 月 1 日开播。播出时间为周一至周五,CCTV - 4(亚洲版)北京时间 13:00—13:20,次日2:30—2:50 和 5:35—5:55 播出;CCTV - 4(欧洲版)欧洲时间:1:55、9:40 和17:40 播出;CCTV - 4(美洲版)美国东部时间:9:00 和 19:20 播出。[①]

《华人世界》以宣传华人、服务华人、凝聚华人、鼓舞华人为节目理念,致力于搭建全球华人的话语平台和全球华语媒体的展示平台,节目以故事化的表现手法,将外景画面与人物访谈相结合,纪录并讲述华人、华侨在世界各地学习、生活、打拼事业的奋斗历程和独特感受,表现个体鲜活的生存状态。《华人世界》通过人物个体经历,反映出全球华人与各国不同文化间的融合与碰撞并存、成功与挫折交错的真实状态,展现华人坚忍不拔的优秀品质,折射出中华文化的优越性和强大的生命力。[②] 通过《华人世界》,海外华人了解各国华人的生活状态、中国历史和文化。

一、《华人世界》的传播特点

1. 多渠道的节目源

在节目资源方面,该栏目主要依托于 CCTV 在海外的记者站,并与海外近百家华语媒体,以及国务院侨办、中国侨联等机构保持联系,同时与地方电视台

---

① 华人世界官网.http://cctv.cntv.cn/lm/huarenshijie/。
② 武艳珍:《〈华人世界〉:海外华人的心灵家园》,《新闻战线》,2013 年第 7 期。

合作,面向海内外观众征集作品,广泛获取节目资源。栏目还专门聘请了全国人大华侨委员会、全国政协港澳台侨务委员会和外交部等等涉及侨务工作的人员为节目顾问,建立长期合作关系,一是提供政策咨询,二是为节目的编导和记者开展政策学习培训,三是为节目提供报道线索,随着不断地学习和资源的累计,在长期的实践中也积累了一定的经验。① 比如在华人足迹板块,对于华人乔迁历史的回放和解说,都是邀请当地华侨委员会的成员参与,从 2003 年 4 月 1 日至 11 月 5 日的"客家足迹行"系列专题片在海外拍摄时,提到当地大大小小的华人社团、客家联谊会,是长期和海外华人社团、华侨委员会等保持密切联系的结果。

2. 故事化与体验式的节目内容

《华人世界》一般由"华人足迹"和"华人故事"两个板块构成,"华人足迹"叙述华人的乔迁历史、早期华人与当地的联系、著名华人的成长历程。"华人故事"采用纪录片的形式讲述华侨华人在海外的故事。

除了这两个比较固定的板块之外,《华人世界》还推出了一些大型系列专题片,如唐人街系列片、客家足迹行系列片。2012 年该栏目推出百集篇幅大型系列片《客家足迹行》,反映客家作为中华民族一个独特民系的迁徙历程、文化传承以及当下的生活状态。该系列片采用"纪实＋体验"的"快速纪录片"拍摄手法,以记者行走体验的形式,探寻客家迁徙历史,发现客家文化传承,以中文国际频道的国际眼光、华人视角观察这一独特民系的自然景观和人文风貌,展现客家人开疆拓土、爱国爱乡、勤劳刻苦的精神气质。②

3. 正面的舆论导向

《华人世界》的选题大多展现华人美好的一面,这些华人的共性在于,早期生活非常艰难,历经艰辛之后获得成功。在 2013 年 1 月 17 日的节目中,海外华人王伟昆在当地开日月星中餐馆,吸引了许多美国当地群众,甚至吸引了不少大牌明星,成为当地群众乃至各国摄影师了解中国的一个窗口。在 2013 年 3 月 22 日的节目中,来自中国大陆的澳大利亚律师沈寒冰为当地华人打官司,经过不懈的努力和过硬的专业知识,打赢了很多困难的官司,为当地华人拿回了损失和尊严。出于 CCTV 固有的立场和宗旨,节目时时传播中华民族积极向上的正能

① 何昊东:《〈华人世界〉栏目的内容设置与特色》,《电视研究》,2006 年第 9 期。

② 客家足迹行,http://baike.so.com/doc/5372664.html。

量,反映了当地华人成功幸福的一面。

4. 刻意削弱主持人功能,让采访对象自己说话

客家足迹行强化"记者行走体验",记者体验式的行走贯穿节目始终,除此之外,《华人世界》大多数节目刻意淡化主持人或记者的痕迹,以被采访对象讲述自己故事为主。通常主持人坐在室内,一椅一桌,几句开场白和结束语,中间用几句精简的话过渡,大多数内容都是被采访对象的讲述。由被采访对象讲述自己的故事,更具真实性,且可缩短观众与主人公的心理距离,产生良好的传播效果。

二、《华人世界》节目分析

1. 华人足迹

"华人足迹"时长约为 5 分钟,主要讲述华人的乔迁历史、早期华人与当地的联系、著名华人的成长历程。

(1) 追溯华人华侨乔迁历史

节目紧紧扣住"鼓舞华人"的主旨,讲述最早一批华人华侨的乔迁历史,记录令他们刻骨铭心的历史事件——战争、灾难和被人凌辱的历史,促使人们反省,催人奋进。在 2013 年的节目中,"华人足迹"板块讲述了"华罗庚的故事"(2 月 25 日—3 月 26 日)、"仁安羌大捷的故事"(3 月 27 日—3 月 28 日)、"一战中的华工军团"(11 月 6 日—11 月 26 日),以及"华人与美国铁路的故事"和"滇缅公路"等系列片。这些节目回溯了华人华侨的历史,也展示了中国人民的勤劳、善良、伟大和智慧,凝聚和鼓舞华人。

"华人足迹"主要运用电视画面配解说词,辅以权威人士讲解的表现手法。画面是真实客观、形象生动的,通过电视画面把华人的生活原汁原味地展现出来,同时画面里也隐藏着传播者的思想意识和价值取向,解说词则起到一定的暗示作用。正如美国现代著名纪录片学者 I·达斯宁所说:"解说应留有余地,让画面自己去说明问题","不应将自己的立场强加于别人,而是引起受众对这个问题的思索和关注"。节目中还经常出现权威人士的解说,在滇缅公路第一集中,节目谈到,"在如此严峻的形势下,如何在中国的大后方云南,建设一条通往印度洋的交通线,就成为中华民族生死存亡的关键",之后画面转接到室内,军史学家郝广保说道"当时华人华侨捐助的和国民政府购买的大量的捐助物资运进国内起到了关键的作用。""就是这些民工用自己和平时生活和种地用的一些很原始的

工具来修路,可以说滇缅公路的修筑凝聚了很多劳工的血汗。"通过专家解答观众的疑问,提高了节目可信度,也丰富了节目的内容。

（2）历史人物彰显中国精神

2013年2月25日—26日《华人世界》播出"华罗庚的故事",这个节目以华罗庚在数学领域取得的卓越成就为中心,讲述了这位数学大师波澜壮阔的生活经历。华罗庚的直系亲属和朋友共同见证,将他的生活细节展示在电视节目中。华罗庚是世界上享有盛誉的数学大师,他的名字与少数经典数学家被美国史密斯松尼博物馆与芝加哥科技博物馆等著名博物馆列在了一起。对他的人生足迹的讲述,具有典型性,他的成就是举世瞩目的,在海外传播能够产生认同效应。在3月6日的节目中讲述,华罗庚面对家乡的沦陷,抛弃优越的物质条件,回到祖国共赴国难,让人感动。华罗庚晚年为中科院数学研究所的发展呕心沥血,培养出了一批优秀的数学人才。1956年1月,中国青年报发表了一篇华罗庚写给青年们的一封信,"我恨不得将所有的只是在一夕间都传授给你们,我也恨不能把所有的经验,如果有一些的话,都倾吐般的介绍给你们",他希望能将自己的经验和知识传承给青年们,更希望他们能够忘我的工作、努力研究,将这种钻研的学术精神传承下去。华罗庚的故事是一个典型的案例,反映了海外华人奋力拼搏、心系中华的精神面貌。

2. 华人故事

"华人故事"播出时间约为15分钟,以故事化的表现手法,再现人物生活的环境,结合人物访谈,讲述华人华侨在世界各地学习、生活、工作的奋斗经历和独特感受,表现出华人华侨的生活状态。制作方希望通过讲述人物个体的故事,反映出全球华人与各国不同文化之间的汇合与碰撞,成功与挫折交错的真实生活状态,从而折射出中华文化的强大与生命力。

"华人故事"还原海外华人的生活状态,展现他们坚忍不拔的优秀品质,报道对象丰富多样,且具有代表性,例如,开中国餐馆发家的黄伟锟、林健邦,在海外传播中华文化的杜维明、故源、梁冰,活跃在海外政坛的陈志平、阮白、吴黎耀华、李艳虹,专家学者李高、陆泽,孙中山后裔曾国升,在艺术界享有盛誉的晨曦、张莫席、陈世英等。这些华人活跃在世界各国、各个领域,在异国他乡闯出了自己的一番天地,极具鼓舞力量。故事的主人公既有成功的光鲜,也有背后的艰辛和付出,一波三折的故事,跌宕起伏的情节,增强了节目吸引力。"华人故事"就是海外华人华侨自己的故事,这些故事似曾相识,在这些故事中海外华人华侨常常看到自己的影子,节目让受众感到亲切,在一定程度上可以突破华人之间意识形态的壁垒,强化对中国文化的认同感。

3.《客家足迹行》大型系列片

除了常规节目华人足迹和华人故事外,2012年开始《华人世界》栏目还播出了《客家足迹行》系列节目,讲述国内外客家人的历史和现状,客家人是汉族的支系,客家迁徙历史很长,节目组每换一个地方,都会对该地客家迁徙历史进行图解。看似和华人世界最初的节目理念有差,但纵观节目开播以来的内容可知,海外华人华侨中客家人占了绝大多数,他们往往先到港澳台地区,然后到东南亚。20世纪60、70年代,因为"淘金时代"和"反华浪潮",客家人从东南亚再迁到美洲、欧洲。他们的生存能力非常强,且勤劳、团结、孝道为先、崇文重教,到哪里都不忘祖先,心生敬畏,这正是我们中华民族的精神和文化所在,与节目的理念不谋而合。

《客家足迹行》反映中华民族一个独特民系客家人的迁徙历程、文化传承以及当下的生活状态,观众随着记者的独特视角深入客家人的聚居地,横跨全球五大洲,领略客家人走过的山山水水,追寻客家迁徙足迹,记录客家生活,体悟客家精神,犹如观看一部客家文明影像志。

节目突出反映客家人崇文重教的精神,他们喜欢在栖居之地建立祠堂,不管是在国内,还是在海外,凡客家人宗祠观念都很强。2013年9月19日—23日的节目专门介绍客家建筑,祠堂就是其建筑中的一个重要部分。

在对外传播节目中,《华人世界》有一些值得借鉴的地方:

其一,媒体定位清晰而准确。CCTV中文国际频道及其《华人世界》栏目以海外华人华侨为传播对象,受众定位非常清晰准确。媒体定位是传播内容、传播形式等前提和基础,围绕媒体受众定位制作传播内容,采取传播形式,开通传播渠道,对外传播才能取得预期效果。

其二,传播内容紧扣媒体定位。《华人世界》的传播内容紧扣媒体定位,"华人足迹""华人故事"以及唐人街、《客家足迹行》系列专题片等内容都与海外华人密切相关,能引起他们的关注和共鸣。

其三,引人入胜的传播形式。《华人世界》采用故事化和体验式的表现形式,故事真实具体、形象生动,"华人足迹""华人故事"的故事性很强,比较容易让人接受。《客家足迹行》系列专题片中不仅有引人入胜的故事,而且采用记者行走的体验式表现形式,通过记者行走,遍访客家足迹,受众获得替代性体验感。

其四,大型系列片的策划。对于一些重要的话题,策划大型系列专题片,形成强大的传播力,例如该栏目策划的百集大型系列专题片《客家足迹行》,由 10 支采访团队分赴全球数十个国家拍摄制作而成,产生强大的传播效果。

第三节　CCTV《行走唐人街》内容分析

文化作为国家软实力的重要组成部分,在对外传播中的作用日益彰显。"外国人常常喜欢通过文化来看一个国家,选择什么样的文化细节或者符号,往往能够直接反映一个国家的具体特征"。[①] 近年来,随着国际竞争的加剧,文化软实力作为综合国力的重要组成部分,在国际竞争中所起的作用越来越大,世界各国对文化的重视程度也日渐提高,随之兴起了一系列旨在实现文化对外传播的栏目。中国对外文化传播的电视节目如《华人世界》《快乐汉语》《文明之旅》《中华医药》等,本节主要以 CCTV 专题节目《行走唐人街》为蓝本,从中国文化符号和中国文化内涵在节目中的体现,研究传播内容。

《行走唐人街》是 2011 年中央电视台特别制作的大型系列新闻专题节目,春节期间在中央电视台新闻频道、中文国际频道播出。节目由央视 6 位优秀主持人张泉灵、李小萌、孙宝印、徐俐、张羽、鲁健主持,他们带领 6 个采访组,分赴东南亚、中东、欧洲、拉美、日本和北美,历时一个月时间,行走 12 个国家,拍摄了 80 多个充满异域风情、生动感人的专题片。节目以唐人街欢度春节为主题,由春节故事、海外故事、海外祝福、华人足迹、华人新面孔、文化聚汇等板块构成,用现场直播和纪实专题相结合的方式,以"全球大视野"来报道全世界华人华侨欢度中华民族传统节日——春节的盛况。同时用细致入微的多元化角度,讲述了普通华人的奋斗故事和命运,反映海外华人的人生境遇和变化,展现了中华文化的顽强生命力。这是中央电视台首次在春节期间播出的大型的海外系列报道,内容丰富,形态鲜活。

---

① 韩松平、平川:《对外文化报道与中国形象塑造》,《对外传播》,2009 年第 6 期。

一、中国文化符号在节目中的体现

一个国家或民族往往有自己独特文化符号，这是文化内涵的载体和表现形式。"2008年美国《新闻周刊》根据美国、加拿大、英国等国家的网民投票，评选出进入21世纪以来世界最具影响力的12大文化国家以及代表国家文化的20大符号，中国文化居世界第二位。"①中国的国家文化符号包括汉语、孔子、道教、兵马俑、京剧、功夫、针灸、中国烹饪等。这些文化符号可以归为本源特征、饮食文化、外显图像、艺术、仪式、机构几个类型。

1. 本源特征

本源特征包括外形、血统、语言等要素，《行走唐人街》节目中最常见的一个元素就是中国式面孔，海外华人有着特有的黄皮肤、黑头发、黑色的眼睛，这是华人在外的名片。

在异国他乡，海外华人用自己的努力，获得了一定的经济收入和社会地位。靳羽西、甄文达、李少玉、陈文雄、陈其钢、诸宸等名流政客，为中华文化在外国上层社会以及世界各国的传播作出了重要的贡献，为维护华裔的利益，发出华裔声音付出了艰辛的努力。"中东篇"中世界唯一"七星级酒店"室内设计师周娟、"法国篇"中迪奥高级女装造型设计师李洪波、"美国篇"中节目主持人靳羽西都是华人，荷兰F1车手董荷斌也是华裔，他们有着华人的血统，用自己的行动和努力证明了华人的实力。旅法力学博士熊有德为奥缇丝公司获得国际专利，参与了凯旋门埃菲尔铁塔电梯改造。像熊有德这样的华人科学家，在各自擅长的领域作出了贡献，用自己的努力和成绩获得了世界的认可。华人身上自强不息、积极进取的精神，体现了中华民族的传统美德，他们对中国文化有着特有的亲近感和认同感。

"中东篇"中，哈尼阎说"我来自山东，我是山东人"，他生在埃及，长在埃及，在埃及成了家，但一直拿的是中国的护照。"美国篇"中的旷丽莎，有着一副典型的欧美人面孔，几乎不会说中文。在曾祖父的影响及曾祖父所带来的中国文化的感召下，她回到了曾祖父曾经生活过的广东佛山，看到了故乡的样子，看到了与她的长相完全不一样的中国亲戚。马来西亚旅游部部长黄燕燕，倡导并最终

---

① 吴成贵：《外媒评二十大中国符号：汉语居首 毛主席在列》，《华商报》，2008-11-20。

成功地把《弟子规》引入了马来西亚华文小学的课本,她还多次到中国推介马来西亚,开发中国市场,推出"孝亲之旅"。

正是华人华侨对中华文化的坚守和传承,才使得中华文化在异国他乡历经数代,依然魅力不减,发扬光大,使得更多人了解中华文化,在中华文化对外传播的过程中,他们起着举足轻重的作用。

普通话是节目中的第二个中国式元素,普通话在节目中的表现主要在以下两个方面。其一,海外华人和外国友人会讲普通话。作为采访对象的海外华人,在接受采访时讲着流利的普通话,美国等国家的很多外国朋友都会用普通话说"新年好"。其二,很多外国朋友正在努力学习普通话。"马来西亚篇"中,一直关注节目的博友瞬雨,为了学好汉语只身来到中国。民都鲁木材发展小学的 103 个学生,大都来自周围棕油园土著居民家庭、马来人和印尼劳工人的孩子,华人学生倒占了少数。送孩子来华文小学学汉语是家里一致的意见,因为这样就可以更好地和中国人交流,更容易找到工作。此外在马来西亚等东南亚国家有着专门的华文小学,以学校为据点教授学生华文知识。语言如同血统一样,使得海外华人对中华文化有着特有的亲近感,更愿意了解中国和中国文化。

2. 饮食文化

饮食文化包括中国的烹饪技术、中餐馆、特色中国食品、茶文化等。

"美国篇"中,著名的早间节目《今日美国》连续几年在大年初一的时候请中国厨师甄文达,在节目中教美国主妇们制作中国式的菜肴。"拉美篇"中古巴有一个中式餐厅——天坛饭店,在世界上最南端、被称为世界尽头的阿根廷火地岛首府乌苏怀亚市,也有着中国人开的中餐馆。"中东篇"中,杜美茹在约旦开办了第一家中餐馆,把中国的饮食文化带到了约旦,迪拜帆船酒店里有中国主厨,迪拜的街头有著名的中式火锅店,龙城中国文化节上有中国厨艺中雕萝卜的展示,马来西亚的华文学校有专门学习中餐的烹饪技术班。这些节目显示中餐文化大受欢迎,也把中国的饮食文化带给了更多的人。

此外还有很多具有中国特色的食品,如饺子、火锅、豆沙包、春卷之类,这些色香味俱全的中国特色食品的呈现,吸引了更多观众的兴趣。

3. 外显图像

外显图像包括中式建筑、服饰、图腾、挂饰等。

各国的唐人街,尤以日本横滨街头的中华街、美国的唐人街、马来西亚的茨厂街为盛，表现了中国特有的建筑风格，是包括雕刻艺术、装饰纹样和图案在内的各种中国建筑元素的集合。马来西亚篇，曾金礼老人家的私人博物馆中，无论从代表着家里孩子属相的雕刻来看，还是从所有中国运来雕工精湛的家具来看，无不体现出高超的工艺与中国传统文化的融合。这些中国式建筑、中国式雕刻和绘画体现了中国特有的建筑艺术，是中国文化的外在显示。

服饰上，横滨街头小孩穿的唐装展示了中国服饰文化，而“马来西亚篇”中娘惹服上中国式的刺绣图案、燕燕服的中国领以及中国的花纹，都是中国服饰和马来服饰的融合，这些服饰能很好地传播中国的服装文化。

“龙是中国人延承了几千年的中国文化图腾，是独特的中国传统文化的展示与张扬。从象征意义上说，中国龙是瑞兽，施云雨，作为中国几千年来最具有认知度的文化传承标志，龙是吉祥和富贵的象征，是风调雨顺的保证与民族和谐的标志。今天人们仍然多以带有‘龙’字的成语或典故，形容生活中的美好事物，如‘龙凤呈祥’‘龙腾虎跃’等。”[①]中东地区著名的唐人街就是龙城，龙城全程1.2公里。以巨龙建成的建筑是中国的龙文化在中东地区的彰显。当地华人有一种说法：有了龙城，这里的雨水非常丰沛，这也是对龙文化的中国式解读。

“拉美篇”中黑皮肤的巴西人手拿福字、灯笼和对联，穿着中国的服装表演时装秀。“拉美篇”中提到歌曲《好日子》、折扇、火地岛餐厅外的中国挂饰。“马来西亚篇”中呈现的红灯笼、神台、姓氏桥上人们折的金元宝，诗歌等，都是中华文化的外显，传递了中国特有的民情风俗。

4. 艺术

艺术包括书法艺术、表演艺术、电影，京剧、中医、书籍等内容。

“拉美篇”中，美国、加拿大在春节期间特别制作了兔年邮票，运用了中国的草书艺术；中国艺术团在马来西亚和拉美等国的表演，黄西在美国的相声表演，则是以表演的形式呈现了中国的文化。

京剧作为中国的国粹，在节目中也得到了一定的体现。“马来西亚篇”中，马来西亚人颜永祺来中国学习话剧，一待就是8年。马来西亚广播电台的音乐主持人张吉安，3年前开始收集乡音，他的专辑中展现了包括中国的京剧脸谱、唱腔和京剧服饰在内的京剧艺术。“中东篇”中，杜美茹唱的《苏武牧羊》《空城计》

---

① 张劲松：《007电影中的中国文化符号》，《电影评介》，2008年第3期。

等京剧名曲也增加了受众对京剧的了解。而"日本篇"中，谢成发拿的关公的髯口则是京剧中常用的道具。节目中的这些京剧服饰、道具、唱腔给观众展示了中国的京剧艺术。

就书籍而言，以法国友丰书店为例，他们出版了许多中国书籍，包括中医、儒学、龙等中国文化相关的著作。中医逐渐被世界了解和接受，友丰书店出版的中医方面的书很是畅销，以中医为代表的中国文化正受到海外华人的欢迎。

"中东篇"中提到的孟母三迁、泽林而居、断机教子等典故则是通过孔孟之道告知世界关于中国儒家文化的思想和常识。

5. 仪式

仪式是文化的重要表现形式，在庆祝春节的一系列活动中，可以看到许多打着中华文化印迹的仪式，如"日本篇"中横滨街头的采青活动，"美国篇"春节期间的舞龙舞狮，"法国篇"中的花车巡游活动等。

春节是中国人民最隆重的传统节日，春节及春节活动是"中国元素"的集中体现。凡是被大多数中国人（包括海外华人）认同的、凝结着中华民族传统文化精神，并体现国家尊严和民族利益的形象、符号或风俗习惯，均被视为"中国元素"。春节期间，世界各地的华人都会举行庆祝活动，呈现了许多"中国元素"，例如，日本横滨唐人街的华人们在街上舞龙舞狮、进行采青活动；为了让学生们自己体验、理解中华文化，横滨中华学校从 1998 年开始每年举行包饺子庆春节的活动。为了让孩子们体验过年的气氛，横滨中华街一所幼儿园的老师们组织学校的孩子，穿上特意从中国订购的唐装，给中华街的人们拜年。在巴西，为了吸引当地观众，在春节举行的时装秀上，华人们请来巴西当地的模特手拿灯笼和对联，身着唐装进行表演。在马来西亚等东南亚国家，中国年的氛围很浓厚，庆祝仪式也特别丰富，马来西亚纳吉布总理和夫人在春节期间就曾参加中国年的庆祝活动。尊孔独中等华文学校，每年春节都会举行春节联欢会，表演像二十四节令鼓这样具有中国特色的节目。"海水飘到哪，华人就飘到哪。"[①]海外华人把丰富多彩的中华文化带去了世界各地，让更多的当地人了解了中华文化。

在法国等国家，虽然其中国年的氛围还不是很浓郁，但是不管条件多么艰苦，海外华人都坚持了下来。法国的花车巡游是由华裔互助会发起的，为了传承

---

① 中央电视台《行走唐人街》（法国篇），http://news. cntv. cn/20110211/109673. shtml. 2011 - 12 - 21。

中华文化,已经坚持了 20 多年。巡游中,中国南方、北方的各种民俗形式都有所表现。

这一系列春节庆祝活动的举办,是海外华人对传统中国文化继承的过程,在继承的同时也吸引了许多外国朋友的关注,传播了中华文化。

6. 机构

华人在海外组建了一些组织机构,如马来西亚的华教组织,马来西亚议员李少玉、美国赵美心等政府工作人员,美国尹集成等人发起亚裔公共事务联盟。

这些华人社团或组织的建立,一方面鼓励了更多的亚裔参与政治活动,另一方面为维护华人利益、发出华人声音,传播中华文化起到了不可或缺的作用。

二、中国文化内涵在节目中的体现

内涵即意义,"所谓意义就是人对自然事物或社会事物的认识,是人给对象事物赋予的含义,是人类以符号形式传递和交流的精神内容。"[①]《行走唐人街》节目中体现的中国文化内涵主要包括如下四个方面:和合文化、勤劳勇敢、诚实守信及忠、孝等儒家思想。

"和合文化"是中华人文精神的精髓,华人强调"天人合一"、"和为贵"、"家和万事兴"、"和气生财"、"四海之内皆兄弟"、"小人同而不和、君子和而不同",有着"和合文化"传统的海外华人为促进当地社会的和谐作出了重要贡献。战争社会中他们英勇抗战,为维护所在国的利益作出了重要贡献。法国政府镌刻的英雄碑,记录了法国华工在二战中的功劳。在古巴 1868 年到 1898 年的独立战争当中,华人被高度评价为"在战争当中没有一个华人逃跑没有一个华人是叛徒"[②]。和平时代,他们积极投身社会公益,为社会作出了自己能尽的贡献。巴西华人在当地兴建寺庙,收养贫民窟的孤儿,麦当劳大王尹集成通过慈善获得了当地政府的保护和社会的尊重。

"马来西亚篇"中黄燕燕说道,"现在华人的文化,谈忍耐,谈心胸开阔,肚子里能放下一条大船"[③]。就是"和文化",是大度的体现。法国、日本华人通过友

---

① 郭庆光:《传播学教程》,中国人民大学出版社,1999 年版,第 47 页。

② 中央电视台《行走唐人街》(法国篇), http://news. cntv. cn/20110211/109673. shtml. 2011 -
12 - 21。

③ 中央电视台《行走唐人街》(法国篇), http://news. cntv. cn/20110211/109673. shtml. 2011 -
12 - 21。

好的举动和不停地沟通,慢慢被当地人们接纳,体现华人爱好和平、追求和谐的一面。

此外,海外华人生生不息的奋斗历程,体现了华人们勤劳勇敢的精神。海外华商如巴西25街的小商户、法国里昂商户都是从摆地摊,做苦力一步一步干起,省吃俭用、积累财富,才达到今天的经济水平。他们机智灵活地抓住了创业机会,在创业的过程中他们勤俭节约、吃苦耐劳,历经艰辛却自强不息。

尽管奋斗的过程十分艰辛,但华人华侨在海外市场的摸爬滚打中,依然坚持着中国的传统美德,譬如诚信。1998年开始的金融危机,当时东南亚的货币迅速贬值,从印度尼西亚或马来西亚进口木材,要比巴西进口便宜得多,所以很多在巴西的供货商由此转了向。但是安信地板老板卢伟光,犹豫了一个晚上决定用原来合同规定的价钱来购买这些木材,虽然当时赔了钱,但是也为他今后的生意铺平了道路。他由此得到了巴西商人的信任,结交了很多当地的朋友。

另外,儒家文化的孝文化在节目中也得到了很好的体现,马来西亚篇中说到春节要敬茶礼、过年要让父母开心,华文学校把《弟子规》作为教材,日本篇中谢成发按照父亲的心愿继承祖传粥店等等都是中华民族孝顺父母的体现。

海外华人华侨吃苦耐劳、勇于拼搏、善于沟通、乐善好施在他国树立起了华人的美好形象,赢得了当地政府和社会的信任,用自己的行动影响着当地社会,吸引了当地社会对中国和中国文化的注意。

三、透过唐人街看中国文化的对外传播

"对外传播"是指一个国家或文化体系针对另一个国家或文化体系所开展的信息交流活动,其目标是要信息接受国了解信息输出国,培养其友善态度和合作愿望,并创造一个有利于信息输出国的国际舆论环境,取得最高程度的国际支持和合作。我国对外传播的实质是"以境外人士为传播对象,以让世界了解中国为最终目的而进行的新闻传播活动"。①

1. 中华文化在外传播的现状

中国文化在国外的传播状况可以归纳为:隔阂和融合。

---

① 康何艳:《全球化语境下我国对外传播的处境》,《新闻爱好者》,2012年第2期。

(1) 隔阂。不同文化背景国家的人们在进行交流时总是存在隔阂,这是因为不同文化背景存在"符号层面的差异(语言、神话、艺术、宗教等)、文化价值观的差异,宗教、社会规范的差异文化和意识形态的障碍"①。由于语言不通,价值观、社会规范和意识形态等不同,中国文化在对外交流和传播的过程中,存在一定的障碍和隔阂,这集中表现在:中国文化的传播存在一定局限,中国文化并没有被广泛认可,只是局部认知,造成很多人不了解中国文化;另外很多华人不懂当地习俗和法律,与当地社会存在一定的隔阂,海外华人的作风与所在国家显得有点格格不入。

有些华人在与当地社会的融入上存在一定的问题。在"中东篇"中,好不容易在中东有了菜园子的傅作义,因为和当地担保人的矛盾,又不懂当地法律,为了 18 000 块钱,坐了 48 天的牢,出狱后只好把菜园子盘给了别人。在巴西做生意的中国商户,被抢劫后不敢投诉,语言不通也不会报警,助长了巴西 25 街的混乱,只能自己哑巴吃黄连。这既不利于 25 街的治理,也不利于自己长远的发展。日本人喜欢安静,不喜欢大声说话,而池袋地区的中国商户则喜欢叫卖;华人在垃圾投放等问题上也与当地规定不符。这一系列的事件说明,以海外华人为代表的中华文化,在他国仍有亟待解决的矛盾,这些问题若得不到解决,交流将难以进行。

沟通是解决问题的良方,在海外华人的努力下,近年来随着中国的强大,华人已渐渐融入当地,中华文化已慢慢被接受甚至推崇。

(2) 融合。汉语、京剧、电影、中医和中国古典文学等是中国文化的典型代表,他们的魅力吸引了许多外国人。

远在欧洲的比利时老太太布丽吉特热爱中国电影,收藏着上千部中国故事片和纪录片,还有大量关于中国电影的书籍和各个时期中国的电影杂志和期刊。友丰书店基于法国市场的需要,出版了一些研究梦、易经、龙文化的图书,图书大受欢迎。很多书目成为法国汉语学校的教科书,并且这些图书全部是由法国的汉学家,用法文写的中国文化研究的原著。中国文化的魅力吸引了上自老太太,下至小学生的外国人群,博大精深的中国文化给了外国友人丰富的选择。

经过漫长的磨合,中华文化已与当地文化融合在了一起,这种磨合既丰富了

---

① 欧阳云玲:《对外传播的文化障碍与文化诉求》,《对外传播》,2010 年第 4 期。

他国的文化,也提高了他国对中国文化的认同感。这其中包括有形的融合和无形的融合。有形的融合是可以通过一些明显的标识显示出来的,比如日本横滨中华街明显的中国式建筑,马来西亚照搬世博中国馆呈现的海洋会馆,迪拜的龙城,专门添加中国元素的马来西亚燕燕服和娘惹服,世界各地生意兴隆的中餐馆。

与有形融合相比,华人敞开大门过春节,通过积极参与公益事业、参政议政,学习当地语言,逐渐被当地社会接纳,则属于无形的融入。这种融入一方面是华人不断开放,与当地社会积极沟通,放大自己的声音,比如巴西华人华侨协会举行新闻发布会,向巴西媒体通报庆新春活动;另一方面则是随着中国的强大,华人的成功,促使外国人加入到新春庆贺及其他活动中,来了解中国。

目前,以春节文化为代表的中国文化已经在国外流行起来,英国女子监狱希望中国使馆工作人员介绍中国新年,并在中国春节这一天获得相应的假日福利。卡梅伦、奥巴马等他国领导人专门发布视频,祝贺华人新年快乐,日本女主播为了寻找中国年的气氛,看春晚直播。

正是这种华人的努力融入和他国的开放、接纳,中国文化逐渐被接受,火锅等中国菜广受欢迎,用桑巴舞伴舞的中国民歌《好日子》,在巴西的春节活动中的表演才不致招致反感。

2. 中国文化在国外的影响

广义的文化泛指人类有意识地作用于自然界和人类社会的一切活动及其结果,意即打上人类活动印记的社会物质财富和精神财富的总和,包括精神生活,物质生活和社会生活等范畴。狭义的文化指思想观念,传统习惯,行为方式,价值取向,综合能力等复杂统一体。[①]"所谓影响力,是指一个国家所传信息(内容)被人们接收并接受,进而改变或扭转其态度和行为,产生对传播主体国有利的舆论氛围的力量"。[②] 一个国家的对外影响力,与该国的经济和传播技术水平分不开。随着中国经济和科技等方面实力的壮大,综合不断提升,中国文化的影响力日渐强大。

越来越多的外国人走入中国,并且留居中国,形成数量可观的外侨群体,中

---

① 李传刚、朱平:《刍议文化的定义与功能》,《科技信息》,2008 年第 29 期。
② 程曼丽:《论我国软实力提升中的大众传播策略》,《对外大传播》,2006 年第 10 期。

国正在成为一个吸引外国侨民移入、定居的国家。"如今在中国各省市自治区,都散布着来自不同国家的外国移民。他们又依据个人职业、身份、来源国等不同,在若干城市社区,形成相对集中的外国人聚居地或'移民族群',如北京的'韩国城',义乌的中东街,广州的'巧克力城'等。"①

中国汉字,华文学校,孔子学院,普通话等近年来在国外的影响日渐增强。中国文化特别是汉字对日本的影响是不可否认的事实。在日本坐地铁时,可以看到日本人看中国中文的教科书。中国的古典名著,在国外备受推崇,《封神演义》《三国演义》《射雕英雄传》《易经》及龙的文化方面的著作,成为法国汉语大学的教材。东南亚国家更是如此,很多东南亚学生来到中国学习汉语。

近年来海外媒体对中国的报道越来越多,关注度也日渐提高。在电影等大众传播方面,中国元素屡被采用。改编自中国故事的动画片《花木兰》《功夫熊猫》,电影《末代皇帝》等获得良好的口碑和评价,《末代皇帝》斩获奥斯卡等一系列奖项。第63届戛纳电影节上,中国演员范冰冰出席时穿着的龙袍等一系列中国风的服装引发世界瞩目,其中龙袍更是被英国博物馆收藏。

近年来中国的话剧也受到各国的欢迎,上海话剧团在准备话剧时,常会出现了人手不够的情况,因大部分演员在国外演出。"中国的话剧作品在世界各国受到青睐,其中与俄罗斯艺术家合作的话剧《良辰美景》结合了实验的舞台形式和古老典雅的昆曲元素,在俄罗斯广受欢迎。将中国传统的5种戏曲以当代实验戏剧的方式创作的《实验中国·文化记忆》,在德国柏林演出时得到了热情追捧"②。随着中国经济的发展,综合国力的增强,国内外华人华侨的共同努力,中华文化的声音变得越来越强大,中华文化正逐渐与当地文化融合。

四、加强中国文化的对外传播

虽然近年来我国文化的对外传播取得了一定的进展,我国文化的影响力也得到了很大的提升,但是与美国等文化输出强国相比,仍需继续努力。

---

① 娄晓:《专家:中国正成为吸引外国侨民移入定居的国家》,中国新闻网,http://www.chinanews.com/zgqj/2012/03-06/3721454.shtml.2012-03-06。

② 潘好:《"国外演出市场 需要看到现代中国"》,http://ent.qq.com/a/20080709/000191.htm,2008-07-09。

不同文化背景的国家,语言表达和理解的方式不一样。中国属于高语境国家,语境意义十分丰富,同一句话语放在不同语境中,可以有完全不同的意义。而西方国家多是低语境国家,他们表达比较直白,较容易理解。在对外传播过程中,我们需要有针对性地考虑到中西方国家国情的差异,向低语境国家输出编码清晰的信息,发出并放大我们的声音。

语境不同,信息表达和获得方式也不同。东方国家具有丰富的情境意义,同一句话在不同情境下所包含的意义不尽相同,须将话语放在特定的语境中去考察,才能够真正理解。向低语境国家输出信息时,应该考虑他们的国情,运用清晰的话语符号及直白的表达方式。

在对外传播方面我国的媒体应有一个明确的计划,制定有效的文化传播策略,形成长期有效的传播机制,依据各国对中国的了解程度,实施重点传播区,普及中国文化,制定适应地区国情和习俗的传播方法。

不同地区的人们在长期生活中形成了不同的审美标准、思维方式。在文化的对外传播中,应该注意到这一点,以目标受众喜闻乐见的形式进入,否则只能难以取得预期效果。在传播内容,邀请嘉宾、采访对象等方面,要考虑地缘上和心理上的接近性,在《行走唐人街》中"日本篇"邀请的演播室嘉宾加藤嘉一是中日交流的民间大使,他熟悉本国文化又了解中国,另一方面又在中日友好方面作出过很多贡献,中日民众都对其有好感。作为采访对象之一的镰仓千秋,是日本的当红女主播,主持过多次中日交流会。选择这两位作为采访对象和嘉宾,拉近了与受众心理上的距离,有利于中日交流和节目传播效果的实现。

另外,节目要能够传达一定的信息,并且这些信息对受众来说要是有用的,最好事关自身利益。"中国企业在非洲"系列特稿,正是因为与非洲国家利益相关,才被非洲媒体或全文转发或安排导读。在对外传播过程中,所传播的内容一定要具有当地媒体无法采集或者语焉不详但又对当地有意义的信息。

对外传播应该注意运用正确的传播策略,具体包括:

(1)综合运用多种传播策略。在传播渠道中,目前最为普及的就是互联网,因为它没有落地的限制,是实现地球村、实施实时传播的有效渠道。另外,电视、电影是传播中国文化和价值观的有效渠道。总之大众媒体在文化的对外传播中,理应担起重要的责任。

（2）注意与受众的互动。中国文化的对外传播,不能只传输而不反馈,在反馈的诸多渠道中,互联网(微博)具有双向互动的特征,是沟通交流的主要渠道之一,《行走唐人街》中与马来西亚博友的互动,是互联网这一功能重要的体现。

（3）运用故事化的叙事方式。"在传统上,中国媒体对外传播主要强调两方面内容:一是中国新闻'硬新闻',也就是中国重大新闻;二是国际重大新闻,也就是纯国际新闻的消息、特写、综述等。"①然而,不少外媒在中国有常驻记者,中国新闻通常由他们提供,其国际新闻报道的实力更胜过中国媒体,中国对外报道完全不具优势。"中国企业在非洲"这一"非典型"的中国故事却获得外媒高度认可,许多稿件被非洲和欧洲媒体采用。克服官方的说教口吻,运用受众喜欢的故事化叙述方式,可以取得更好的对外传播效果。

（4）用好各种视觉、听觉元素。在《行走唐人街》节目中,主持人服装随各国风情而做的改变,是很大的一个亮点,比如"马来西亚篇",主持人和嘉宾穿着马来西亚特色的服装,仿佛就在外景现场;"日本篇"则穿得很有日式风味。另外,各种现场声音和画面的采集营造了现场的真实感,让受众置身其中,另一方面也丰富了电视的表现形式。各种现场画面的呈现,体现了与该地区的接近性、具有趣味性,对其他受众而言又具有新颖性。

"文化的交流必然是一个相互映照、取我所需的过程。因此西方文化强国所传播的中国文化不可能是原汁原味的。是为了迎合西方人的后殖民叙事和意识形态需要,作为他者或'镜像'而存在的中国文化符号,其所指已被异质化地有意误读或任意歪曲,其最后指向无疑凸显了西方文化在和中国文化冲撞和冲突时的优越感,从而满足他们自己的文化需要和心理焦虑。"②

"在后殖民语境中,利用影视文化来传播强势文化观念早有实例,如《花木兰》取材于我国广为传颂的民歌形式,在花木兰这个人物塑造上改编者更多地加入了美国文化和女权主义的成分,这明显地体现在花木兰个人的奋斗历程上,这一部分情节是电影对中国传统故事的改造,这种改造不仅是对木兰故事的丰富和开拓,更是美国文化观念和女权思想的直接体现,更是当今世界全球化在文化领域的体现。"③

① 陈俊侠:《从"中国故事"的魅力谈中国媒体对外传播突破点》,《中国记者》,2011年第11期。
② 张劲松:《007电影中的中国文化符号》,《电影评介》,2008年第3期。
③ 周著:《从〈功夫之王〉看民族符号的国际化》,《电影评介》,2008年第17期。

与美国等文化传播强国相比,中国的电影没有过多地植入偏见性的价值观,而是一种平等的交流。电影《巨额交易》甚至还暴露了金融危机中人人自危、自私自利的行为,站在了客观公正的立场进行拍摄,当然其中也展现了中国人自立自强、不畏艰难,通过自己的努力终于顺利渡过难关的精神。

对外传播的文化侵略策略并不可取,作为热爱和平的国家,提倡和平共处的国家,我们应该树立多元文化主义思想。必须求同存异,真正理解和接纳他国文化。"人们无法体验他们真正的自我文化是因为他们在体验另一种文化的正确之前,就只有很小的余地来正视他们自己自我文化的正确性,体验另一群体的文化的方式是理解和接受这种文化的思维理解文化的基础。"①

在对外传播过程中,既不应该如美国般进行文化侵略,也不应卑微地一味妥协,正确的态度应该是用一种平等的姿态与他国进行交流,实施文化多元主义。只有这样才不至于招致他国的抵制,才能更好地实现文化沟通,取得更好的传播效果。

《行走唐人街》节目在对外传播的探索方面比较成功,具有一定的借鉴意义,节目在内容和形式上都算是文化对外传播的突破,用一个个海外华人奋斗、坚守的生动故事来讲述中国传统的文化与精神,用一个个真实的场景来呈现中国传统节日的欢乐氛围,取得了较好的效果。

《行走唐人街》只是对外传播探索的一个成功个案,我国文化的对外影响力提升的同时,还存在一定局限,与美国等文化输出强国相比,还有很大的差距。我们媒体需要做的不只是偶然的节目创新或传播形式的探索,而是要制定有效的文化传播机制,在整体性传播中国语言文化、价值观念等方面,作出必要规划,制定长期有效的策略。

第四节　《人民日报》海外版内容分析

2011年11月30日,国务院侨务办公室公布的研究成果表明,现阶段全球约有5 000万华侨华人。历史上,我国近代发生过两次大的移民。第一次移民潮发生于清朝末年至新中国成立前,第一次世界大战时期,因战争使英法等国的劳动力十分短缺,他们便在中国山东等地招收了10万名青工赴欧洲各国工作。

---

① ［美］霍尔(Edward T. Hall)著,居延安译:《超越文化》,上海文化出版社,1988年版,第212页。

在第二次世界大战时期,为了抗日,中国的 10 万远征军开赴缅甸和印度等国参战,在日军逐步占领中国的过程中,他们先后抓走了大批的中国青壮年送到日本去作劳役。第二次移民潮开始于香港回归前,当时"香港基本法"虽然明确规定保持 50 年不变,但不少香港的富人还是心存疑虑,纷纷举家移民国外,大陆移民潮则是随着改革开放的步伐而逐步展开的。海外华人华侨是中华民族一个重要的组成部分,海外华人华侨是中国对外传播的桥梁,增强海外华侨华人对中华文化的认同是中国对外传播一个重要目标。

改革开放 30 年来,中国的文化传播始终与政治宣传交汇融合,在海外华人头脑中,中国政治形象等同于中国形象,文化传播没有达到预期效果。《人民日报海外版》有意改变中国对外文化传播状态,2005 年的繁简改革,2011 年的改版,都是为了更好地进行对外文化传播。研究《人民日报海外版》有利于我们更好地了解中国对海外华人文化圈的传播现状,以及对外传播的优点和不足。

《人民日报海外版》是中国对外传播综合性中文报纸,以海外华人华侨为目标受众,主要内容为传达中共中央的政策,报道国内改革开放和现代化建设事业,关注社会热点、难点问题,介绍国际政治、经济、科技、教育、文化,提供国内外富有价值的各种信息①,是海外了解中国、中国了解世界的窗口,是沟通海内外交流与合作的纽带和桥梁。"文化万象"是《人民日报海外版》中文化传播的一个重要栏目,本节通过对其传播内容和报道形式进行定量分析,管窥中国对海外华人文化圈的传播。

"文化万象"栏目是《人民日报海外版》的一个文化传播板块,发行时间通常为周一、周三、周五的第七版,从 2011 年 1 月 1 日《人民日报海外版》改版开始发行。主要介绍中国传统文化艺术的历史面貌和发展现状,反映中国人民的文化生活和文化艺术工作者的创作成就,报道中国文学、影视、美术、书法、戏剧、曲艺、音乐和舞蹈等方面的最新动态,以及在这些方面与海外交流的情况。"文化万象"由原来的"文艺副刊版"改版而来,改版之后,更加注重新媒体、新文化的发展方向,增加了较多的传播中华古代思想和文化等方面的内容,丰富和提升了版面的内涵,由原来的文艺副刊变成了现在传播中华文化的重要阵地。"文化万象"报道形式多样,包括消息、特写、时评等形式,其中时评又以影评为主。报道篇幅长短不一,图文并

---

① 《人民日报海外版创刊二十年周年纪念》,人民日报海外版内部资料,2005 年版,第 35—37 页。

茂,文字生动形象,版面设计大多以黑白为底,显得沉稳厚重。

一、研究方法与样本采集

1. 样本与分析单位

本节以《人民日报海外版》"文化万象"栏目为研究对象,对 2013 年 1—12 月全部共 114 版 500 篇报道进行定量分析。"文化万象"栏目在每周的周一、周三、周五都有版面,每个版面大约是 1—8 篇报道。笔者以月为单位,把全部报道按照时间顺序——编号,以"5"为等距进行抽样,当月不足部分放在下月重新编号(抽样情况见表 6.1)。依次选取全部样本之后,再按照设计好的编码表进行编码。

表 6.1 "文化万象"栏目报道抽样情况(2013.1—12)

月份	报道总数量	样本数量
1 月	50 篇	10 篇
2 月	27 篇	6 篇
3 月	55 篇	11 篇
4 月	53 篇	11 篇
5 月	30 篇	6 篇
6 月	36 篇	8 篇
7 月	51 篇	11 篇
8 月	37 篇	8 篇
9 月	27 篇	6 篇
10 月	38 篇	8 篇
11 月	51 篇	11 篇
12 月	47 篇	8 篇
总计	500 篇	104 篇

2. 类目构建

对照编码表,将选出的研究样本按照如下类目进行编码。分析类目如下:

一是版面特征。版面特征包括报道数量、版面配图、版面编排。报道数量即实际报道篇数。版面配图分为是否配图、配图风格和配图数量。配图风格又分为照片、漫画和其他。版面编排指版面的色彩,分为黑白和彩印两种。

二是报道形式。形式特征包括篇幅长短、报道类型。根据篇幅长短将报道分为短篇报道(500 字以下)、中篇报道(501—1 000 字)、中长篇报道(1 001—2 000字)以及长篇报道(2 000 字以上)四个等级。报道类型分为消息、通讯、评论、深度报道、特写和其他 6 种。

三是报道内容。内容特征层面,主要研究报道主题,分为文学、影视、美术、书法、戏剧、曲艺、音乐、舞蹈、新兴文化以及其他 10 种。

二、研究发现与分析

1."文化万象"的版面特征

2013 年"文化万象"栏目总计 114 版,其中周一 44 版,周三 30 版,周四 40 版。一周 3 期,周一、周三、周五出版。

"文化万象"栏目中几乎每一篇报道都配了相关图片,如影视的剧照、文艺演出的舞台照、新闻照片等,有时采用多幅图片组合。2013 年 1 月 7 日报道电影《泰囧》,采用黑白版面,用 14 幅照片按照胶卷样式组合成一幅大图,很有复古的艺术气息。2013 年 6 月 17 日一个整版介绍《禅与中国传统音乐》,采用的图片都是古典的画作,包括古琴的图片、书法作品《高山流水》等等。这些蕴含中国文化的图片与栏目定位紧密契合。图片承载着丰富的、形象生动的信息,随着受众轻阅化倾向不断凸显,图片成为越来越重要的传播符号。

从版面编排来看,其版面风格较为活泼,排版灵动多变,多图片,多版块,版面文字部分分为四栏,固定留白一处,用毛笔书写的两个大字"神秘"。

"文化万象"栏目底色以黑白版为主,2013 年全年 1—10 月的 91 期中,每一期都是黑白版,11—12 月的 23 期中,11 月的 12 期有四期是彩色版,12 月的 11 期中,有 3 期是彩色版。为了验证是否只有 11、12 两个月"文化万象"栏目有彩色版,笔者查阅了 2012 年的版面,发现 2012 年全年中只有 11、12 月有彩色版,并且是 11 月 1 期,12 月 1 期。分别在 11 月 30 日和 12 月 7 日。其他 10 个月全部版面均为黑白版。

2."文化万象"的报道形式

(1) 报道篇幅

根据篇幅长短将报道分为四类:短篇报道(500 字以下)、中篇报道(501—1 000字)、中长篇报道(1 001—2 000 字)以及长篇报道(2 000 字以上)。对 104

篇样本进行统计发现,"文化万象"栏目以中长篇报道为主,共 49 篇,占样本总量 47%;其次是短篇报道,共 24 篇,占样本总量 23%。(见表 6.2)

表 6.2　"文化万象"栏目报道篇幅

篇幅长短	短篇报道	中篇报道	中长篇报道	长篇报道
篇幅数量	24	13	49	18
所占比例	23%	12.5%	47%	17%

报道篇幅通常与选题受重视的程度密切相关,报纸对所报道内容越重视,往往给予较大篇幅。篇幅是衡量报道重要性的一个重要指标。"文化万象"栏目以中长篇和长篇报道为主,1 000 字以上的报道约占样本总量 2/3,样本中字数最多的是 3 篇 5 000 字以上的长篇报道,相当于一个专题报道的篇幅。这样集中版面报道重要选题,减少报道选题的数量,加大单篇报道的分量,拓展报道的深度和广度。短篇报道和中篇报道约占样本总量 1/3,500 字以下的报道主要是消息,短篇报道的数量仅次于中长篇报道。

(2) 报道类型

报道类型分为消息、通讯、评论、深度报道、特写和其他 6 种。统计结果显示,2013 年"文化万象"栏目的报道类型中特写、消息、评论、深度报道所占的比例相差不大,分别占样本总量的 28%、24%、20%、17%。(见表 6.3)

表 6.3　"文化万象"栏目报道类型分布情况

	特写	消息	评论	深度报道	通讯	其他	总计
数量	29	25	21	18	9	2	104
比例	28%	24%	20%	17%	9%	2%	100%

特写、深度报道、通讯占报道量的一半以上,这三种类型的报道都篇幅较大,大多是中长篇或长篇,一般适用于比较重要的选题。其中特写频繁出现,在各种体裁中雄踞榜首,相对于通讯或者深度报道而言,特写的新闻性较弱一些,文化类的软新闻更加适合采用特写体裁。此外,"文化万象"栏目中的评论大多是 1 000 字以上中长篇评论,短篇时评较少。

3. "文化万象"的传播内容

传播内容方面,主要分析报道的主题。笔者将报道主题分为文学、影视、美术、书法、戏剧、曲艺、音乐、舞蹈、新兴文化以及其他文化10种。其中新兴文化主要指新媒体动态及新的文化形式,其他文化主要包括中国古典哲学思想(如《中国儒学的现代转变》)、中国古代诗词歌赋(如《吟诵,让古典诗歌生命延续》)、中国古代的社会政治(如《说不尽的盛唐》)等。统计结果显示,关于影视的报道数量最多,占23%;文学、新兴文化、音乐、舞蹈、美术、戏剧所占的比例也相对较多,约占10%;书法和曲艺最少,分别为0.9%。(见表6.4)

表6.4 "文化万象"栏目报道主题分布情况

报道主题	报道数量	比 例
影 视	24	23%
文 学	13	12.5%
舞 蹈	10	9.6%
美 术	9	8.7%
书 法	1	0.9%
戏 剧	9	8.7%
曲 艺	1	0.9%
音 乐	11	10.6%
新兴文化	14	13.6%
其 他	12	11.5%

影视方面的报道主要集中在电影和电视综艺节目。样本主要涉及的电影有《人再囧途之泰囧》(以下简称《泰囧》)、《大话西游之除魔传奇》(以下简称《大话西游》)、《十二生肖》《一代宗师》《致青春》《中国合伙人》《北京遇上西雅图》等电影。其中《泰囧》《大话西游》《十二生肖》《一代宗师》是2012年的贺岁片。《致青春》《中国合伙人》《北京遇上西雅图》都是2013年国内的热门电影。这些电影都是国内取得高票房且产生了一定争议性话题的电影。"文化万象"的报道主要展现了三个角度:① 电影本身涉及的内容;② 电影主演的人物通讯;③ 电影的相关影评。比较完整地展现出现阶段中国电影的发展状况。样本涉及的电视综艺节目有《跨年晚会》《超级演说家》《快乐男声》《中国好声音》《爸爸去哪儿》等,都是中国收视率和影响力居于前列的综艺类节目。"文化万象"多采用时评,从节目本身出发,对其在国内流行的状况进行论说。

影视是"文化万象"的主打内容,经典的影视作品可以直击人类最基本的情感需求,它可以跨越国家、民族、宗族等的界限,忽略意识形态和价值观的差异。利用影视作品在全球进行文化渗透,影视中蕴含着意识形态、价值观念、生活方式等大量信息,潜移默化地对观众的思想观念产生影响,是最有效的一种对外传播策略。美国好莱坞电影、韩国的电视剧风行全球,美国文化、韩国文化亦随之影响全球,相比之下,中国影视离走出去还有较大差距。

除影视外,文学所占的比例也较高,文学可以超越国界和民族种族,传递人性和普世价值。2012年10月莫言获得诺贝尔文学奖,这是中国现代第一个获得此殊荣者,代表着中国文学达到较高的国际水准。在人物通讯《莫言:我只是个会讲故事的农民》中,通过对莫言的采访和报道,让海外华人看到了中国文坛的进步,了解到中国农村过去的状态和现在的进步。文学载体的变化和文学形式探究也是"文化万象"关注的重点,如《网络不是文学的救星》指出,现在网络媒体的发展让很多人得以通过网络来实现自己的文学梦想,但是网络文学良莠不齐,很难成为真正文学发展的第一平台。文学形式探究如《鸡不下蛋它憋啊》则是从贾平凹的作品出发,讲到中国文学中字词的运用及其深刻的含义。还有一些纯文学的作品,如散文《富春江畔,且听风吟》,这是一篇文字优美的散文。从典型人物到文学本身,"文化万象"向海外华人展现出一个繁荣兴盛、百家齐鸣的中国文学景象。

一些海外受众头脑中的中国还停留在改革开放之前的形象,即红色中国、革命中国的形象。"文化万象"重点关注新兴文化,有助于为海外受众展现真实的中国形象。一方面,积极展现新媒体、新文化的发展方向和进程。如《真人图书馆,借阅大活人》《3D打印,寻找超越机械的艺术》;另一方面带领着广大的华人走进中国的儒学(《中国儒学的现代转变》)、中国的盛唐(《说不尽的盛唐》)、中国的皇帝(《汉武帝,王中王》)、中国的古典诗歌等等。立体呈现中国古代文化和现代形象。

此外,"文化万象"有一定篇幅报道中国的音乐、绘画、戏剧、舞蹈等,这些话题比较中性,在中西政治制度、意识形态和价值观念的对立中,文学艺术类话题可以突破这些差异,直击人性和普世价值。

"文化万象"中对书法和曲艺等内容的报道较少,样本中这两个方面的内容都只用一篇报道。书法和曲艺是中国传统文化艺术,国内也渐渐式微,更不用说在海外。"文化万象"可能考虑到受众的兴趣,对这类小众文化采取弱化处理。

三、对外传播与文化认同

全球化进程改变了华侨的生存状态,从而对他们的生存身份产生了新的影响,对他们的身份归属和文化认同带来了新的特点。[①] 民族文化认同是对本民族长期历史发展中形成的优秀文化传统的坚守和维护。[②] 海外华人认同"炎帝、黄帝"为本民族的祖先,认同除夕、春节、清明、端午、中秋等传统节日为本民族的传统风俗,认同汉语汉字为国家通行的语言文字,认同"故宫""长城""长江""黄河"等为本民族的标志等;他们对其文化有着强烈的感情,不允许侵犯和破坏。这些都体现了海外华人对中华文化的坚守和维护。

"文化万象"作为中国对外文化传播的前沿阵地,传播内容一方面要继承中华民族的优秀传统,坚守和维护中华民族的伟大传统,并且不断发扬光大;而另一方面则要结合时代的步伐,和世界一起进入新世纪。

海外华人华侨身在海外,根在中国,与生俱来有一种"根"的情节,有着对故土的眷恋和对中华文化特别是传统文化的热爱。[③] "文化万象"大量展现中国传统的文化,如《中国儒学的现代转变》《孔子音乐学院"与世界分享中国音乐"》等。此外,还展现了部分地区的特色文化,如《在赣南,保护客家文化渐次展开》《一座小镇"海国文明"梦》等。这些关于地方特色文化的报道,不仅丰富了中华文明的内涵,而且更能够引起海外华侨华人的归属感。不管是赣南还是"海国小镇"都是早期移民较多的地方,对这些地区特色文化的报道,能够引起早期移民华人灵魂深处关于祖国的记忆,把海外华人和祖国大陆的心联系在一起。

"全球化进程使华侨华人成为向世界展示中国文化的重要窗口,中国综合国力的增强也提高了华侨华人文化自信心。"[④]"文化万象"不仅展现出中国博大精深的传统文化,更要让世界人民看到中国文化的进步,其报道如《3D打印,寻找超越机械化的艺术》《小米盒子"复活"》等,展现中国现代科技的进步;《4G将改变我们的文化生活》《真人图书馆,借阅大活人》等体现传播方式的改变。"过去,

① 韩震:《全球化时代的华侨华人文化认同的特点》,《学术界》,2009年第2期。
② 卿臻:《民族文化认同理论及其本质探析》,《前沿》,2010年第7期。
③ 燕频:《文化强国视域下的我国媒体对外传播策略研究——以〈人民日报海外版〉为例》,《中国报业》,2013年第6期。
④ 韩震:《全球化时代的华侨华人文化认同的特点》,《学术界》,2009年第2期。

华侨华人对祖国的感情更多的是基于祖国的积贫积弱而盼望中华民族的复兴；现在,对祖国的感情更多来自对祖国蒸蒸日上、繁荣发展的自豪感。"①"文化万象"报道展示中国社会与文化,一定程度上增强了华侨华人对中国的感情和认同。

---

① 韩震:《全球化时代的华侨华人文化认同的特点》,《学术界》,2009 年第 2 期。

第七章　提高中国对外传播能力

　　全球化背景下,世界各国在对外传播方面的努力是有目共睹的,中国也敏锐地抓住机会,积极提升对外传播力,加强国家形象建设。新华社、中央电视台、中国国际广播电台等国家级媒体在对外传播中起着不可替代的重要作用,近年来国家加大了对外传媒建设的力度,平心而论,这些媒体在对外传播中起到了排头兵的作用。但是客观来说,中国的对外传播还存在很多问题,最大问题是缺乏系统性、整体性和协同性,各种传播主体如同散兵游勇,各自为战,对外传递的信息五花八门,甚至互相抵销互相矛盾,不能达到整合传播的效果。具体来说存在如下问题:缺乏国家形象定位,或者定位不准确,导致对外传播漫无目的,建构的国家形象优势不突出,特色不明显,流于一般化;对目标受众研究不够,没有掌握受众的兴趣与需求,传播内容和传播方式缺乏针对性,"我说你听"的宣传意味依然比较浓厚;对传播渠道的理解还比较狭隘,重视对传统媒体的建设,忽视其他传播渠道;最重要的一点,传播的本源是事实,对外传播取决于国家的现实图景,"报喜不报忧"只会引起受众的不信任和抵触。

　　程曼丽教授等提出国家战略传播,为解决中国对外传播诸多问题提供了正确的路径。国家战略传播特别强调"传播过程的系统性、整体性和协同性",提出要整合对外传播的各种主体,促使"多元主体形成合力",推动"国际传播能力的共建",将对外传播上升到"国家战略层面进行统筹考虑"。[①] 2015 年 4 月 11 日,北京大学成立国家战略传播研究院,研究院主要研究和咨询领域涉及国家的对

---

　　① 王眉:《从战略层面为我国国际传播建言献策——专访北京大学国家战略传播研究院院长程曼丽》,《对外传播》,2015 年第 3 期。

外传播和形象建设、国际政府间和民间的公共外交、中国地方政府的媒体沟通和对外联络、中国大型企业国际化发展中的传播战略、国家互联网治理和传媒产业发展政策的制定等。①

对外传播要有质地提升，可以从国家形象定位、研究目标受众、优化传播内容、整合传播渠道等几个方面着手。形象定位、受众研究是提高对外传播能力的前提和基础，优化传播内容、整合传播渠道是提高对外传播能力的关键。

一、国家形象定位

要优化国家形象，摆在首位的是国家形象定位的问题，即要塑造一个怎样的国家形象。有学者指出，中国期望塑造如下国家形象：第一，发展的形象：中国经济持续、快捷、健康地发展，中国经济的强大生命力；第二，改革的形象：展示我国的改革正在不断深化，全方位和有序地进行；第三，开放的形象：中国今后将继续扩大开放，提高开放水平，并融入国际社会；第四，稳定的形象：中国政通人和，走上长治久安的轨道，人心思定，社会稳定；第五，民主和维护人权的形象：一个稳定的大国正在走向民主化和法制化，不断改善国内的人权状况；第六，和平的形象：和平崛起，无心称霸，一直奉行独立自主的和平外交政策。② 更全面地说，中国应该塑造繁荣发展进步、改革创新进取、民主法治公正、文明开放现代、和平和谐稳定、谦虚包容自信、团结友爱自强、合作共赢负责的国家形象。中国国家形象定位应该既符合中国国情，又具有时代精神，既有一定的个性，又能被世界认同。上述定位虽然全面，但面面俱到，个性不足。国家形象定位如同品牌定位，应该有一定的独特之处。

科学地定位国家形象，需要有一定的依据，国家形象资产是国家形象定位的重要依据。"中国的国家形象资产可以细分为物质资产、文化资产、人力资产三个大类，自然景观、动植物资源、自然产品资源、创造性艺术、历史文化资产、国家名人、劳动人口、国民精神八个小类。"③全面分析中国国家形象资产和中国形象现状，我们可以将国家形象定位为文明古国、和平大国、发展强国，以此为主要目

① 北京大学国家传播研究院网站，http://www.nisc.org.cn/index.php? m=content&c=index&a=lists&catid=4。
② 张长明：《让世界了解中国——电视对外传播40年》，海洋出版社，1999年版，第15页。
③ 清华大学国际传播研究中心课题组：《国家形象构建的渠道研究》，载于周明伟主编：《国家形象传播研究论丛》，外文出版社，2008年版，第60页。

标塑造现代中国形象。

其一,文明古国。中华文明源远流长,中国是世界上历史最悠久的文明古国之一,四大发明等中国古代科技为推动世界发展有过重大贡献,丝绸之路、郑和下西洋等对于世界文化和经济交流有着重要影响,中国的周易、儒学、禅宗是东方文化的精髓,后现代社会出现的诸多无法调和的社会矛盾(如人与自然的矛盾、阶层之间的冲突等),东西方都越来越意识到东方文化的精深,我们可以充分运用包括神奇的自然景观、珍稀的生物资源、丰富的文化遗产等在内的形象资源,全面塑造文明古国的国家形象。

其二,和平大国。苏联解体之后,以美苏为首的两大阵营的冷战宣告结束,世界格局趋于缓和,"军事实力诚然是一个国家综合实力的体现,但是'赢得人心'显然比'赢得战争'更为重要。"①新中国成立以来,中国奉行独立自主的和平外交政策,改革开放以来,中国经济发展很快,国际地位日益提升,国际作用日益增强,面对金融危机、债务危机等国际经济问题,在国际灾难中,中国都体现出一个大国的责任,同时中国代表着世界发展中国家发出强劲的声音。然而,在中国的发展的背后,一些杂音总是时不时地冒出来,这些杂音既有视中国为潜在威胁的"中国威胁论",也有宣称中国即将崩溃的"中国崩溃论"。在当下国际环境下,中国要传达一以贯之的"和平、发展、合作、负责"的形象,始终定位为和平发展的大国。

其三,发展强国。由于国外媒体对中国的不平衡的报道,中国媒体在国际上的声音微弱,在很长一段时间,外国人头脑中的中国仍然是明清时期封建、落后、腐朽、野蛮的国家,或者停留在"文革"和"大跃进"时期疯狂的、缺乏理性的状态。有外国人到中国后很震惊,因为现实中的中国与他们头脑中的中国完全不同,一个崭新的、蓬勃发展的现代国家摆在他们面前。其实,发展强国的形象在中国自古有之,早在西汉时期,中国遣张骞为使,开辟横贯欧亚的"丝绸之路",在世界上就是一个繁荣发展的天朝强国,后来唐、宋、元朝时期的中国都是繁荣发展的强国,至清朝,西方列强以坚船利炮打开中国大门,中国变为羸弱的"泥足巨人"形象。改革开放以来,中国经济快速发展,在国际舞台上影响日益加强,引起世界惊叹。我们要向世界传达的信息是,中国是一个发展中的强国,这种发展表现

---

① 清华大学国际传播研究中心课题组:《国家形象构建的渠道研究》,载于周明伟主编:《国家形象传播研究论丛》,外文出版社,2008 年版,第 66 页。

在：政治上朝着公正公平、民主法治的方向发展，经济上不仅表现在国家 GDP 的逐年增长，也体现在民众生活水平日益提高方面，从对环境掠夺式的经济发展向可持续发展转变，开始大力推进文化建设，应对市场经济带来的信仰缺失、精神荒芜。

二、研究目标受众

受众既是传播的起点，又是传播的终点，是传播过程最重要的一个环节。传播的目的在于传者向受众传递信息，传者希望信息顺利被受众接收、理解和记忆，传播成功与否，取决于受众的检验。为了达到预期效果，传者应尽可能满足受众的需求。确定对外传播内容、形式、渠道和策略，都应该建立在了解受众的基础之上。受众的文化背景、兴趣需求和媒介使用，与传播效果息息相关。深入研究目标受众，是提高对外传播能力、优化国家形象的基础环节，这一环的缺失或错误，都会让对外传播像无头苍蝇一样盲目无序。

对外宣传与对外传播的区别在于，前者坚持传者导向，后者坚持受众导向。"真正的对外传播要努力了解国外受众的所思、所需，并以他们能够理解和接受的话语方式提供对路的信息，这样才能吸引更多的国外受众关注我们的报道。"①对外传播应该坚持"群众路线"，从百姓角度讲述中国故事，比较容易被西方民众认同和接受。同时还应该"提高群众的政治、经济、社会、文化地位和话语权"，唯有这样，"提升中国国际形象的努力才会有更大底气和现实支撑"。②

通过受众调查、Google 关键词指数分析可以发现，俄语受众非常关注中国，对"中国"的关注度远高于其他国家，成龙、李小龙、李连杰、巩俐等国际影视巨星备受俄语网民喜爱，中国武术、风水和道家思想在俄语国家掀起热潮，在各个领域中，中国文化和中国经济更能引起俄语受众的兴趣。

目前我国俄语媒体的传播内容在很多地方与俄语受众的兴趣相去甚远，以我国最主要的俄语传媒——央视俄语频道和新华网俄语频道为例，其内容涵盖政治、经济、文化等各个领域，然而报道内容并非有针对性地为俄语受众量体定

---

① 侯迎忠：《金融危机报道与对外传播策略分析——以〈人民日报〉（海外版）为例》，《当代传播》，2010 年第 1 期。

② 赵月枝：《对外传播应大胆讲好"红色故事"》，《环球时报》，2015 - 02 - 09，http://opinion.huanqiu.com/opinion_world/2015 - 02/5626910.html。

制,大多是将中文频道、英文频道的内容译成俄语而成,这样往往难以引起俄语受众的兴趣。

从某种视角看,国际文化大战略"是将自我的文化话语通过媒介编织成一张巨大无边的网,拿着它到另外一个同样巨大无边的海里捕鱼。"①作为国际文化战略的重要组成部分,对外传播正面临如此困境,我们编织了一张庞大的对外传播网络,不过这张网还在海面漂浮,难以沉入水底,无法接近海底的鱼,只有研究鱼的习性,才可能吸引海底的鱼群,才可能发挥作用。受众研究是提高对外传播能力的前提和基础。目前中国对外传播最显著的一个问题,就是受众调查的缺位,这不仅是因为调查难度很大,更重要的可能是缺乏动力。中国目前对外传媒仍属于宣传机构,经济盈利功能很弱,不论是与国外有影响力的媒体相比,还是与这些媒体在国内市场的盈利相比,中国对外传媒在国外市场的盈利都微乎其微,它们既没有来自市场的生存压力,又缺乏来自市场的经济驱动,不会大费周章地投入大量的经费和精力进行国外受众调查,从根本上来说,对外传媒传播能力的提升有赖于体制的变革带来动力和压力。

郭可教授提出,英语媒体的国际受众定位,应该遵循"精英效果理论",即以国外精英受众为主,兼顾一般受众,前者主要针对西方发达国家的受众,后者主要针对非西方国家的受众。确立这样的精英效果理论,原因主要在于以下几点:第一,我国目前各方面的条件(包括财力、物力、管理模式和报道手段等)还有限,不应该全面出击,应该选择重点突破;第二,在西方发达国家,一般受众长期受西方媒体熏陶,对我国形成思维定势,短期内要想改变这种思维定势,收效不会太大;第三,像美国这样的国家,公众舆论和民众意愿,常常受到精英阶层的影响,国家的决策也都是由精英阶层决定,只要能影响精英阶层,对外传播就是有作用的;第四,非西方国家,由于对我国没有较大的偏见,也不存在与我国的竞争关系,更多的是友好交流,因此,其受众范围仍可以一般受众为主。郭可教授提出的"精英受众"主要包括在华外国记者、在华商人、来访政府官员、中国问题专家和来华学习与旅游的外国人。尤其是在华外国记者,他们在本国就是"中国信息源"。② 郭可教授提出的"精英受众"并非他国的精英阶层,实际上可以理解为与中国关系密切的"重点受众",或者说对外传播更易接近、可能奏效的那部分受

---

① 姜飞:《试析当前跨文化传播中力量的博弈》,《中国社会科学院研究生院学报》,2007年第5期。
② 郭可:《当代对外传播》,复旦大学出版社,2004年版,第170—171页。

众。对于俄罗斯、中亚等俄语受众而言,对外传播既要重视来华记者、官员、商人、游客、学生等重点受众,这些人往往是各行各业的"意见领袖",对他们的传播效果,将通过二级传播、N 级传播散发开去,形成更大的舆论波。同时也要重视对俄语国家的其他一般受众的传播,卫星电视、互联网等现代传媒快速发展与普及,大大降低了财力物力等传播成本和难度,只要传播内容和传播形式符合国外受众口味,完全可能以目前的条件直接向国外一般受众进行传播,并取得较好的传播效果。

三、优化传播内容

对外传播的内容应该尽力弱化官方色彩,淡化宣传味道,增强报道的客观性和可信性,掌握"正面报道"和"负面报道"平衡的技巧。[①] 尤其需要注意,传播内容应该真实全面,符合受众的"口味",围绕国家形象定位设置传播内容,建构对外传播话语体系。

首先,传播内容必须真实。不仅要求传播的每个具体事件和场景应该真实,而且传播内容与国家总体情况基本吻合,倘若一味地粉饰太平,受众就会觉得虚假,从而产生抵触情绪,产生意想不到的负面效果。对外报道不需一味唱赞歌,唱赞歌有时候让人反感,对负面事件进行客观报道、解释和引导非常必要。2011年1月,《中国国家形象片——人物篇》在美国纽约时报广场大型电子显示屏滚动播出,该片时长60秒,中国各个行业的杰出人物——袁隆平、姚明、杨利伟、吴宇森、宋祖英、刘欢、郎平、丁俊晖、吴敬琏、邰丽华等——作为中国人的代表在片中呈现,他们是中国文艺、体育、商界、智库、模特、航天等各个行业的代表人物,诠释了中国人"智慧、美丽、勇敢、才能、财富"的良好形象。但该片的效果并不理想,英国广播公司全球扫描(BBC - GlobeScan)的调查显示,广告播出后,对中国持好感的美国人从29%上升至36%,上升7个百分点;而对中国持负面看法者,则上升了10个百分点,达到51%。香港浸会大学传理学院孔庆勤博士说:"很多人说,看了这个广告很紧张,第一个想法是:中国人来了,而且来了这么多。"[②]这种结果是始料未及的。国内对于国家形象片的评价也不容乐观,网易微博2011年11月中旬以"中国国家形象片能否提升形象?"为题进行调查,截至11

---

①　王东迎:《中国网络媒体对外传播研究》,中国书籍出版社,2011年版,第163—169页。
②　孔璞:《商务部在欧美投放"中国制造"广告》,《新京报》,2011年11月16日第A05版。

月 17 日 13:00,受调查者 996 人,认为能提高国家形象的正方 113 票(约占 9%),认为不能提高国家形象的反方 1 160 票,(约占 91%)。① 反方投票下的评语显示,绝大多数的反对者认为中国社会问题严重,国内问题如果不能解决,不论如何努力,国家负面形象也无法逆转。支持正方的 9% 也并不代表着他们看好中国形象,正方投票下面的评语大多对中国形象冷嘲热讽,持否定态度。从国内外调查数据来看,中国国家形象工程的效果不如人意。

其次,传播内容应该符合受众的"口味"。"我们的对外报道应从普通受众的信息需求出发,关注普通人、普通事、普通生活细节。"②对于俄语受众来说,最感兴趣的内容,一是中国的历史文化、风土人情、地理风光、旅游介绍等中国本土信息,二是中国与俄罗斯、中亚等俄语国家之间的信息。中国现有俄语媒体大多设置了中国、经济、文化、旅游、中国与俄罗斯、中国与中亚等栏目,这些栏目内容丰富,基本上涵盖了俄语受众感兴趣的内容。以 CCTV 俄语频道为例,央视俄语频道自开播以来一直重视旅游、汉语学习、功夫、中国厨艺等节目,特别突出中国旅游和中国文化方面的内容。近年来央视俄语频道更大大增加了纪录片的播放时间,播出的系列纪录片反映中国文明及其独特的历史进程,讲述中国不同地区的历史、民俗、文化和艺术,展示古代和现代中国的图景,帮助俄语国家的电视观众更深入地了解中国。可见,央视俄语频道在不断调整内容,以适应俄语受众的兴趣和需求。

电影是对外传播中最有效的一种形式,有调查③表明,中国电影在国外最受欢迎的仍是动作片和功夫片。《精武门》《唐山大兄》《少林足球》《功夫》《英雄》《十面埋伏》《天地英雄》《卧虎藏龙》《功夫熊猫》等中国功夫片在海外影响很大,以至于让很多西方人形成错觉,认为中国人大都习武。功夫片对欧美电影也产生重大影响,《黑客帝国》《杀死比尔》《霹雳娇娃》《古墓丽影》等影片中都有非常明显的中国功夫元素。在总分 9 分的评价体系中,有着较好功夫效果的中国动作片和功夫片得到最高的 6.8 分,其次是历史篇和喜剧篇。59% 的受访者表示

---

① http://t.163.com/debate/1321429783835? method=click&keyfrom=rank.debate.enter.

② 侯迎忠:《金融危机报道与对外传播策略分析——以〈人民日报〉(海外版)为例》,《当代传播》,2010 年第 1 期。

③ 北京师范大学黄会林等进行了一项海外问卷调查,发布《2013 中国电影国际传播年度报告》。该调查访问对象涉及 99 个国家和地区,受访者样本主要来源于驻外机构、公司及国外大学,回收有效问卷 1 436 份。

没有看过或很少看中国现实主义题材电影,大部分人表示不感兴趣。在功夫片方面,50％的受访者认为,功夫效果是他们选择功夫片的主要依据,场景、音乐、导言和故事情节等均为次要因素。① 在 Box office mojo 网站上,非英语影片在美国主流市场的票房排名,10 多年来几乎没有发生变化。第一是《卧虎藏龙》,1.28亿美元,第二名是意大利的《美丽人生》,第三名是《英雄》,之后是《霍元甲》。前 10 名里有 4 部中国电影,都是武侠或功夫类型。② 俄语受众对中国武侠或功夫片也情有独钟,对成龙、李小龙、李连杰等功夫明星非常关注,中国电影应该发挥功夫片的优势,要在功夫效果上不断创新。此外,中国俄语媒体还应加强针对性,增加中国与俄语国家之间的信息传播。

再次,应该围绕国家形象定位设置传播内容,建构对外传播话语体系。中国对外传播的目标是要在国际上塑造一个文明古国、和平大国、发展强国的现代中国形象,为此对外传播要重点突出这些内容,既要呈现古老的中国文化,又要呈现现代中国的发展与强盛,不断强化中国维护和平、强而不霸的理念。

四、整合传播渠道

报纸、杂志、电视、广播、网络等媒体是对外传播的重要渠道,同时我们应该拓宽眼界,整合其他一些重要渠道。首先,重视对外交流的传播渠道,如今中国对外交流日益增多,越来越多的组织机构和个人走出国门,"他们以投资建厂、项目合作、劳务输出、旅游度假等形式嵌入所在国的生活,并以自身为载体释放各种信息,加深、固化着当地民众对中国及中国人的印象。这种近距离、零距离的接触胜过媒体的千言万语,更成为中国媒体传播力、影响力扩散的制约因素。"其次,重视社交媒体的对外传播作用,推特、脸谱和优兔三大海外社交媒体,微博、微信等中国社交媒体发挥越来越重要的作用,这些媒体以其快捷性、互动性、草根性等特性吸引国外受众或媒介的关注,社交媒体"不但成为中国传统媒体的信息源,也成为外国媒体涉华报道的信息源。在一些重大事件的报道中,中国官方媒体和网民(民间)言论有明显的差异时,一些外国媒体(包括一些国际性的大媒

① 黄会林、封季尧、白雪静、杨卓凡:《2013 年度中国电影文化的国际传播调研报告(上)》,《现代传播》,2014 年第 1 期。

② 李邑兰、谢铭:《"去的是大多数"中国电影在海外的卖相》,《南方周末》,2013 - 09 - 20。

体)……从微博上寻找信息。"①所以,我们应该拓展对外传播媒介,包括进一步加强大众传媒的建设,增强对外交流过程中对外传播的作用,加强社交媒体对外传播渠道建设等。

大众传媒以其时效性、真实性、广泛性等优势,成为外国民众了解和理解中国的主要信源。提高对外传播能力,首先应该加大力度,努力增强对外大众传媒的实力。近年来我国积极推进俄语媒体的发展,俄语媒体建设方面取得显著效果。但是影响力还有待进一步加强,笔者对俄罗斯、哈萨克斯坦、塔吉克斯坦等国的一些网民进行访谈,发现我国的俄语媒体很少被他们关注,对外传媒的覆盖率并不等于被受众接触和使用,我国俄语传媒大多还处于孤芳自赏的尴尬境地,如何真正被国外受众接受,还是非常艰巨的任务。大众传媒是对外传播的主阵地,从内容、形式、运营模式等方面着手打造有影响力的传媒,是加强对外传播的首要任务。此外,还可以更多地借用影视作品加强中国的文化输出,将能真实反映中国形象的优秀影视作品译成俄语,借助网络、电视等媒介在俄语地区广为传播,对其潜移默化,消除误解和偏见。

增强对外传播能力,需要努力提升对外传媒的实力,需要准确的受众定位,根据受众兴趣和需求,优化传播内容,创新传播形式,讲好中国故事。目前我国的俄语媒体定位的受众面还比较狭窄,以央视俄语频道为例,其定位主要为研究中国政治、经济、文化、艺术等领域的专家学者、对中国怀有美好印象、关心中国发展的友好人士、同中国在经济贸易等领域有合作的商界人士、对东方现代和传统文化感兴趣的人士、学习中文的俄罗斯学生和学习俄文的中国学生以及在中国工作和生活的俄籍人士等②,未来中国俄语媒体要参与到国际传媒竞争之中,将与俄语地区的强势媒体争夺受众,面对所有的俄语受众。"讲好中国故事"说起来容易做起来难,我们对外讲述中国的时候,还是坚持"报喜不报忧"的原则,以至于受众觉得不真实,产生抵触。事实上"报喜又报忧"会让人觉得真实,从而产生信任感,可能达到预期的传播效果。2015年初网络上流传着一部关于中国共产党的3分钟国际宣传片《中国共产党与你一起在路上》,这部短片"突出共产党和普通人同行,希望每个中国人的中国梦得到实现,这种群众路线不仅符合中

---

① 程曼丽:《国际传播能力建设的协同性分析》,《电视研究》,2014年第6期。
② 丁勇:《中国俄语电视节目对外传播的定位思考》,《对外传播》,2009年第7期。

国共产党的宗旨,而且也在一定程度上具备了西方认同的某些元素。"该片谈到了发展的成绩,也不回避问题,通过江南水乡风景、长城、故宫、高铁、高楼大厦等画面展现出一个古老而又快速发展的中国,同时通过工厂排出的黑烟、垃圾处理站、堵车、密集人群等画面展示了中国面临的现实问题。旁白称:"这是一个古老而又朝气蓬勃的国家,这是一个快速成长但发展不平衡的国家,这是一个充满机遇却又面临无数挑战的国家。这是一个有 13 亿人口,每个人都有不同的梦想的国家。"①与之前形象片的精英主义视角不同,这部短片采取草根视角,以普通人生活为素材,不回避中国面临的现实问题,展示中国真实的图景,比较容易被国外受众接受。同时我们应该学会"借势",加强与国外主流媒体的合作。近年来中国国际广播电台联合国内和国外媒体,策划和组织实施了一系列大规模的传播项目,是"借势"的成功案例。2009 年央视俄语国际频道与俄罗斯国家一台开始合作推出中俄寻亲节目"悠悠岁月"(Сколько лет сколько зим),联合寻找两国失散的亲人,该节目办得很成功,观众常常被感动得泪流满面。2010 年中央电视台又与俄罗斯国家一台合作推出《等着我》节目,以中俄两国人民寻亲线索和故事为线,以中俄两国艺术家的音乐、表演节目为点,通过民间的寻亲活动,为推动国家之间和民族之间的和谐,解除隔阂,搭建桥梁。② 2006 年在中国"俄罗斯年"期间,国际台组织实施了"中俄友谊之旅·俄罗斯行"活动,国内 7 家媒体、俄罗斯 3 家媒体,40 多名中俄记者参与此次活动,他们组成 13 部越野车的联合报道车队,历时 45 天,行程一万五千公里,对中俄沿途 20 多座城市进行采访,报道当代俄罗斯的社会、文化以及中俄友谊。2007 年俄罗斯"中国年"期间,国际台策划实施了"中俄友谊之旅·中国行"活动,邀请 12 家俄罗斯主流媒体,驾车在中国 26 个省市采访报道,将中国的历史文明与现代化建设成就集中展示给俄罗斯民众。"中国行"活动创造性地借国外媒体之口,成功地报道中国,塑造和传播良好的中国形象。2010 年俄罗斯"汉语年"期间,为了向俄语受众进行中国文化传播,国际台策划实施了《你好,中国》系列文化项目,选取 100 个代表中国传统文化精髓的汉语词汇,围绕这些词汇,制作 100 集电视系列片、100 集广播教学节目、100 节课文的纸质教材,以及涵盖上述三种产品的《你好,中国》官方网站。

---

① 赵月枝:《对外传播应大胆讲好"红色故事"》,《环球时报》,2015 - 02 - 09,http://opinion.huanqiu.com/opinion_world/2015 - 02/5626910.html.

② 中央电视台,http://ent.cntv.cn/program/dzw/shouye/。

《你好，中国》的产品通过俄罗斯的主流电视、广播、平面与网络媒体，大范围、高频次地向俄罗斯民众传播了中国文化。[①] 与国外媒体、组织机构进行合作，借助当地媒体、组织机构的影响力，是中国媒体在国外真正"落地"的"性价比"很高的做法。除中国对外传媒之外，还可与在华的俄罗斯、中亚记者和专家加强联系，借他人之口来传播中国。

外交活动是正式的、具有强大影响力的对外传播方式，政府高层访问活动本身就具有某些含义，外交会谈有助于优化双边关系。文化、艺术、学术、体育、宗教等交流活动使双方增强了解，与俄罗斯等国互办"国家年""旅游年""语言年""媒体交流年"的做法值得借鉴。

对外传播不在于单一媒体的作用，而取决于多元主体的合力。对外传媒应开展有效国际合作，"通过'请进来'与'走出去'等实践方式开展多向传播与多元主体对外表达，通力合作开发适应发展中国家的国际传播策略、传播机构与传播技术，实现话语对接。"[②]首先，官方的对外大众传媒可以组织策划系列活动，传播形式可以多样，传播目标基本相同，如此方可形成合力；其次，传统媒体、社交媒体、对外交流等多元主体协同作战，共同建构良好的国家形象。2015 年 3 月28 日，习近平出席博鳌亚洲论坛年会并发表主旨演讲，新华社在推特、脸谱和优兔这三大海外社交媒体平台上通过统一账号"New China"同步直播。9 月下旬，习近平访美，脸谱开通习近平访美主页，获百万人点赞。可见，通过非常规的对外传播渠道，往往获得不同寻常的传播效果。

五、加强国内建设

前面主要从传播受众、内容、媒介等方面进行论述，最后笔者觉得有必要从传播本源的角度作一些说明。一些研究认为，导致我国负面形象的主要原因在于：西方媒体对中国抱有偏见、"妖魔化"中国，这是西方冷战思维的延续，是西方意识形态和价值观的影响，是西方政客为了获得支持争夺选民的需要，是媒体为了吸引受众争夺媒介市场的需要。也有学者认为，中国对外提供信息的透明度不够，对外传媒影响力不够，传播方式和传播内容不符合国外受众的需求，他

---

① 王庚年：《国际传播发展战略》，中国传媒大学出版社，2011 年版，第 215—218 页。
② 何国平：《中国对外报道观念的变革与建构——基于国际传播能力的考察》，《山东社会科学》，2009 年第 8 期。

们从媒介、受众、活动策划等方面展开论述,探讨传播内容和传播形式的改进,国外受众的特点和心理研究,孔子学院等文化传播,奥运会、世博会等活动与国家形象传播等。这些研究无疑对于推动我国对外传播有着积极的意义。然而,国家形象的根源、对外传播的内力在于国内公平正义、民主法治社会的建设,看不到这一点,而在其他枝节处努力,无异于缘木求鱼。

西方媒体对中国的报道有时确实存在偏差,甚至出现歪曲事实的虚假报道,比如在西藏"3.14"骚乱事件中西方一些媒体炮制假新闻,然而,我们不能为此就以西方媒体有偏见为由,对其报道一概否定。事实上,各国媒体涉华报道的倾向惊人相似,科学技术、文化艺术和经济方面正面报道为主,对中国政治、人权、社会法律、医疗卫生、灾难、环境污染等以批评报道为主,如果是西方的偏见,各国众多媒体依靠什么机制,以保持这样的报道倾向。

把目光从国外媒体移回国内,我们发现西方媒体报道中国的那些负面事件并非空穴来风。在中国经济发展、科学技术进步、综合国力增强的同时,国内也存在不少社会问题:两极分化、贫富差距、环境污染、官员腐败、医患冲突、食品安全等,这些问题一直困扰中国。

面临西方媒体的负面报道,应该保持理性的心态。西方媒体对自己国家的报道也常常是以负面报道为主,更多地强调媒体舆论监督的功能,可能并非西方媒体对中国别有用心。此外,西方媒体的报道可以成为我们的一面镜子,帮助我们发现社会问题,从制度上直击问题的病灶,从根源上进行改进,避免以后出现类似问题,推动社会进步。

国家形象是国内现实环境的外在表现形式,"包括国家的社会制度、民族文化、综合国力、政治局势、国际关系、领袖风范、公民素质、社会文明等"[1]。人是其中最为关键的因素,尤其是社会精英,包括政府官员、商界精英和文化精英,这些人在社会中掌握社会资源、影响社会进程,具有示范作用。

如果国家形象是一个整体的图像,那么政治、经济、文化、科技、军事、公民素质都是图像中的一部分。正如刘继南教授所言,"做好国内工作是做好国际传播的基础工作,从本国国内建设上着眼,使国内的环境真正得到外部的认可。"[2]国

---

[1] 刘小燕:《关于传媒塑造国家形象的思考》,《国际新闻界》,2002年第2期。
[2] 刘继南、何辉:《中国形象——中国国家形象的国际传播现状与对策》,中国传媒大学出版社,2006年版,第44—45页。

家形象提升的关键在于国内建设,在当今网络时代,国内事件通过各类媒体瞬间到达"地球村"的每个角落,势如洪水,不可抵挡,国内建设中存在的各种问题,可以无远弗届地传播到全球网络每个节点。如果一个国家内部社会问题丛生,很难想象有何策略可以建构良好的国家形象。

当前中国政治、人权、法律、医疗卫生、灾难、环境等负面形象比较明显,近年来网络上出现的众多焦点事件,就是这些负面形象的现实图景。2011 年 6 月 27 日温家宝总理在英国皇家学会演讲中指出:"目前中国社会还存在着贪污腐败、分配不公以及损害人民群众权益的种种弊端。解决这些问题的根本途径,是坚定不移地推进政治体制改革,建设社会主义民主法治国家。""未来的中国,将是一个充分实现民主法治、公平正义的国家。"①唯有致力于公平正义的民主法治国家建设,才能从根本上塑造良好的国家形象,才能获得对外传播源源不断的雄厚内力,如果舍本逐末,只是在传播策略和传播文本上找寻出路,只能陷入自说自话、自欺欺人的窘境。民主法治国家建设是提升国家形象的引擎,正如荆学民等人所言:"国家形象最根本的决定因素,不取决于媒体'如何传',也不取决于外在的因素'如何建构',而首先取决于国家主体'想做什么样的国家'以及相应的'如何做',即最终决定于一个国家秉持何种国家理念以及在这种国家理念指导之下所进行的国家建设实践。"②国家理念决定着一个国家建设实践的方向和路径。

国家形象是建立在国家本身建设的基础上的,塑造良好的国家形象,有赖于国内建设良性、有序地进行。良好国家形象最重要不在于如何"传",首先在于如何"做",只有国家进入民主法治、可持续发展的现代化进程,在此基础上注重对外传播,这样才能塑造出国际上一致叫好的良好国家形象。

---

① 温家宝:《未来中国的走向——在英国皇家学会的演讲》,2011 年 6 月 27 日,http://news.xinhuanet.com/world/2011-06/28/c_121592031.htm。
② 荆学民、李彦冰:《政治传播视野:国家形象塑造与传播中的国家理念析论》,《现代传播》,2010 年第 11 期。

参考文献

外文论著

［1］ А. В. Лукин. "Китайская угроза" и дуализм сознания. *Политические иследования*, 2011(6).

［2］ Александр Шаравин. Третья угроза. Независимое военное обозрение, 2001.9.

［3］ Александр Григорьевич Яковлев. «ТРЕТЬЯУГРОЗА»：Китай—враг №1 для России? Проблемы Дальнего Востока, №1, 2002.

［4］ Б. Г. Мухамеджанов, А. Жусупова. Кризис и казахстанское общество：социологическое измерение. Алматы, 2010.

［5］ Б. Г. Мухамеджанов, А. Жусупова. Казахстан в оценках жителей и экспертов. Науч. -попул. изд. Алматы. 2011.

［6］ Евгений Гильбо. Перспективы китаизации России. Газета "Новый Петербургъ", №38 (625), 25.09.2003г. http：//www.xpomo.com/ruskolan/liter/china.htm.

［7］ ЖанпеисоваН. М. Формирование казахоязычного дискурсав республике Казахстан. http：//www.agu.kz/lib/tom_T1_10.p.

［8］ Ирина Шмерлина. Образ Китая. http：//bd.fom.ru/report/map/d083021.

［9］ Исследовательско- консалтинговая компания «M-Vector». Исследование поведения и восприятия медиа аудитории 2012г. (3 - яволна). г. Бишкек, 2013г：3 - 4.

［10］ Компания M-Vector. отчет по результатам социологического исследования«социальные настрония населения Кыргызстана электроальная ситуация». 2011. 8 (19). http：//m-vector.com/upload/VectorRosta/VectoRosta25/pdfot.pdf.

［11］ компания M-Vector. центрально-азиатский барометр——Национальный опрос общественного мнения в Казахстане. www.m-vector.comuploadcab_kz_ru.pdf.

［12］ Партия Свободы. Китайская угроза. 5 апреля 2004г. http：//www. xpomo. com/ruskolan/liter/china.htm.

［13］ Петрова А. С：« Китай-многолюдная страна », http：//bd. fom. ru/report/map/of012206，2001 - 06 - 21.

［14］ Развитиеонлайн- смивказахстане. http：//www. easttime. ru/news/kazakhstan/razvitie-onlain-smi-v-kazakhstane/8313.2014 - 9 - 30.

[15] Центрально-Азиатский Барометр. http://www. m-vector. com/ru/news/? id = 289. 2012 - 10 - 24.

中文著作

[1] [德] 马勒茨克著,潘亚玲译.跨文化交流——不同文化的人与人之间的交往[M].北京：北京大学出版社,2001.

[2] [俄] Б.Н.库济克,M.Л.季塔连科著,冯育民等译.2050 年：中国-俄罗斯共同发展战略[M].北京：社会科学文献出版社,2007.

[3] 赵永华.中亚转型国家的新闻体制与媒介发展[M].北京：中国书籍出版社,2013.

[4] [俄] 亚·弗·卢金著,刘卓星、赵永穆、孙凌齐、刘燕明译.俄国熊看中国龙——17—20 世纪中国在俄罗斯的形象[M].重庆：重庆出版社,2007.

[5] [美] 爱德华·霍尔(EdwardT.Hall)著,居延安译.超越文化[M].上海：上海文化出版社,1988.

[6] [美] 本尼迪克特·安德森著,吴叡人译.想象的共同体：民族主义的起源与散布[M].上海：上海人民出版社,2005.

[7] [美] 拉里·A·萨默瓦,理查德·E·波特著,闵惠泉等译.跨文化传播[M].北京：中国人民大学出版社,2010.

[8] [美] 塞缪尔·亨廷顿著,周琪等译.文明的冲突与世界秩序的重建[M].北京：新华出版社,1998.

[9] [美] 亚历山大·温特著,秦亚青译.国际政治的社会理论[M].上海：上海人民出版社,2001.

[10] 江宜桦.自由主义、民族主义与国家认同[M].台北：杨智文化事业股份有限公司,1998.

[11] [德] 海因茨·哥尔维策尔.黄祸论[M].北京：商务印书馆,1964.

[12] [英] C.W.沃特森著,叶兴艺译.多元文化主义[M].长春：吉林人民出版社,2005.

[13] [英] 丹尼斯·麦奎尔著,刘燕南等译.受众分析[M].北京：中国人民大学出版社,2006.

[14] 程曼丽.国际传播学教程[M].北京：北京大学出版社,2006.

[15] 段京肃.大众传播学：媒介与人和社会的关系[M].北京：北京大学出版社,2011.

[16] 段鹏.国家形象建构中的传播策略[M].北京：中国传媒大学出版社,2007.

[17] 管文虎.国家形象论[M].成都：科技大学出版社,2000.

[18] 郭可.当代对外传播[M].上海：复旦大学出版社,2004.

[19] 何英.美国媒体与中国形象(1995—2005)[M].广州：南方日报出版社,2005.

[20] 胡耀亭.中国国际广播大事记[M].北京：中国国际广播出版社,1996.

[21] 季羡林.东西文化议论集[M].北京：经济日报出版社,1997.

[22] 柯惠新,王兰柱等.媒介与奥运：一个传播效果的实证研究(北京奥运篇)[M].北京：中国传媒大学出版社,2010.

[23] 孔朝晖.“兄弟”的隐喻：从《真理报》(1950—1959)的中国形象谈起[M].北京：中国社会科学出版社,2012.

[24] 李寿源主编.国际关系与中国外交——大众传播的独特风景线[M].北京：北京广播学

院出版社,1999.

[25]　李宇.中国电视国际化与对外传播[M].北京：中国传媒大学出版社,2010.

[26]　李正国.国家形象构建[M].北京：中国传媒大学出版社,2006.

[27]　李智.国家形象：全球传播时代建构主义的解读[M].北京：新华出版社,2011.

[28]　联合国教科文组织,世界文化与发展委员会著,张玉国译.文化多样性与人类全面发展——世界文化与发展委员会报告[M].广州：广东人民出版社,2006.

[29]　刘继南,何辉.中国形象：中国国家形象的国际传播现状与对策[M].北京：中国传媒大学出版社,2006.

[30]　刘继南,何辉.镜像中国：世界主流媒体中的中国形象[M].北京：中国传媒大学出版社,2006.

[31]　刘继南主编.国际传播——现代传播文集[M].北京：北京广播学院出版社,2000.

[32]　刘林利.日本大众媒体中的中国形象[M].北京：中国传媒大学出版社,2007.

[33]　罗刚,刘象愚主编.文化研究读本[M].北京：中国社会科学出版社,2000.

[34]　吕浦."黄祸论"历史资料选辑[M].北京：中国社会科学出版社,1979.

[35]　孙芳,陈金鹏等.俄罗斯的中国形象[M].北京：人民日报出版社,2010.

[36]　孙关宏,胡春雨,任军锋主编.政治学概论[M].上海：复旦大学出版社,2008.

[37]　孙有中.解码中国形象：《纽约时报》和《泰晤士报》中国报道比较(1993—2002)[M].北京：世界知识出版社,2009.

[38]　周明伟主编.国家形象传播研究论丛[M].北京：外文出版社,2008.

[39]　汪真国.多种文化力量作用下的现代中亚社会[M].武汉：武汉大学出版社,2006.

[40]　王炳华.丝绸之路考古研究[M].乌鲁木齐：新疆人民出版社,2010.

[41]　王东迎.中国网络媒体对外传播研究[M].北京：中国书籍出版社,2011.

[42]　王庚年.国际传播发展战略[M].北京：中国传媒大学出版社,2011.

[43]　柯惠新,王锡苓,王宁.传播研究方法[M].北京：中国传媒大学出版社,2010.

[44]　吴友富.中国国家形象的塑造和传播[M].上海：复旦大学出版社,2009.

[45]　杨伟芬主编.渗透与互动——广播电视与国际关系[M].北京：北京广播学院出版社,2000.

[46]　张昆.国家形象传播[M].上海：复旦大学出版社,2005.

[47]　张玉.日本报纸中的中国形象：以《朝日新闻》和《读卖新闻》为例[M].北京：中国传媒大学出版社,2012.

[48]　张长明.让世界了解中国——电视对外传播40年[M].北京：海洋出版社,1999.

[49]　周宁.天朝遥远：西方的中国形象研究(上)[M],北京：北京大学出版社,2006.

[50]　周宁.天朝遥远：西方的中国形象研究(下)[M],北京：北京大学出版社,2006.

中文论文

[1]　查晓燕."异"之诠释 19世纪上半期俄国文学中的中国形象[J].俄罗斯文艺,2000(S1).

[2]　陈东旭.台湾大学生接触大陆新闻的情形与对大陆事务的认知初探[J].新闻与传播研究,2004(02).

[3]　陈金鹏.19世纪俄国视域下的中国形象——从格奥尔吉耶夫斯基与伊万·托尔斯泰伯爵的论争谈起[J].国外社会科学,2010(04).

[4]　程曼丽.论我国软实力提升中的大众传播策略[J].对外大传播,2006(10).

[5]　程曼丽.美、俄、日、德主要报纸涉华报道分析[J].国际新闻界,2002(04).

[6]　程曼丽.国际传播能力建设的协同性分析[J].电视研究,2014(06).

[7]　[俄] O.A.巴库林著,沈昕编译.俄罗斯大众传媒上的中国形象——以北京奥运会报道为例[M].国际新闻界.2008(11).

[8]　戴莹,付饶.央视俄语频道在俄罗斯的观众期待度调查[J].电视研究,2010(11).

[9]　丁勇.中国俄语电视节目对外传播的定位思考[J].对外传播,2009(07).

[10]　关世杰.美、德、俄、印民众眼中的中国国家形象问卷调查分析(下)[J].对外传播,2013(01).

[11]　郭光华.“内外有别”：从对外宣传到跨文化传播[J].现代传播(中国传媒大学学报),2013(01).

[12]　郭可.改革开放 30 年来中国对外传播媒体的发展现状及趋势[J].对外传播,2008(11).

[13]　周著.从《功夫之王》看民族符号的国际化[J].电影评介,2008(17).

[14]　郭晓琴.大陆桥对外传播内容分析[J].新闻世界,2012(02).

[15]　韩松平,平川.对外文化报道与中国形象塑造[J].对外传播,2009(06).

[16]　韩震.全球化时代的华侨华人文化认同的特点[J].学术界,2009(02).

[17]　何国平.中国对外报道观念的变革与建构——基于国际传播能力的考察[J].山东社会科学,2009(08).

[18]　何昊东.《华人世界》栏目的内容设置与特色[J].电视研究,2006(09).

[19]　侯迎忠.金融危机报道与对外传播策略分析——以《人民日报》(海外版)为例[J].当代传播,2010(01).

[20]　胡鞍钢,马伟,鄢一龙.“丝绸之路经济带”：战略内涵、定位和实现路径[J].新疆师范大学学报(哲学社会科学版),2014(02).

[21]　黄会林,封季尧,白雪静,杨卓凡.2013 年度中国电影文化的国际传播调研报告(上)[J].现代传播,2014(01).

[22]　黄牧怡.关于“软实力”的哲学思考[J].唯实,2004(12).

[23]　姜飞.试析当前跨文化传播中力量的博弈[J].中国社会科学院研究生院学报,2007(5).

[24]　姜筱舟.李普曼“拟态环境”理论的分析与批判[J].当代经理人,2006(03).

[25]　荆学民、李彦冰.政治传播视野：国家形象塑造与传播中的国家理念析论[J].现代传播,2010(11).

[26]　康何艳.全球化语境下我国对外传播的处境[J].新闻爱好者,2012(02).

[27]　孔璞.商务部在欧美投放“中国制造”广告[N].新京报,2011－11－16(A05).

[28]　李传刚,朱平.刍议文化的定义与功能[J].科技信息,2008(29).

[29]　李冬梅.还有谁在说俄语[J].世界知识,2008(05).

[30]　李琪.从新获迁居中亚之维吾尔人与本民族主体的关系[J].新疆社会经济,2000(02).

[31]　李随安.半个世纪以来俄罗斯形象在中国的变化[J].湖南工业大学学报(社会科学版),2008(05).

[32]　李玮.俄国“熊”眼中的中国“龙”——基于中国文化软实力调查数据的分析[J].国外社会科学,2012(05).

[33]　李玮.俄罗斯眼中的中国——影响在俄中国形象的文化因素分析[J].国外社会科学,

2011(01).

[34]　李雪.中央电视台俄语国际频道开播[J].当代电视,2009(10).

[35]　李彦冰.政治传播视野中的中国国家形象研究[D],中国传媒大学,2012.

[36]　林海哨.《纽约时报》对中国国家形象的塑造——对《纽约时报》2008 年中国报道的内容分析[D],厦门大学,2009.

[37]　林精华.俄罗斯对中国形象的再造及其自身的欧洲定位[J].国外社会科学,2010(02).

[38]　刘小燕.关于传媒塑造国家形象的思考[J].国际新闻界,2002(02).

[39]　刘小燕.国家对外传播载体的另一视角:宗教文化外交[J].现代传播,2010(01).

[40]　刘亚丁.俄罗斯的中国想象:深层结构与阶段转喻[J].厦门大学学报(哲学社会科学版),2006(06).

[41]　刘燕.他者之镜:《1907 年中国纪行》中的中国形象[J].外国文学,2008(06).

[42]　卢迎新.新华社对外报道优化研究[D],暨南大学,2006.

[43]　罗兵.Google 搜索呈现俄语受众对中国的兴趣指向[J].当代传播,2013(02).

[44]　罗兵.我国俄语媒体现状扫描[J].传媒观察,2010(08).

[45]　罗兵.试论对外传播中的受众调查——以俄罗斯一份受众调查数据为例[J].新闻知识,2012(01).

[46]　罗兵.受众视角:中国对俄语地区传播的改进——央视俄语频道上海世博会报道的内容分析[J].新闻爱好者,2011(02).

[47]　欧阳云玲.对外传播的文化障碍与文化诉求[J].对外传播,2010(04).

[48]　卿臻.民族文化认同理论及其本质探析[J].前沿,2010(07).

[49]　孙有中.国际政治国家形象的内涵及其功能[J].国际论坛,2002(03).

[50]　汤光鸿.论国家形象[J].国际问题研究,2004(04).

[51]　汪金国.关于中亚社会"俄罗斯化"概念的理论探讨[J].东欧中亚研究,2002(05).

[52]　王婷婷.浅论中国的中亚地缘战略[J].佳木斯大学社会科学学报,2010(03).

[53]　王眉.从战略层面为我国国际传播建言献策——专访北京大学国家战略传播研究院院长程曼丽[J].对外传播,2015(03).

[54]　韦宗友.权力、软权力与国家形象[J].国际观察,2005(05).

[55]　翁立伟.官员素质如何影响国家形象[J].对外传播,2011(04).

[56]　吴大辉.评俄罗斯的"中国威胁论"[J].国际经济评论,2005(03).

[57]　徐翀.近十年俄罗斯民众对中国国家形象的认知——基于俄国内民调结果的实证分析[J].世界经济与政治论坛,2012(02).

[58]　许尔才.略论中国与中亚的文化交流[J].新疆大学学报(哲学人文社会科学版),2012(01).

[59]　阎国栋.18 世纪俄国中国知识的欧洲来源[J].国外社会科学,2011(04).

[60]　燕频.文化强国视域下的我国媒体对外传播策略研究——以《人民日报海外版》为例[J].中国报业,2013(06).

[61]　尹希成.在东方和西方之间——从地缘政治看俄罗斯[J].当代世界与社会主义,2000(01).

[62]　于小薇.传媒与国家形象塑造——以《人民日报·海外版》报道为例[J].新闻世界,2012(07).

[63]　于鑫.俄罗斯的"中国威胁论":历史与现实[J].西伯利亚研究,2010(06).

[64]　张劲松.007电影中的中国文化符号[J].电影评介,2008(03).

[65]　张昆,徐琼.国家形象刍议[J].国际新闻界,2007(03).

[66]　张威.文化误读与比较新闻学[J].国际新闻界,2001(02).

[67]　张璇.五大法宝成就中国网上海世博会前期对外报道[J].对外传播,2010(06).

[68]　张毓强.国家形象刍议[J].现代传播,2002(02).

[69]　赵东波,李英武.中俄及中亚各国"新丝绸之路"构建的战略研究[J].东北亚论坛,2014(01).

[70]　赵华胜.美国新丝绸之路战略探析[J].新疆师范大学学报(哲学社会科学版),2012(06).

[71]　钟馨.中国对外传播受众观的转变[J].新闻前哨,2010(03).

[72]　钟玉华.哈萨克斯坦想成"榜样"国家[N].环球时报,2012-10-19。

[73]　周平.对民族国家的再认识[J].政治学研究,2009(04).

网络资源

[1]　中国国际广播电台"国际在线"网俄语频道,http://russian.cri.cn/.

[2]　新华网俄语频道,http://russian.news.cn/.

[3]　人民网俄文版,http://russian.people.com.cn/.

[4]　中国网俄语频道,http://russian.china.org.cn/.

[5]　天山网俄文版,http://russian.ts.cn/.

[6]　红山网俄文版,http://ru.hongshannet.cn/.

[7]　"伙伴网"(俄文),http://russian.dbw.cn/.

[8]　环球网,http://world.huanqiu.com/.

[9]　新华网.http://news.xinhuanet.com.

[10]　中央电视台,http://www.cntv.cn/.

索　引

后　记

　　本书源于笔者主持的一项教育部青年社科项目——中国对中亚的对外传播研究(编号10YJC8600),该研究前后持续了5年时间(读博期间有所中断),本书是项目最终成果。

　　在研究过程中笔者发现,本项目的研究对象不应该只局限于中亚,事实上中国极少有特定的媒体只针对中亚进行传播,中国各种俄文媒体均是以中亚和俄罗斯等俄语国家为传播对象,并未细分,因此有必要将研究对象扩大到包括中亚和俄罗斯在内的更广泛的区域。此外,研究对外传播绕不开国家形象,中国形象(包括国外受众的中国形象、国外媒体的中国形象)是研究中国对外传播的基础,只有了解和分析国外受众对中国的认知情况和态度、国外媒体对中国的形象塑造,才有可能在此基础上提出切实有效的对外传播策略。而且对外传播的目的就在于提高异域的中国形象。可以说,中国形象问题,既是对外传播的起点,也是对外传播的终点,是对外传播的关键所在。基于上述原因,笔者将课题的研究范畴有所拓展,首先,我们拓展了研究涉及的地域,将中亚、俄罗斯等俄语国家均纳入研究范畴,其次,我们将"国家形象"纳入研究范畴,在此基础上来探讨对俄语国家的传播问题。

　　本书第二、六章部分内容由课题参与者共同完成。第二章第二节中的"国外媒体涉华报道研究——以环球网为例"由易飘完成,第二章第二节中的"俄罗斯媒体建构的中国形象——以俄罗斯中文网为例"由廖婉颖完成,第六章第二节"CCTV中文国际频道内容分析"由章程红完成,第六章第三节"CCTV《行走唐人街》内容分析"由刘艳梅完成,第六章第四节"《人民日报》海外版内容分析"由彭彩完成。项目主持人对这些内容进行修改和把关,如若书中有任何错误或疏漏之处,概由项目主持人负责。

国家形象与对外传播已有相当丰硕的研究成果,这些成果是本研究的基础,书中尽可能对引用的内容标明出处,可能难免有疏漏之处,在此一并致谢。由于研究资料缺乏、研究时间不足、研究水平有限,对于书中存在的疏漏,还望有关专家、学者和读者不吝赐教。本书离预期要求还有相当的距离,把它出版了,抛砖引玉,希望引起更多学者关注这个领域。

本书能顺利完成,要感谢的人很多。感谢我的硕导杨魁教授,2009 年我开始关注中国在中亚、俄罗斯等的国家形象和对外传播问题,得益于与杨老师一次畅谈带来的启发,并由此成功申报了教育部课题;感谢我的博导王锡苓教授,读博期间受到的学术训练,让我在研究中受益匪浅,本书中的部分章节内容得到王老师悉心指导;感谢汤劲教授,多年来给我巨大支持和无私帮助,让我非常从容地、轻松愉悦地完成工作和学业,并有足够的精力和条件顺利完成这项课题。感谢浙江传媒学院、衡阳师范学院的诸多领导和同事,感恩每一份关爱!教育部、衡阳师范学院、浙江传媒学院为本项目研究和成果出版提供了经费资助等各种帮助,上海交通大学出版社编辑对本书文稿进行了细致的校正,在此一并诚恳致谢。

最感谢的是我的亲人,谢谢你们!

罗　兵

2017 年 5 月 1 日